文春文庫

女たちのシベリア抑留

小柳ちひろ

文藝春秋

女たちのシベリア抑留◉目次

終戦間際のソ連軍侵攻で、満州や樺太にいた日本の軍人や民間人、約六〇万人がシベリアに抑留された。その中に数百人の女性がいたという目撃情報が伝えられていた。しかし、詳細は歴史の闇の中に埋もれたままだ。一体、どんな女性たちがシベリアに送られたのか。一人の元抑留者の女性と連絡が取れた。

ソ連国境に近い「満州屈指の軍都」と呼ばれた佳木斯の第一陸軍病院。ここには日赤と陸軍の看護婦たちが勤務していたが、昭和二〇年七月、新たに一五〇人の少女が看護補助のために動員された。「菊水隊」と名付けられた少女たちの約半数は、敗戦後、後退する陸軍の部隊と行動をともにする。

第五章　長引く抑留　167

シベリアに送られた佳木斯第一陸軍病院の看護婦たちはいくつかの収容所に分かれ、そこで傷病兵の看護に従事した。捕虜という先の見えない日々の中にも明るさを見出す若い女性たち。抑留二年目に入ると現地のロシア人たちとの間に交流が生まれる。一方で共産主義の思想教育に感化される女性もいた。

第六章　〝女囚〟　209

シベリアに抑留された日本人女性の中には裁判にかけられ、受刑者となった者もいた。特務機関のタイピストや、電話交換手、反ソ的な地下活動に関わったと見なされた女性もいる。苛酷な女囚用監獄などに送られ、終戦後一〇年以上経って帰国した女性たちの足跡を追う。

第七章　帰国　229

一九四六年一二月、シベリアからの最初の引揚船が舞鶴に到着。ハバロフスクの収容所にいた看護婦たちが帰国する。翌年までに分散していた佳木斯の看護婦たちのほとんどが、日本の地を踏んだ。しかし、祖国の人々の視線は温かいものではなかった。

第八章　帰らざるアーニャ　285

シベリアから最後の引揚船の乗船予定者名簿に名前がありながら帰国することなく、ロシアで亡くなった京都府出身の村上秋子。彼女は、なぜ祖国に戻ることを拒んだのか。極北の村で「アーニャ」と呼ばれた村上秋子の生涯をたどる。

あとがきにかえて　336

文庫版によせて　338

主要参考文献　340

解説　戦争の「正史」に背を向けた女たちの語り　加藤聖文　345

【この本に登場する主な女性たち】※カッコ内は結婚後の姓

望月（大嶋）幸恵
佳木斯第一陸軍病院の陸軍看護婦生徒。東京の女学校から一七歳の時に満州に渡る。開拓団の家族と別れ、陸軍病院の看護婦たちと行動をともにした。今回、最初に取材を承諾する。

佐藤（佐々木）一子
タイピストとして働いていたが、佳木斯第一陸軍病院の補助看護婦として動員され、「菊水隊」の一員となる。佳木斯撤退の直前、父が病院に訪ねてきたが、会うことは叶わなかった。

赤星（齊藤）治
佳木斯の高等女学校を卒業後、一七歳で菊水隊に動員される。ハバロフスクの石切山収容所に抑留中、赤痢にかかり生死の淵をさまようが、生還する。

林正（高亀）カツエ
菊水隊の教育を担当する班長となった日赤看護婦。日赤広島支部の看護婦養成所を首席で卒業し、日中戦争（上海事変）でも最前線で勤務した。ソ連軍侵攻後、部隊長の「看護婦部隊の解散」の命令に反し、部隊とともに行動することを進言する。

阪東（太田）**秀子**
佳木斯第一陸軍病院で最年少、一五歳の陸軍看護婦生徒。鹿児島出身で早くに父を亡くし、故郷に母を残してシベリアに抑留される。

平田（井上）**ともゑ**
兄の戦死をきっかけに陸軍看護婦に志願。佳木斯を撤退する際、青酸カリで傷病兵を安楽死させる現場に立ち会う。シベリアから帰国する際、ナホトカに一年長く滞在するよう要請され、好きだった衛生下士官に会えるかもしれないと承諾する。

友重（山本）**眞佐子**
日赤看護婦として佳木斯第一陸軍病院に勤務。チョプロ・オーゼロ収容所病院の開設にかかわり、日本人捕虜たちの看護にあたる。七三一部隊の罪状を暴こうと病院関係者を厳しく追及するソ連側から、過酷な取り調べを受ける。

山本（新庄）**光子**
菊水隊員で、赤星治の女学校時代からの親友。帰国して山口県で婦人警官となり、六〇代になってから、中国残留婦人の一時帰国などを訴える運動に奔走する。

S子
佳木斯第一陸軍病院の陸軍看護婦。シベリアで共産主義の思想に惹きつけられ、「ナホトカのジャンヌ・ダルク」と呼ばれるアクチブ（シベリア民主運動の活動家）となる。

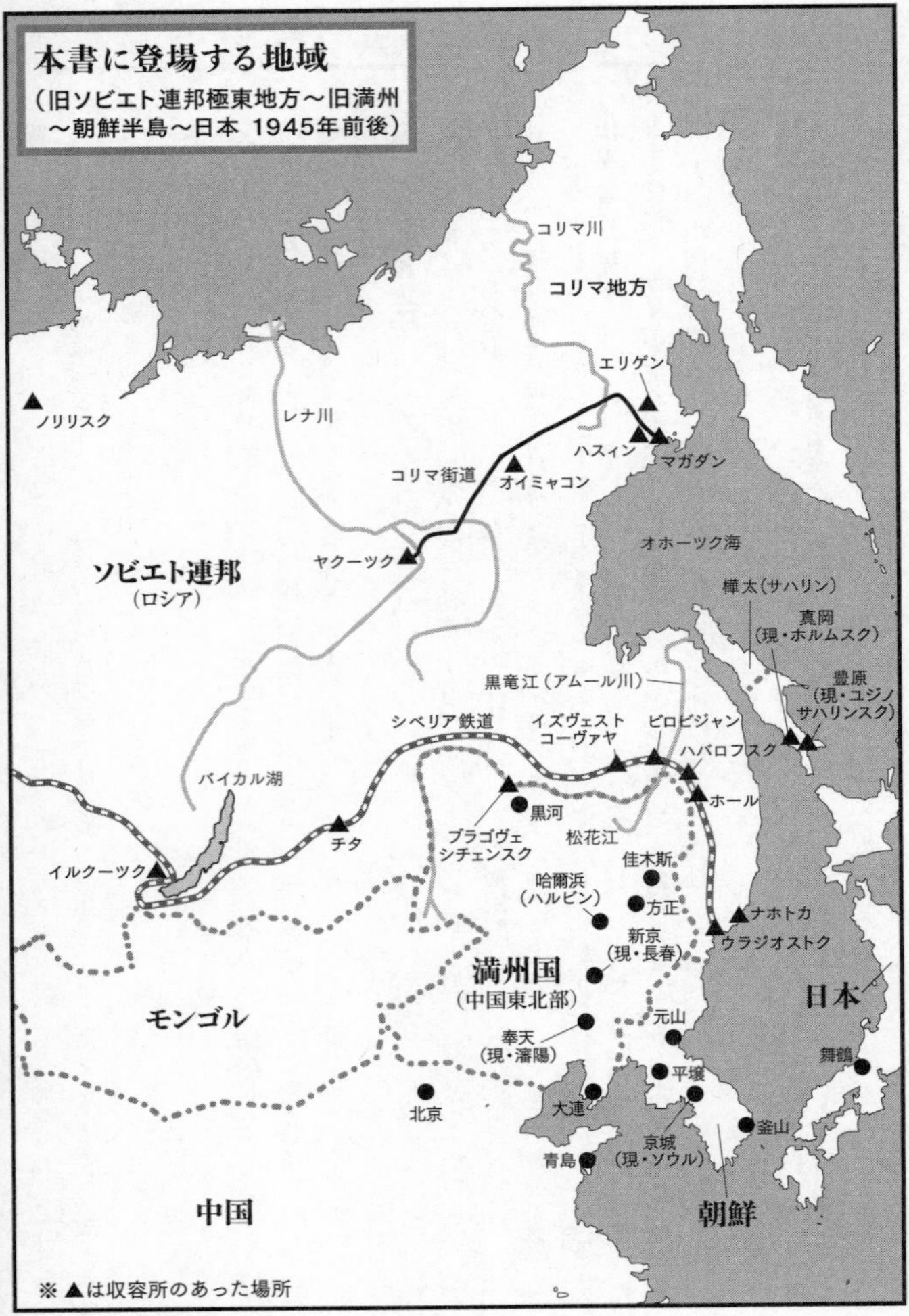

本書に登場する地域
（旧ソビエト連邦極東地方～旧満州
～朝鮮半島～日本 1945年前後）
コリマ川
コリマ地方
エリゲン
ノリリスク
レナ川
ハスィン
マガダン
コリマ街道
オイミャコン
オホーツク海
ヤクーツク
ソビエト連邦
（ロシア）
樺太（サハリン）
真岡
（現・ホルムスク）
豊原
（現・ユジノサハリンスク）
黒竜江（アムール川）
シベリア鉄道
イズヴェスト
コーヴァヤ
ビロビジャン
ハバロフスク
ホール
バイカル湖
黒河
チタ
ブラゴヴェシチェンスク
松花江
佳木斯
イルクーツク
哈爾浜
（ハルビン）
方正
ナホトカ
ウラジオストク
新京
（現・長春）
満州国
（中国東北部）
日本
モンゴル
元山
奉天
（現・瀋陽）
舞鶴
平壌
大連
北京
釜山
京城
（現・ソウル）
青島
中国
朝鮮
※ ▲は収容所のあった場所

女たちのシベリア抑留

地図製作：　上楽　藍
DTP 製作：エヴリ・シンク

第二章以降本文中は敬称略といたしました
クレジットのない写真は、取材した女性たちから提供されたものです

第一章　シベリアに女性がいた

野も山も実りの九月一九日
北斗七星ソ領で眺む
太田（旧姓阪東）秀子
（陸軍看護婦。当時一五歳。シベリアに抑留された日に詠む）

佳木斯第一陸軍病院の元陸軍看護婦生徒、大嶋幸恵。取材当時 87 歳
（© NHK ／テムジン）

女性のシベリア抑留

「シベリアに女の人もいたんですか？　初めて聞きました」

「いや、シベリアに女はいないはずですよ」

一九四五年八月、日本の敗戦後、旧満州などから関東軍兵士らおよそ六〇万人がソ連やモンゴルの収容所に送られ、強制労働に従事させられた、いわゆる「シベリア抑留」。その中に数百人の女性もいたという。

かつてシベリアに抑留された元兵士たちに、女性たちについて知っているか尋ねてみると、たいていの人が怪訝そうな顔をした。

だが中には抑留された女性について、わずかに見聞きしている人もいた。

細谷弘治さんは、満州国の首都新京（現在の長春）にあった満州国軍軍官学校に在籍中、終戦を迎え、シベリアに抑留された。一七歳だった。満州国軍とは、満州国の建国とともに創設された軍隊で、〝五族協和〟を標榜し、日本人のほか漢族・満州族・朝鮮族・蒙古族で編成されていた。日本人は、軍官学校を卒業した各民族の将校（軍官）とともに指揮官として従軍した。韓国の朴正熙元大統領も軍官学校の同窓の一人である。

細谷さんたち軍官学校の第七期生、三七五人のうち三一六人が抑留され、そのうち八六人が亡くなった。

細谷さんが送られたブカチャーチャの収容所に、一人の日本人女性がいた。看護婦だと聞いていたが、直接言葉を交わしたこともなく、詳しいことはわからない。細谷さんは、この女性がどういう経緯でシベリアに送られたのか、かねてから不思議に思っていたという。

永田潔さんは、入隊後、関東軍露語教育隊に配属され、ロシア語教育を受けて特務機関に在籍していた。シベリアに抑留後まもなく裁判で刑を受け長期抑留を強いられた、いわゆる〝戦犯〟である。終戦から一一年後、一九五六年に釈放され、帰国を果たした。

「シベリアに女の方も……？」

と切り出すと、

「ええ、いましたよ」

と、こともなげな返事が返ってきた。

永田さんの記憶に残っているのは、終戦から五年後、多くの抑留者が日本に帰国し、〝戦犯〟だけがソ連各地からハバロフスクの収容所に集められた頃、慰問団として楽団とともに収容所を訪れた歌手の女性だ。終戦前までは樺太でドサ回りをしていたと聞いている。笑うと出っ歯のため、花より先に葉が出る山桜になぞらえ「山桜嬢」と呼ばれていたが、本名は知らない。

「ソ連の奴らが自分らの慰安のために帰さないんですよ」

と苦々しげに語った言葉が妙に生々しかった。

千島列島の得撫島《ウルップ》で終戦を迎えた元少尉の渡辺照造さんは、抑留中、女性がいるという噂を耳にした。

「ナホトカで女のアクチブがアジっているという話を聞いたんだよ。『なんでシベリアに女がいるんだ？』と思ったけどね」

〝アクチブ〟とは活動家を意味するロシア語で、「民主運動」と呼ばれる、シベリア抑留者たちに対して行われた共産主義の宣伝教育の旗振り役となった日本人を指す。渡辺さんは、アクチブたちが糾弾の対象とした〝反動将校〟と見なされ、何度も激しい吊るし上げを経験している。

渡辺さんは複雑な笑みを浮かべ、思い出したように席を立った。

「ああ、これにも載っているよ」

本棚から大きなハードカバーの本を取り出して来ると、慣れた手つきでページを繰り始めた。ソ連当局が日本人捕虜の思想教育のために発行した「日本新聞」の復刻版だ。

「これ、これ」

渡辺さんが示したページには、若い女性の似顔絵と、「在ソ中の皆様に」と題された、抑留者に決起を促す激しい言葉が並んでいた。

この女性の名はS子さんという。抑留者の間で「ナホトカのジャンヌ・ダルク」と呼ばれていたと聞く。のちに私は、S子さんの足跡を追うことになる。

戦後になってから、女性の元抑留者と交流があったという人もいた。

依田正一さんは、抑留者たち自身が編纂し、シベリア抑留の実態を知るための貴重な資料集となっている『捕虜体験記』（全八巻）の編集に関わった一人だ。この時、体験記を寄せた元抑留者の中に、一人の女性がいた。

「兵器廠《しょう》かどこかの軍属だとか言っていたな。ソ連軍が満州に入って来て避難する際、女だとわからないように軍服を着て男装していたために、員数合わせで連れて行かれたらしいんだよ」

依田さんは、同情に堪えないという表情を浮かべて言った。

シベリア抑留を描いた画文集で有名な画家の佐藤清さんは、戦後「日独捕虜交歓会」という会合で、女性の元抑留者に出会った。千島で捕えられた電話交換手だったという。この地域の電話交換手と言えば、ソ連が侵攻した時、戦況を伝えたのち「これが最後です、さようなら」と言い残して自決した、樺太真岡郵便局の九人の乙女のエピソードが思い出される。彼女たちも、自決していなければソ連軍の捕虜となっていたのだろうか。

「その人に『抑留された女の人はどれぐらいいるのですか？』と聞いたら、『一〇〇〇人ぐらいはいるんじゃないですか』と言っていましたよ。確かなことはわかりませんがね。看護婦で抑留された人もいましたから、看護婦と交換手がいちばん多かったんじゃないかな。女性で抑留されたのは」

日本の敗戦後、満州や北朝鮮、樺太、千島列島から、ソ連、およびモンゴルの収容所に抑留された日本人は、厚生労働省の調べによれば、およそ五七万五〇〇〇人。その中に「数百人の女性もいた」という事実は、シベリア抑留について総括的に書かれた書物の中で必ず触れられている。しかし、女性たちがどのような経緯で抑留され、何を経験したのかについてはほとんど記述されていない。シベリアに女性も抑留されたという事実は、多くの場合「女性すらも容赦なく連行した」ソ連の非道さを強調するための枕詞に留まっている。

なぜ、女性たちの存在は忘れられてしまったのか。誰かが意図的にその存在を隠したのか。それとも、誰も注意を払わなかっただけなのか。

歴史から消された女性たち

実は私自身も、女性抑留者の存在に気付きながら、その前を素通りしたことがある。テレビドキュメンタリーのディレクターである私が初めてシベリア抑留について取材することになったのは、二〇一〇年にNHKスペシャル「引き裂かれた歳月　証言記録シベリア抑留」の制作に携わった時のことだ。その時、ロシア取材を担当していた栗田和久ディレクターが持ち帰った、ある地方公文書館に所蔵されているアルバムの複写を見た。アルバムは、収容所当局が日本人抑留者を撮影した写真を収めたものだ。収容所当局と日本人の良好な関係を強調した、多分にプロパガンダ色の濃いものだったが、その中に、日本への帰国を前に整列する女性抑留者たちの写真があった。ロシア語で「ナホトカのアクチブたち」と手書きのキャプションがついたページには、数人の若い兵士たちに混じり、溌剌《はつらつ》とした笑顔を見せているおさげ髪の若い女性もいた。名前を確かめると、前述の「ナホトカのジャンヌ・ダルク」と呼ばれたS子さんだった。彼女の名前は、全国抑留者補償協議会を結成し初代会長を務めた斎藤六郎氏の著作にも登場する。

「女性もソ連の捕虜になったのか。どれほど苦労したことだろう」とその時思った。しかし、この時の取材のテーマは、シベリアの民主運動と、それによって引き裂かれた日本人抑留者たちの対立を浮かび上がらせることだった。限られた取材期間の中で、なすべきことは山ほどある。なぜ民主運動が日本人抑留者の間に広がったのか。運動を主導したのは誰か。五七万人もの人々が体験した巨大な時代の潮流を、約五〇分のストーリーにまとめるためには、最大公約数的な体験を描くための情報収集を優先せざるを得ない。女性抑留者は民主運動の根幹に関わった存在ではない。それゆえ女性の抑留という特異な側面を盛り込むことは難しいと思われた。

それに、女性でありながらソ連の捕虜になった人たちにとって、抑留生活は忘れたい記憶に違いない。現在、どこかで静かに人生の最晩年を過ごしている彼女たちを探し出し、当時を語って欲しいと望むこと自体、取材とはいえ、あまりにも失礼なのではないだろうか――。

シベリア民主運動の取材は非常に難しかった。抑留当時、アクチブとして共産主義に傾倒していたはずの多くの人が、取材の申し込みに対し、狼狽し、平静さを失った。多くの人は、シベリアの収容所という異常な環境で、イデオロギーに熱狂した自らの過去を恥じているように感じられた。ロシアの地方公文書館に残るアルバムの中で、無邪気に笑っている「ナホトカのジャンヌ・ダルク」ことS子さんもまた、当時の記憶を忘れたいと思っているかもしれなかった。

しかし、その後も数年にわたり、あの戦争の時代に生きた人々の取材を続ける中で、忘れられた女性たちの存在が気になってきた。

戦争について取材する場合、対象者の多くは男性である。しかし時折、男性たちの妻や姉妹など、女性たちの話を聞くと、はっとするような真実が立ち現れる瞬間があった。女性たちが自ら語り、書き残した記録は非常に少ない。そして歴史について書かれた書物も、多くは男性の書き手によるもので、女性たちを描くために割かれているページは少ない。

だからこそ、女性たちの存在に気付いた者がその声を聞き、記録を残さなければ、彼女たちの存在は消えてしまうのではないか。

私は、シベリアに抑留された女性たちを探すことにした。

二〇一四年一月から取材を開始し、手がかりが見つからないまま、あっという間に二か月が過ぎた。ようやく一人の女性元抑留者に会えたのは、三月九日のことだった。

女性抑留者との出会い

その女性は、関東近郊のある町に住んでいた。

彼女のものらしい住所をようやく見つけた時、もしかしたら本人はシベリアのことに触れられたくないと思っているかもしれない、家族にも抑留の事実を隠しているかもしれない、などと思い巡らせながら、慎重に言葉を選び、手紙を送った。同姓同名の人違いの可能性もあった。

手紙を投函して数日後、電話をかけると、電話の奥から落ち着いた女性の声が聞こえてきた。

「大嶋でございます」

「先日、お手紙を差し上げた者です。人違いでしたら大変申し訳ありませんが……」

「ええ、頂いております。あなたのお尋ねの通りの大嶋で間違いございませんよ」

それまでの不安を全て吹き飛ばしてくれるような、快活な声が返ってきた。

大嶋（旧姓望月）幸恵《さちえ》さんは、満州の佳木斯《ジャムス》にあった佳木斯第一陸軍病院に所属する陸軍看護婦だった。より正確に言えば、看護婦見習い教育中だった「陸軍看護婦生徒」である。幸恵さんの病院にいた看護婦や女子軍属、およそ一五〇人が、部隊とともにシベリアに送られ、抑留生活を送ったという。

「シベリアに行った仲間もみんな、元気で生きておりますよ。どうぞ、いつでもいらしてください」

幸恵さんは、シベリアのイメージに似合わない、明るい声で言った。

数日後、幸恵さんの自宅を訪ねると、教師である息子の信之さんが立ち会ってくれた。部活指導が休みの日を選んでくれたようだ。

「お手紙を頂いたのにお返事もできなくて。私も昔はサッと字を書いたものですけど、最近は書けなくなってしまって……」

大嶋幸恵さんは一九二七年生まれ。昭和一九年、一七歳の時に満州に渡り、陸軍看護婦となった。戦後のアルバムを見せてもらうと戦友会の写真であふれている。父親ほども歳が離れているように見える男性たちに混じって旅行したり、酒席の余興で手を取り合ってダンスをしたりと楽しそうな笑顔の写真ばかりだ。女性が戦友会というのも何だか不思議な気がしたが、青春時代を軍隊で過ごした幸恵さんにとって、かつて上官や同僚だった元軍医や衛生兵の男性たちは、他のどんな人間関係よりも濃い結びつきを持った戦友なのだ。

「最近は齢《とし》をとってしまって、あちこち出かけることができないから、戦友たちとも会えなくて淋しい」と幸恵さんは言ったが、昔の話をしていると、大きな目がいたずらっぽく輝き、若い快活な看護婦の面影が浮かんだ。

思い出の中のシベリア

「シベリアでは、辛いと思ったことはなかったわね」

幸恵さんの抑留に関する記憶の第一声は、意外なものだった。

「仲間が大勢いましたからね。これからどうやって生活していこうかという話はしていましたけど、泣いたりわめいたりして嘆くような人はいませんでしたよ。みんな若さで乗り切ったということでしょうか。よくシベリアから帰った男の人たちが言っているように、お腹が空いてどうしようもなかった、なんてこともなかったわね。私、要領が良かったからかしら」

〝要領がいい〟という軍隊特有の言い回しが飛び出した。〝軍隊は要領〟というのは兵士の誰もが知る不文律だ。若い看護婦が、軍隊生活で使う要領とはどういうものなのか。大いに興味深いが、シベリアでそんなことが可能だったのだろうか。

「シベリアの捕虜なんていうと悲壮なようだけど、いざ中に入ってみると、人間みんな一緒よ。ソ連の兵隊も一人ひとりはみんな普通の若者でしたよ。朝なんて行き合うと、『ズラースチ（こんにちは）』って向こうから挨拶してくれるからね。ただ、大勢になると何をするかわからないけどね」

幸恵さんの語るシベリアの思い出は、何かあっけないような、あっさりし過ぎているような感じがしてならなかった。何かを隠したり、配慮しているわけではない。むしろ答えにくいような質問にも極めて率直に答えてくれるのだが、何かが抜け落ちている気がするのだ。

その一方、満州で過ごした頃の思い出は、色鮮やかでディティールに溢れていた。

「佳木斯の街はとてもきれいなところでね、松花江のほとりを、中国服を着た姑娘《クーニャン》が杏の花を持って歩いている姿なんて、絵葉書のようでしたよ。李香蘭《りこうらん》が部隊に慰問に来たこともありました。意外と小柄な人でしたね。

婦長からは『満人（当時の中国東北部の住民に対する呼び方）のところには行っちゃダメ』なんてきつく言われていたんですけど、こっそり満人街に餃子を食べに行ったりしていました。向こうも『こんなところに日本人が来てくれた』ってすごく喜んでくれましたよ。店に日本人が来ると売れるんですって。

軍隊生活は厳しかったけど、看護婦たちの憧れの軍医さんもいたし、患者さんからこっそり手紙を渡されたこともあったし……戦争中とは言っても、それなりに青春華やかでした」

隣にいた信之さんが、子どもの頃、母から聞いたというエピソードを思い出してくれた。

「中国人の男の子が『お腹痛い』って病院に来た時に、お母さんが『よし、日本でいちばんいい薬つけてあげる』とお腹に赤チンで大きく丸を書いて『治った？』と聞いたら『うん、治った』って言ったって……な？」

二人は顔を見合わせて楽しげに笑った。

しかし、そんな楽しかった日々も、昭和二〇年八月九日を境に一変する。九日未明、ソ連軍が満州に侵攻したのである。

その前日、幸恵さんは、病院で雑役をしていた苦力《クーリー》（労働者）の少年から声をかけられた。

「望月さん、戦争だから、逃げた方がいいよ」

日本人よりも先に、現地人の間にはソ連軍侵攻の情報が伝わっていたのだ。

看護婦たちは部隊とともに病院を撤退することになった。幸恵さんは、持って行くことができない衣類や教科書などを大八車に積んで、その少年に「持って行きな」と言って預けた。少年の戸惑いながらもうれしそうな表情を今でも覚えている。

「国民対国民の関係は良かったんですよね」

何気なく言った幸恵さんの顔から、さっきまでの笑みが消えていた。

引揚後の生活

「シベリアよりも、日本に帰ってからの方が大変でした」

幸恵さんは、昭和二一年一二月、ナホトカからの最初の引揚船で四〇人の仲間の看護婦たちとともに帰国した。

舞鶴港から故郷の秩父に帰ると、先に満州から引き揚げていた母と妹たちが、引揚者住宅で暮らしていた。そこはかつて満蒙開拓青少年義勇軍の訓練所の兵舎だった。

「びっくりしましたね。こんなに貧乏暮らしをしているのかと」

幸恵さんの他に八人いたはずの家族は、五人になっていた。

「ある時、子どもたちが父親を迎えに行ったら、何かが道でぐるぐる回っているのが見えたそうです。何だろうと思って近づいたら、父親が大鎌で斬られ、のたうち回っていた姿だったんです」

幸恵さんの一家が所属した埼玉県中川村開拓団の記録によれば、団員六一三人のうち二九三人が、終戦後命を落としている。終戦後の混乱の中で、土地を奪われた現地住民から襲撃されたり、集団自決で亡くなった人々である。幸恵さんの父、房吉さんもその犠牲者の中の一人だった。

その後、逃避行の中で弟二人は残留孤児となり、日本に帰国したのは何年も後のことだった。

母のカメさんが行商などをしながら、ようやく生計を立てている姿は、一九歳の幸恵さんの目に耐え難いものに映った。

「満州なんかに行かなければ良かったのにね。あの頃はみんな『満州、満州』で、満州熱に浮かされていたから。私も若かったし、帰国してから『満州になんか行くからよ！』と母親を責めたこともありました」

引揚後の生活を語る幸恵さんの表情に、シベリア時代を語る時の無邪気さはなかった。

記憶は、その後の人生によって変容する。幸恵さんにとってシベリアの捕虜生活は、戦後の苦しい生活の中で心の支えになった、短い青春時代の思い出なのかもしれなかった。

幸恵さんは、戦友会の会報や知人から送られてきた手紙など、シベリアに関するあらゆる資料を捨てずに保管していた。それらの多くは仲間内に限定されて配布されたものだ。戦友の男性たちが「ソ連の捕虜になった女性」である幸恵さんたちを世間の好奇の目から守ろうと、懸命に気遣ってきた様子がうかがわれた。

「ロスケ（ソ連人の蔑称）の捕虜になったなんて言ったら、まともな女だとは思われなかったでしょうからね」

とはいえ幸恵さんは、仲間の元兵士たちの気遣いにひとこと言いたい気持ちも持っていたようだ。女性たちの中には人目をはばかるように生きてきた人も多かったが、幸恵さんには、事実は事実として、後世に伝えるべきだという信念のようなものがあった。

「どうぞ、この資料を全部持って行って。お役立てください。仲間の皆さんにお会いできたら、私は元気だからってよろしく伝えてくださいね」

幸恵さんは段ボール箱いっぱいの資料を快く貸してくれた。

帰途、幸恵さんの磊落《らいらく》な人柄に触れ、朗らかな雰囲気で話が進んだ心地よい疲労感と、いよいよこれから本格的に取材できるという思いに心が弾んだ。取材に取り掛かってから約二か月、放送（二〇一四年八月の予定だった）までの時間は限られているが、決して短い時間ではない。最初に出会ったのが幸恵さんだったことは、ただの偶然ではないように感じられた。

それでもこの時点では、幸恵さんが語ったシベリアの思い出の、恬淡《てんたん》とした部分の奥にある何かを見つけられずにいた。

封印された記憶

三度目の訪問の際、帰りがけに玄関まで見送ってくれた信之さんの妻、文代さんが言った。

「シベリアの取材なのに、義母《はは》はいつも面白おかしいような話ばっかりで、何だかすみません。この間も『あんな話ばっかりじゃ、せっかく聞きに来てくれているのに、参考にならないんじゃないの？』と言ったんですけれど……。

実は数年前、義母はパーキンソン病になったことがわかったんです。いい先生に恵まれて、薬のおかげで進行も本当にゆっくりなんですけど、最初に症状が出た頃は幻覚があり、『ソ連兵がこっち見てる！』なんて言うから、私たちもびっくりしました」

この言葉を聞いてはっとした。

やはりシベリアは、恐怖の連続だったのだ。

幸恵さんは無意識に、抑留生活の記憶の一部を封印していたのではなかったか。忘れなければ、生きていけなかったのではないか。

大嶋幸恵さんとの出会いをきっかけに、佳木斯第一陸軍病院からシベリアに送られた女性たちの所在が少しずつ明らかになっていった。約一五〇人いたという仲間の看護婦たちのうち、戦友会名簿に名前が記載されていたのは五〇人ほどだったが、取材を進めるうちに手がかりが少しずつ広がり、一五〇人の女性たちの横顔が見え始めた。

また、佳木斯第一陸軍病院の看護婦の他にも、満州各地の日本軍部隊で働いていた女子軍属の女性たちや、民間人の女性たちが、さまざまないきさつで捕えられ、抑留されていたことがわかってきた。

所在がわかった人には、幸恵さんの時と同様に、手紙を送り、数日後に電話をかけて面会を申し込んだ。

しかし女性たちの多くは、幸恵さんほど強くはなかった。ほとんどの女性が「思い出したくない」と口を閉ざした。

「忘れよう、忘れようと思って生きて来ました」

ある人は、電話口でしばらく押し黙った後、ぽつりとそう言った。

他の人は、初めは明るい声で応じてくれながらも、しだいに声を険しくさせ、

「やっぱり……もういいです、こんなこと。誰も興味を持ってくれる人なんていませんよ」

と電話を切った。

またある人は、

「今、体調が悪くてそれどころじゃないよ」

と不機嫌そうに断った後、私が突然連絡したことの非礼を詫びると、

「本当はね、シベリアのこと、思い出したくないんだ」

と打ち明けるように言った。

こうしたわずかな反応も含め、声を聴くことができた女性は二九人。

女性たちが「忘れたい」と語る理由は、シベリアに抑留されたことだけではなかった。多くの人が、大嶋幸恵さんのように満州で家族や生活のすべてを失い、引揚者として長く苦しい戦後を生きていた。また、戦後の日本社会で「満州進出は侵略だった」という言説が一般的になり、自分たちは中国の人々に対して加害者だったのかという重い事実に悩み、人知れず苦しんできた人も多かった。

シベリアとは、そして満州とは、何だったのか。

女性たちがシベリアに送られた経緯をひもとくために、まずは佳木斯第一陸軍病院のソ連侵攻前夜から辿っていきたい。

第二章　従軍看護婦たちの満州

髪断って女を隠す敗戦日

太田（旧姓阪東）秀子

（佳木斯第一陸軍病院の陸軍看護婦。終戦当時一五歳）

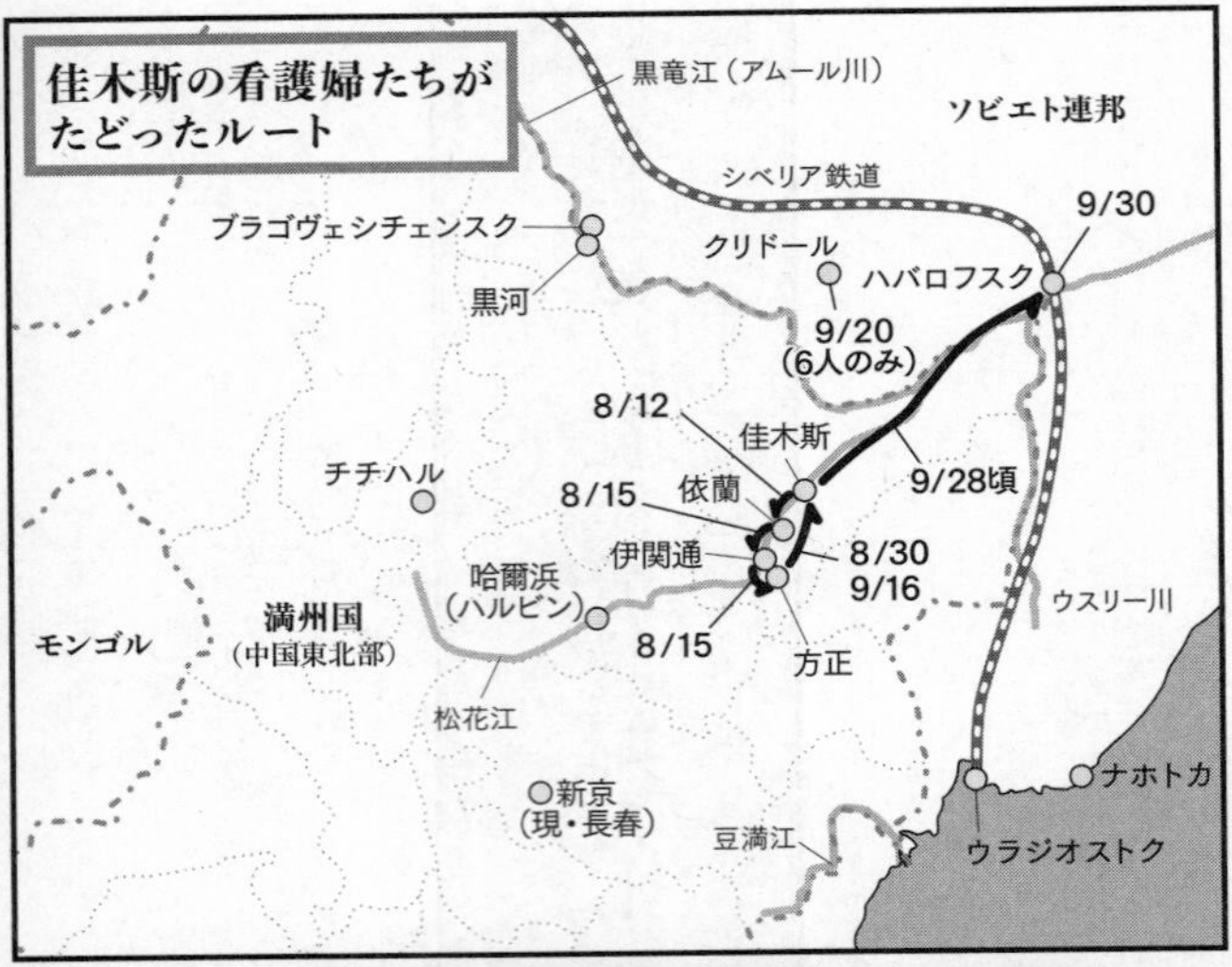

佳木斯第一陸軍病院に勤務していた看護婦たち

佳木斯第一陸軍病院

中国黒竜江省にある佳木斯《ジャムス》市は、中国の最東北部、黒竜江（アムール川）と松花江、烏蘇里江（ウスリー川）が合流する地帯にある、ロシアと国境を接する町である。〝満州国〟の建国後、それまで古びた田舎町だった佳木斯は、新たに置かれた三江省（現在の黒竜江省と吉林省の一部）の省都とされ、北満の物資を日本に運ぶ要衝として開発が推し進められた。満鉄の支線・図佳線が朝鮮半島と佳木斯を結び、ここから武装した開拓団が送り込まれた。佳木斯は、いわば日本の大陸進出の足掛かりの地だった。

この日本人の入植に、現地の住民は激しく抵抗した。「匪賊《ひぞく》」と呼ばれた抗日組織がたびたび開拓団を襲撃し、その治安のため関東軍の拠点が置かれる。やがて佳木斯は、「満州屈指の軍都」と呼ばれるようになった。

佳木斯の下流には、ソ連極東軍の拠点ハバロフスクがある。ハバロフスクからソ連艦隊が満州へ遡ることがあれば、佳木斯が正面の要塞となることが定められていた。

佳木斯第一陸軍病院は、佳木斯駅の南方に広がる、南崗区と呼ばれる関東軍駐屯地にあった。周囲には、姫路で編成された第一〇師団の各部隊を始め、将兵の官舎や、軍の売店である酒保も立ち並んでいた。駅へ向かう道の途中には、日露戦争で満州軍総参謀長を務めた児玉源太郎大将の名を冠した児玉公園があり、中央の丘の上には日露戦争以降の戦没者を祀る忠霊塔が建っていた。

南崗区から少し離れた東崗区には、航空隊や飛行場、佳木斯第二陸軍病院などがあった。その少し外れたところには「勤奉隊」と呼ばれた労務者の宿舎もあり、ここに収容され、佳木斯市内の建設事業に動員されていた労務者たちは、日中戦争で捕えられた〝支那兵〟(中国人捕虜)たちである。日本軍は、国際法に反し、中国や東南アジア、南太平洋の各地の占領地で捕虜に人道的待遇をせず強制労働に従事させていた。

佳木斯駅の北側には大通りがまっすぐに伸び、端まで歩けばアムール川の支流である松花江に突き当たる。佳木斯銀座と呼ばれた通りには百貨店や劇場が立ち並び、毎週日曜日になれば、兵士たちの姿で通りはカーキ色に染まった。その中に、紺色の制服に身を包んだ看護婦たちの姿が混じることもあった。

佳木斯第一陸軍病院は、正式には関東軍第三八陸軍病院、通称満第七九一部隊という。もともとは満州事変(一九三一年)の翌々年に開設された関東軍衛生隊の診療所で、一九四〇年七月、編成要員一五〇名で陸軍病院として改編され、看護婦二〇名、電話交換手やタイピストなどの女子軍属も配属された。

ここで治療を受けている患者は、佳木斯に駐屯する各部隊の傷病兵である。赤痢や発疹チフスなどの伝染病患者が多く、演習中の事故や匪賊討伐で負傷した者もいた。特にこの地域特有の風土病である流行性出血熱は野ネズミが感染経路とされ、野外演習の後に多発した。

看護婦たちは、時には奥地の小さな部隊の病院に派遣され、兵士たちを感激させることもあった。

看護婦教育隊

望月（のちの大嶋）幸恵は、一九四四（昭和一九）年四月二三日、陸軍看護婦教育隊第二期生として佳木斯第一陸軍病院に入隊した。一七歳だった。

埼玉県秩父生まれの望月は、東京の王子にある私立病院で看護婦見習いをしながら、女学校の夜間部に通っていた。実家は米屋を営んでいたが、経済統制で商売が苦しくなり、まず両親と五人の弟妹の七人が開拓団の一員として満州に渡り、佳木斯近郊の小八浪《シャオパーラン》にあった中川村開拓団に入植した。

やがて日本本土への空襲が激しさを増していることが伝えられると、両親は娘を心配して満州に呼び寄せた。当時、ソ連と日本との間には中立条約が結ばれ、満州は日本国内よりも安全だと考えられていたのである。

望月とともに入隊した同期生は一五名。佳木斯市内の企業などに勤める若い女性たちや、近郊の開拓団の娘たちで、ほとんどが一〇代後半だった。

当時、病院では数十人の看護婦たちが働いていた。

陸軍病院に勤務する看護婦には二つの系統がある。一つは「陸軍看護婦」、もう一方は日本赤十字社から派遣された「日赤看護婦」である。

陸軍看護婦には、日本では大学病院に勤務していた看護婦から小さな町医者の助産婦など、さまざまな経歴の者がいた。制度上は「志願制」とされていたが、当時、国内の病院はいやおうなく戦時体制に組み込まれ、軍司令部から応召を命じる文書が届けば、断ることは事実上不可能だった。

一方の日赤看護婦は、全国にある日赤の養成所で原則三年間の専門教育を受けた看護婦たちである。日赤は軍の要請に応じ、二十数名ほどで編成した「戦時救護班」を陸海軍の病院や病院船に派遣していた。当時、日赤は毎年数百人から二〇〇〇人をこえる看護婦を輩出しており、彼女たちには一二年間の応召義務が定められていた。時には乳飲み子を置いて出征する場合もあったという。日赤看護婦になることは非常に難しく、合格倍率が時には一〇〇倍をこえることもあり、当時の軍国少女たちにとって憧れの存在だった。

実は望月幸恵も、一度日赤看護婦の試験を受けたが、不合格だった。思いがけなく陸軍看護婦生徒となり、憧れの女性たちと働くことになったが、間もなく、日赤看護婦と陸軍看護婦の間には微妙な緊張感があることに気付いた。高等女学校出が多くを占め、固く結束している日赤看護婦は、必ずしも教育程度が高いわけではない陸軍看護婦から見れば〝お高くとまっている〟と取られがちで、近寄りがたい雰囲気があった。陸軍看護婦の二人の婦長のうち、保坂澄江婦長はもともと日赤看護婦出身で、そんな女性たちの間の見えない緊張をときほぐす役割を担っていた。

病院には、看護婦以外にも電話交換手やタイピストなど、一五名の女子軍属がいた。

望月たち看護婦教育隊の一日は、起床ラッパで始まる。病院の一室を宿舎として、古参看護婦を班長とする軍隊式の営内生活が営まれていた。

彼女たちの教官を務めるのは、軍医や衛生下士官である。衛生兵の教科書が用いられ、外科、内科、看護学、包帯術など、みっちり仕込まれた。

手術の見学では、麻酔もしないまま先輩看護婦たちが患者を抑えつけ、痛がる患者に、軍医が「男のくせにヒイヒイ言うな！　キンタマ取っちまうぞ！」と気合いを入れながら手術する姿に、看護婦生徒たちは仰天した。

病院内での男女の交流には細心の注意が払われていた。「看護婦は患者の前で笑顔を見せてはならない」と厳しく言われていたが、笑い上戸の望月は、ずっとまじめな顔をしていることができず、いつも先輩看護婦たちに睨まれていた。

入隊当初は毎晩宿舎のベッドにもぐり込んだ後で涙ぐんでいたが、しだいに厳しい生活にも慣れていった。軍隊生活の要領も覚え、先輩看護婦の叱責も受け流す逞しさが身についた。

内地（日本国内）の友だちから届く手紙には、毎日軍需工場で働いていることや、空襲が激しくなっている様子が窺えた。それに比べれば、まだ満州は平和だった。

しかし、戦局の悪化は、徐々に望月たちの生活にも影を落としていく。

一九四五（昭和二〇）年一月、看護婦生徒たちに父親のように接してくれた田島部隊長（佳木斯第一陸軍病院病院長）を始め、多くの軍医や衛生兵たちが転属命令を受け、病院を去った。彼らの多くがフィリピンに送られ、〝玉砕〟したことは、戦後明らかになった。

南崗区の部隊の多くが南方に送られ、駐屯地は一気に人気がなくなった。

空きが出たので、望月たち看護婦生徒たちも二人一組で官舎に入れることになった。赤いレンガ造りの官舎にはスチームがきき、それまでの大部屋と比べれば別世界である。望月たちは勤務以外の時間には、お互いの部屋に集まっておしゃべりをしたり、窓の外に憧れの人を見つけて騒いだりして、つかの間の青春を楽しんでいた。

長く厳しい冬が過ぎ、四月半ばになると、夜明け前から地鳴りのような轟音《ごうおん》が聞こえてくる。松花江を厚く覆っていた氷が解ける音である。休日、看護婦たちは連れ立って松花江の埠頭に出かけることもあった。三〇〇メートル近くある川幅一杯に、大小の氷の塊がぶつかり合いながら流れて行く景観は、内地では見ることのできない満州ならではの雄大さを感じさせた。

雪解けとともに凍った地面から小さな花が一斉に顔を出し、大地は見る見るうちに春に覆われる。現地の人々が迎春花《インチュンホア》と呼ぶ黄色い花がひときわ鮮やかに咲いている。児玉公園にはスズランや様々な野花が咲き乱れ、谷間の湿地に人の背丈ほどもあるハナショウブが群生していた。

望月はある日、保坂婦長とともに公園に出かけた。婦長は内ポケットからたたんだ紙を取り出すと、見せてくれた。恋をうたった詩だった。厳しいけれどもちょっぴりロマンチストな一面を持つ保坂婦長のことが、望月は大好きだった。

新たな動員

昭和二〇年七月一日、新たに一五〇人もの少女たちが病院に集められた。補助看護婦の「挺身隊」として、佳木斯近郊から動員されたのである。

その中の一人、一八歳の佐藤（のちの佐々木）一子《いちこ》は、三江省の省公署でタイピストとして勤務していたが、ある日上司から呼び出された。

「軍の方で看護婦が足りないから、各職場から若い娘たちを召集したいという話が来たんです。しかも名指しで来ていました。私が自分から志願したわけじゃないんですよ。事前に、健康状態とか家族関係を調査したんでしょうね。課長に『こういうお達しが来ているけれど、どうか』と聞かれ、『行きます！』と即答しました。あの頃はもう愛国心に燃えていたからね。その時呼び出された人、全員が応じていました」

この時集められた一五〇人の女性たちの中には、この春に佳木斯市内の高等女学校を卒業したばかりの少女たちもいた。赤星（のちの齊藤）治《はる》は、東京の共立女子専門学校への進学が決まり、入学の準備をしている矢先に動員された。

「看護婦が足りないから、子どもでもいいからと召集されて。女学校でも看護教育を受け、免状をもらっていましたからね。それで召集されたのかもしれません」

この一五〇人の補助看護婦隊は、のちに「菊水隊」と名付けられる。教育隊長は澤井衛生曹長、担当教育助手には五人の中堅看護婦が選ばれた。その班長は、日赤看護婦の林正《りんしょう》（のちの高亀）カツエである。

取材当時（二〇一四年五月）、林正カツエは、広島市に九九歳で健在だった。二人の娘さんと、近隣に住む元シベリア抑留者でハルビン学院出身でもある大心池《おごろち》洋氏の同席のもと、当時の話を聞いた。

林正は当時三〇歳。女学校を卒業後、日赤広島支部の看護婦養成所（当時は愛媛にあった）を首席で卒業し、婦長候補生に選ばれ、東京の日赤本社で婦長としての教育を受けた。日中戦争が開戦した昭和一二年、上海事変の際の呉淞《ウースン》上陸作戦では弾丸が飛び交う最前線で従軍した経験を持つ。

それでも、佳木斯で一五〇人もの民間人の少女たちを訓練し、統率するプレッシャーは大変なものだったようだ。

「女学校を卒業したばかりのお嬢さんたちを、日赤の看護婦と同じようになるように訓練してくれと部隊長から言われましてね。厳しく訓練しました。あれは本当に大変でしたね……」

記憶の糸を手繰りながらぽつりぽつりと語り出した林正カツエは、ふと当時の緊張を思い出したかのように眉をひそめると、口元を手で覆った。

教育が始まってわずか一か月後、彼女は、幼さの残る少女たちを連れて死線をさまようことになる。

ソ連侵攻

昭和二〇年八月八日。

この日、佳木斯第一陸軍病院の敷地の一角では、衛生兵と看護婦たちが朝から土方作業に追われていた。その二か月前、部隊長から、手術室と病室の外側に防壁を築き、防空壕を掘ることを命じられていた。

日が傾き始めた頃、地平線のはるか向こうで竜巻が舞い上がった。

その直後、空に稲妻が光り、轟音が辺りに響いた。

一瞬にして真っ暗になった空からどしゃぶりの大雨となる。衛生兵と看護婦たちは泥まみれになりながら病棟へ駆け込んだ。この雨で、それまで築いた防壁はすっかり流されてしまった。

奇妙な噂が流れてきた。営内で飼育していた豚が全ていなくなったという。

深夜零時過ぎ、静まり返った菊水隊の宿舎では、佐藤一子が一時間交代の不寝番に就いていた。雨は上がり、空には星が瞬いていた。

まもなく一時になろうかという頃、一子の耳に遠くから向かってくる飛行機の音が聞こえる。

「あら、こんな時間に、日本軍の演習かしら」

その瞬間、爆発音が病院を揺るがした。

宿舎の中では寝台が床から跳ね上がり、寝ていた隊員たちは一斉に悲鳴を上げて飛び起きた。

一子は、林正カツエ班長がいる宿直室に駆け込んだ。

「班長殿！　班長殿！」

林正は宿直室を飛び出すと隊員たちの部屋に駆け込み、「落ち着いて、落ち着いて」と隊員たちをなだめた。

やがて、空襲警報が辺りに鳴り響く。

宿舎の外から衛生兵たちが駆け込んでくると、灯火管制のため各部屋の窓に毛布を張って回った。一人の兵士が林正に「先ほどの飛行機は米軍機ではないらしい」と告げる。

林正は、おびえる菊水隊員たちに廊下で寝るよう命じた。しかし隊員たちはなかなか寝付けないまま、時間が過ぎていった。

南崗区の師団司令部（第一〇師団に代わり、第一三四師団が置かれていた）の前には、各部隊から命令受領のため集まった下士官たちがひしめいていた。

「日ソ交戦状態に入れり」

司令部の第一声に、下士官たちは緊張で顔をこわばらせた。先ほどの爆発音は、ソ連軍機による師団司令部への爆弾の投下だったのだ。

続いて各部隊に指令が下された。全て後退命令である。師団司令部は方正《ほうまさ》に新たな陣地を構築することになった。

最後に、佳木斯第一陸軍病院に命令が伝達された。

「速やかに病院を閉鎖し、後方に集結せよ」

時刻は夜明け近くになっていた。

早朝、菊水隊員たちは営庭に集合した。

部隊長の長谷川重一中佐からソ連軍の満州侵攻が伝えられると、菊水隊員たちは不安な表情を浮かべてお互いの顔を見合わせた。多くの者は、よく事情が呑み込めなかった。

一八歳の福本恵美子の頭に浮かんだのは、日ソ中立条約の存在だった。

「日本と戦争しているのはアメリカだと思っていたのに『なんでソ連が来たの?』という感じだったよ、はっきり言って。ソ連とは戦争しないことになっていたんじゃないの? 学校でもそう習っていたからね。佳木斯はソ連との国境のすぐ近くだから、どうなることかと思って」

隊員たちの多くは、家族が佳木斯市内に暮らしている。部隊長は、撤退を前に一時帰宅するよう命じた。

「今日は一旦、それぞれの家に帰って家族と面会し、家族とともに避難しなければならないという者はそうしてよい。しかし開戦に当たり、部隊としては傷病兵の看護に全力を尽くさねばならない。皆は軍が必要として召集したのだから、出来ることなら病院に戻って来てほしい」

隊員たちは真剣な顔をして聞いていた。

彼女たちは、幼い頃から軍国教育の中で育った軍国少女たちである。部隊長の訓示を聞き、多くの者が「今こそがお国のために働く時なんだ」と胸を高鳴らせた。

集合時間は午後六時と定められ、菊水隊は解散した。

爆弾投下の直後、官舎に寝泊まりしていた看護婦たちは、婦長の号令のもと急いで身支度を整え、病棟に走ってそれぞれの持ち場に駆けつけた。

病院内は大混乱に陥っていた。衛生兵たちが院内を駆け回り、廊下には病室から出された患者が横たえられている。

やがて、司令部からの命令が伝えられた。約六〇〇人いる入院患者のうち、一五〇人は牡丹江《ぼたんこう》第一陸軍病院に、一部は哈爾浜《ハルビン》に後送する。原隊復帰が可能と判断された者は、即時退院させる。患者輸送のトラックがひっきりなしに行き来し、看護婦たちは慌ただしく後送の手続きをした。

「水道の水が出ない！」佳木斯の給水塔がゲリラにやられたらしい。衛生兵たちは関東軍防疫給水部が開発した濾水機を準備し、風呂の水やタコツボ陣地の泥水を濾過して各病棟に配った。

人の往来でごった返す中には、復帰するはずの原隊がすでにどこかに出発してしまい、行き場を失い病院に戻って来てしまう患者もいて、看護婦たちは対応に追われた。

時折、機体に赤い星が描かれたソ連の爆撃機が飛来しては、軍の施設を爆撃していく。爆撃機が近付くと、病院の窓ガラスが一斉にビリビリと震えた。看護婦たちは、異様な緊張に気圧《けお》されながら、患者たちを移送する手続きを進めた。

ようやくほとんどの患者が送り出されると、病院には移動させることもままならない重症患者だけが残った。

一八歳の陸軍看護婦、平田（のちの井上）ともゑは、「この患者たちをどうするのだろう？」と疑問に思った。患者の中には、中学校（旧制）を卒業したばかりの若い航空隊員たちがいた。平田が恐る恐る先輩看護婦に尋ねると、「処置」が命じられている、という答えが返ってきた。やがて衛生兵が注射器を持ってきて、患者に注射して回った。青酸カリだった。

注射を受けた患者は、担架に乗せられ防空壕の中に運ばれた。若い航空隊員の口から「お母さん……」という声が漏れた。

「私、それ見ただけで怖くてね。先輩に『どないなるんですか』と聞いたら、『放っておいたら雨降って水溜まって、それでしまい違う？』と言われて。ああ、そうですか……と」

平田には、陸軍看護婦になる前に出征し、戦死した三番目の兄がいた。人柄がよく、一番仲のいい兄だった。大勢の人たちとともに万歳で見送った兄は、本当に「戦死」だったのか。今、眼の前で青酸カリを注射されている兵士の姿に、その兄の面影が重なっ

女学校の同級生たちとともに。右端が赤星（のちの齊藤）治

取材当時 87 歳の齊藤治。佳木斯高等女学校を卒業して
間もなく動員された（©NHK ／テムジン）

た。

「生きて虜囚《りよしゆう》の辱《はずかしめ》を受けず」という戦陣訓の教えが根深く浸透していた当時、生きたまま敵の手中に堕ちるよりは、味方の手で死なせてやる方が道義的だという考えが日本軍に浸透していた。

一方、一時解散した菊水隊員たちは、それぞれの自宅に向かって急いでいた。

佳木斯の街は、異様な雰囲気に包まれていた。銀行や商店はシャッターが下ろされ、足早に往来する人々の表情は緊張におののいている。

福本恵美子が父の社宅である自宅に帰ると、両親がいた。父は、勤務する王子製紙の江別工場から三か月前に佳木斯への転勤を命じられたばかりだった。部屋の中にはまだ梱包を解いていない荷物が積まれていた。

福本が病院長の言葉を伝えると、在郷軍人でもある父は部隊に戻るよう娘に勧めた。

「あの当時は、お国のためっていうのが何よりも大切だったからね。父が『うちは男の子がいないけれども、女の子でも国のために尽くせるんだったら、部隊へ戻った方がいい』と。母は、私が一人っ子だったから、一緒に連れて行きたいと泣いていたけれど。私もよく考えて『病院に戻ります』と言ったの。あの当時は、とにかくみんなお国のために、お国のためにね、何とかして戦争に力を尽くそうと思っていたから」

この春、佳木斯高等女学校を卒業したばかりの赤星（のちの齊藤）治が自宅に戻ると、父親と中学生の弟は動員され、姿がなかった。慌ただしく荷物を用意していた母が、

「一緒に避難しよう」と呼びかけた。しかし治は、「お国のために働くから」と言って母の誘いを断った。そして引き出しからハサミを取り出すと、お下げに編んでいた髪を二房、襟足近くで切り、母に渡した。

「これ、私の代わりに……。遺骨は帰ってこないと思うから」

菊水隊の集合時間と定められた午後六時。どしゃぶりの雨だった。

病院に戻ってきた菊水隊員たちは、出発前の半数の七五人になっていた。戻って来なかった女性たちは、家族とともに避難することを選択したと思われた。しかし、その女性たちが無事に日本に帰ることができたのか、消息はほとんどわかっていない。

そのうちの一人が、赤星と佳木斯高女の同窓生で、戦後五〇周年の同窓会誌に手記を寄せている。

手記によれば、この少女は部隊長の話を聞きながら、なぜ病院に戻らなければならないのか理解できなかったという。自宅に戻ったが誰もおらず、家族を待っていたが、夜になり、かねてから父が「何かあった時はこれを持って出る」と言っていたカバンがないことに気付いた。家族はすでに避難した後だったのである。その後、家族と出会えないまま敗戦を迎え、佳木斯市内の日本人収容所に身を寄せていたが、ある日、中国共産党の八路軍（のちの人民解放軍）兵士が現われ、他の六名の女性たちとともに八路軍の病院に行くことを命じた。その後八年間、八路軍の部隊とともに国共内戦下の中国を転々とし、日本に帰国できたのは昭和二八年だったという。

他の女性たちの運命も、厳しいものだったであろうことは想像に難くない。

記録によれば、敗戦後一年あまりの間に、佳木斯だけでも二〇〇〇人を超える女性が「残留婦人」になったという。生き延びるために、現地の中国人の家庭に入らざるを得なかったのである。その中に、この時、病院に戻らなかった女性がいた可能性も否定できない。

男装した看護婦たち

八月九日深夜、佳木斯第一陸軍病院内で会議が開かれた。

部隊長を始め、軍医たちのほか、四人の女子の代表（陸軍看護婦長、日赤看護婦長、女子軍属の一人、菊水隊班長の林正カツエ）も出席した。

その席で、林正たちには二つのことが伝えられた。

・部隊は哈爾浜まで後退し野戦病院を開設する。

・撤退に当たり、部隊の女子全員に冬の軍装品一式を支給する。

翌日、看護婦と菊水隊員、女子軍属全員に、新品の軍服が支給された。

撤退に際し、近隣の部隊の女子軍属たちも合流することになった。病院のすぐ近くにあった師団司令部に勤務する女子軍属五人や、酒保に勤める女性たちである。彼女たちが加わり、女性たちは総勢およそ一五〇名となった。

年長の看護婦たちは緊迫した面持ちで、言葉少なに身支度を整えた。日赤看護婦の友重（のちの山本）眞佐子は、満州に来る前、日本国内の海軍病院で南方戦線から送られてきた負傷兵を受け入れた経験を持つ。激戦地から運ばれてきた負傷兵は、白衣に着替えさせる暇もなかったのか、黒く血がこびりついた軍服のままで、その負傷の凄まじさは戦場の苛烈さをありありと伝えていた。いよいよその戦場に自ら赴《おもむ》くのだ。

一方、まだ幼さの残る菊水隊員たちは、初めて見る軍服に、つい好奇心が湧いた。

福本恵美子は、女性の体格に合う軍服があることに感心した。

「兵隊さんでも小柄な人がいるんだね。男物だと大きいんじゃないかと思ったら、女に合う服もけっこうあるんだよね。袴下《こした》とか、軍用シャツだとか。それから靴も、私たちにも合うような小さい軍靴があるの。それにしても、女だとわからないように兵隊の格好をすると言ったって、わかってしまうよね。背は小っちゃいし、胸もお尻も出っ張ってるし」

少女たちの中には余計なお洒落ごころを発揮し、胸ポケットからハンカチを覗かせたりする者もいて、林正班長は細かく見とがめては注意した。

病院の玄関の前には、被服廠や酒保から放出された軍需物資が山のように積まれていた。撤退に際し、持ち出しは自由と伝えられていた。

女性たちは、この先どんな生活が続くのか見当もつかないまま、生理用品となるガーぜや脱脂綿などを背嚢《はいのう》に詰め込んだ。

福本は軍隊が貯め込んだ物資の多さにあきれた。三か月前に渡満したばかりの福本にとって、満州には内地のような厳しい物資統制がないことが驚きだった。内地ではアルミの弁当箱さえ供出し、木でできたものを使っているほどだった。それもこれも戦争に勝つためにと思って耐えてきたのに、軍隊にこれほどの物資があったとは。

佳木斯高女を出たばかりの山本（のちの松本）スミは、さらしの反物を見つけて、一本背嚢に入れた。これがシベリアに行ってから、多くの仲間たちの手ぬぐいや下着を作る材料として役立つことになる。

撤退にあたり、私物は最小限にすることが命じられた。看護婦たちは、思い出の写真や手紙、満州に来る際に知人から贈られた晴れ着、大切に使っていた化粧品などをじっと見た後、営庭で焚かれていた火の中に投げ入れた。


八月一二日、病院を撤退する日が来た。東南崗の各部隊は、佳木斯第一陸軍病院を残して、ほとんどが先に撤退していた。

出発直前、営庭では菊水隊員たちがこれから始まる行軍に備え、装具を背負って行軍訓練をしていた。駆け足で回っていると、荷物の重さが肩にくい込んでくる。皆、荷物が多すぎることに気付き、泣く泣く背嚢の中身を引っ張り出し、置いていかざるを得なかった。

訓練を終え、佐藤一子が宿舎に戻ると、一人の兵士がやってきた。

「佐藤一子はいるか」

「はい」

佐藤が廊下に出ると、行軍訓練の最中に父が訪ねて来たことを告げられた。

「その時、兵隊さんが父に『いま軍内は混雑しているから、呼び出しは出来ません』と、帰してしまったんですって。そんな軍律と言っても、大して厳しいものでもないのに、どうして会わせてくれなかったのかと、今でも悔やまれるのだけど……。そうしたら父が兵隊さんに、これを渡してくださいと紙きれを預けたんです」

父が残して行った紙片には、

「家族はイヤサカに疎開する　佐藤信兵衛」

佐藤一子殿
とだけ書かれていた。

父は、もし娘が自宅に帰ることになった時、家族が誰もいなければ可哀想だと思い、知り合いがいる弥栄《いやさか》村開拓団に避難することを伝えたかったのだろう。しかしこれが、父との永遠の別れになった。

後に佐藤がシベリア抑留を経て帰国し、聞いたところによれば、父は佳木斯駅から出る最後の避難列車を待つ間、「ちょっと用がある」と、母が引き止めるのを振り切って駅を後にしたのだという。直後に列車は出発し、そのあと父の姿を見ることはなかった。

後年、佐藤は自分のせいで父が命を落としたという思いに、苛《さいな》まれ続けることになる。

撤退

八月一二日、午後四時過ぎ、佳木斯第一陸軍病院から看護婦たちが隊伍を組んで撤退を始めた。

突如、背後から爆発音が響いた。ソ連軍に利用されることのないよう、関東軍の工兵部隊が軍の施設を爆破したのだ。病院の窓ガラスも割られ、火が放たれた。自動車廠の重油タンクがすさまじい勢いで燃え上がっている。

轟音の響きを背中に感じながら、看護婦たちは松花江の埠頭に向かって急いだ。

いきなり上空にソ連機が飛来すると、看護婦たちの隊列に機銃掃射し、ものすごい爆音を立てて飛び去った。看護婦たちはとっさに道の脇に身を伏せた。幸い負傷者は出なかった。

やがて後方から、最後まで病院に残った軍医たちを乗せたトラックがやってきて、看護婦たちに分乗するよう促した。

市内のあちらこちらから爆発音が響き、辺り一面に硝煙が立ち込めている。トラックはあちこちを迂回しながら、埠頭に向かった。

福本恵美子がトラックから後ろを振り返ると、佳木斯の街は火の海に包まれ、黒い雲が低く垂れこめていた。福本は一瞬「きれいだな」と見入ったが、「そんなことを考えている場合じゃないんだ」と我に返り、前を向いた。

埠頭に到着すると、師団司令部の将兵たちを乗せた船が、ちょうど出発するところだった。看護婦たちは、その船に乗り込んだ。目的地の哈爾浜までは二昼夜で到着するという。

乗船すると、看護婦たちはエンジン室の脇にある船室に入れられた。二段ベッドの上下にぎゅうぎゅうに詰め込まれ、身動きもできない。エンジンの熱気がこもり、汗を流しながら、看護婦たちは眠れない一夜を過ごした。

翌朝、船はどこかに停泊した。聞けば、佳木斯からさほど離れていない依蘭《いらん》の港だった。岸辺から黒煙がたちのぼり、周囲は騒然としていた。直前にソ連軍機が飛来し、爆撃されたという。

下船が許された。下りる時、女性たちにコップ一杯ずつの冷たい砂糖水が配られた。「生水を飲んではいけない」という訓示が出ている。周辺を歩くと、井戸の周りに白い粉が撒かれていた。

船は再び哈爾浜へと進んだ。時折、上空にソ連軍機が現れ機銃掃射が水面を叩きつけたが、船には当たらなかった。

八月一五日、船は小さな埠頭に着いた。哈爾浜かと思われたが、伊《い》関通《かんつう》という小さな集落だった。

看護婦たちはそこで下船し、一里半（約六キロ）ほど離れた方正へ徒歩で移動することが命じられた。方正は、師団司令部が新たに陣地を構築している場所である。一五〇人の看護婦たちの行軍が始まった。コーリャン畑に囲まれた細い道を、重い背嚢を背負った女子たちが隊伍を組んで進んでいく。先頭を行く陸軍看護婦、日赤看護婦たちは日頃から行軍訓練で鍛えられているため、それほどの苦痛はない。しかし後ろに続く菊水隊員にとっては、初めてのことである。菊水隊員の少女たちの多くは疲れ果て、今どこに向かっているのかなど、まるでわかっていなかった。とにかく必死で皆についていくだけで精一杯である。少し進むと、足がもつれ、歩けなくなる者が続出した。

途中、トラックが通りかかり、運転していた日本人が「荷物を持っていってやる」と声をかけた。言われるままに何人かが背嚢をトラックに預けたが、トラックはその後、行方をくらました。

「もう歩けない」としゃがみこんだまま、立ち上がれない者が出始める。林正班長が「頑張れ、頑張れ」と声をかけて回り、隊員同士で歩けない者を両脇から抱えるようにして必死に歩いた。

数時間の行軍の後、ようやく看護婦たちは方正に到着した。菊水隊員たちは肩で息をし、汗とほこりにまみれた顔は苦痛に歪んでいた。

方正には、関東軍の各部隊が集結し、野営地のような様相を呈していた。

在留邦人が避難し空き家となった建物が、それぞれの兵舎として割り当てられた。看護婦たちにも「興農合作社」の倉庫が宿舎として当てられた。

ここに野戦病院が開設されるのだろうか？　命令はなかなか出ない。しかし駐屯する兵士たちの中から次々に病人が出始めたため、看護婦たちは臨時体制で看護に当たる。そのうち、死者も出始めた。

避難民たち

この頃、方正には北満の各地から避難してきた開拓団の人々が続々と辿り着いた。その姿は、日ソ開戦から一週間とは思えないほど悲惨な状態だった。髪を振り乱し、着ている服はボロボロになり裸足の人も多い。顔は汗と埃で真っ黒に汚れ、目だけが虚《うつ》ろに光っていた。

部隊が炊き出しを始めた。看護婦たちも一生懸命おにぎりを握り、避難民たちに配った。日赤看護婦の友重眞佐子が、子連れの若い母親におにぎりを差し出すと、疲れ切った様子の母親はいきなりおにぎりをひったくり、頰張った。母親は最初の一口を飲み下すと、やっと落ち着きを取り戻し、隣の子どもに残りの半分のおにぎりを食べさせた。その様子を見ていた友重は、極限状態に追い込まれた人間の姿を垣間見る思いがした。看護婦たちの中には、自分たちの持ってきた余分な服や、配給された乾パンを避難民に手渡す者もいた。

赤星治は、同郷の山形から来た開拓団の一行と出会った。

「その時、若いお母さんたちのことを聞いたんです。開拓団の団長さんが『子どもは連れて行っても足手まといになるから、殺せ』と命令して、みんなで殺したんですって……。その時はもう、みんな集団で頭が少しおかしくなっていたんでしょうね。子どもの方も覚悟して、『お母さん、痛くないように殺してね』と……。だけど、方正に着いて、だんだん気持ちが落ち着いてきたら、大変なことをしてしまったと気付いたんでしょう。気が狂ってしまって、松花江に飛び込んで亡くなった人が何人もいるんです」

ほんの数日前、家族と別れたばかりの菊水隊員たちは、こうした避難民の姿を目の当たりにして、自分たちの家族も同じような状況に陥っているのではないかと不安に駆られた。

看護婦たちには、避難民の女性たちの身に襲いかかった、耳を塞ぎたくなるような話も伝わってきた。女である限り、いつ自分たちもそのような目に遭うかわからない。部隊とともに行動していることだけが、看護婦たちをそのような危険から身を守る盾になっていた。

この頃、看護婦たちの一行に、他の病院から逃れてきた看護婦や、民間人の女性数名が加えられた。

ソ連側の記録によれば、八月九日未明、満州に侵攻を開始したソ連軍は、兵士一五七万七七二五人、戦車・自走砲五五五六両、飛行機三四四六機、火砲二万六一三七門となっている。

ハバロフスクから満州への侵攻を開始したソ連第二極東方面軍第一五軍は、一〇日の朝、佳木斯の北東一三〇キロにある富錦《ふきん》に到着した。富錦の街は、ソ連艦隊からの艦砲射撃、空からの爆撃で火の海と化した。関東軍の一個連隊が戦車への肉薄攻撃と白兵戦で応じたが、三日間の激戦の後、富錦は占領された。ソ連軍は一五日、佳木斯に到達し、方正に後退した佳木斯兵団に迫りつつあった。

敗戦

方正に到着してから、辺りを取り巻く空気が以前と微妙に違っていることに、何人かの女性たちは気付き始めた。

福本恵美子はいう。

「なんだか様子が変だなと思ったのね。今までは、満人の人たちは日本人に気を遣って、道を歩いていても空けてくれたりしていたでしょう。それが、何か威張るような感じで、人が集まって来て私たちを見たりして、変だなあと思っていたの。そうしたら入って来たの、日本が負けたらしいっていう話が」

八月一六日、空から撒かれたというビラの文言が残っている。

「日本軍将兵ニ告ク

一、八月十四日停戦ノ大詔ハ喚発セラレタリ
二、関東軍司令官竝ニ師団長ハ大御心ヲ奉戴シ万策ヲ尽シテ停戦目的ノ達成ヲ期シアリ
三、速カニ方正附近ニ集結シ師団長ノ掌握下ニ入ルヘシ　但シ途中『ソ』軍ニ遭遇セハ武器ヲ交付シタル後方正ニ向ヒ前進スヘシ
三江兵団長　井関仭《みつる》」

三江兵団長とは、第一三四師団長、井関仭のことである。

翌一七日、方正の全部隊に日本軍の無条件降伏が伝えられた。整列した将兵の中に看護婦たちも混じり、師団長の言葉を聞いた。

看護婦たちはみなうなだれ、茫然としていた。

一か月前に一八歳になったばかりの赤星治は、信じられない気持ちでいっぱいだった。

「そんなことないと思った。『神風が吹く』『絶対勝つ』って信じていました……」

茫然自失とした雰囲気が、全員の上に重くのしかかった。夕方、一人の中佐が自決したと伝えられた。

近くの建物にふと目をやると、屋上に、いつの間に用意されたのか中華民国の青天白日旗が翻《ひるがえ》っていた。

翌日、ソ連軍の機械化部隊が方正にやってきた。

ソ連軍の戦車は、日本軍の戦車よりもはるかに大きく頑強だった。中から颯爽《さっそう》と飛び出した女性兵士の姿に、日本軍兵士たちは驚いた。タイヤが一〇輪あるトラックの車体には「USA」と書かれている。アメリカからの援助物資であるらしい。馬に乗ったソ連軍将校たちも現れた。体が大きく、真っ赤な顔をしたソ連兵の姿に、女性たちは言いようのない恐怖を感じた。

方正の全日本軍に、武装解除が命じられた。

陸軍病院である七九一部隊に、武器はほとんどなかったが、銃剣や将校の持つ拳銃、軍刀が集められ、手術器具も没収される。患者の引き渡しも要求され、彼らはどこかへ連れ去られた。

この時、一人の看護婦が青酸カリを注射され、安楽死させられたという話も伝えられている。終戦直前に他の病院から転入した看護婦で、病気を発症していたようだ。前述の通り、当時の日本では敵の手中に渡すより、仲間の手で死に至らせる方がはるかに良いと考えられていた。ソ連軍に病人の引き渡しを要求され、女性の身だけに何が起きるかわからないと考えたのだろうか。戦後、この女性の親族から問い合わせがあったようだが、戦友会の側は沈黙を守ったとも聞く。

白系ロシア人

看護婦たちは炊事や洗濯のため、宿営地から少し離れた小さな沼に通うのが日課となっていた。

　菊水隊員の高祖（のちの寺崎）のぶ子は、ここで、思わぬ人と出会った。入隊前、佳木斯市内の警察署に勤めていた時、よく訪れていた白系ロシア人の男性である。

　満州には三〇を超える民族が暮らし、多くのロシア人もいた。一九一七年のロシア革命から逃れてきた反革命派の人々である。共産主義の「赤」に対し、反革命派の「白」という意味で白系ロシア人と称されていた。

　満州国は〝五族協和の王道楽土〟とうたいながら、白系露人事務局を置き、表向きは白系ロシア人を保護しながら、一方で厳しく管理した。ソ連から送られるスパイの存在を警戒したのである。彼らが居住地以外の地域に出かける際には、警察署に届け出なければならなかった。そのため、高祖はロシア人男性と顔見知りになっていたのである。

「背の高い方でね、顔を合わせると『お嬢さん、こんにちは』なんて言って紳士的な人でした。ところが、方正で水を汲みに行った時、偶然そのロシア人に会ったら、その人が言ったの。『やい貴様、日本負けたろ』って……。その顔が今でも印象に残っている。恐ろしかった……」

　高祖のぶ子は、両手で顔を覆った後、「でもね」と遮るように言葉を継いだ。

「無理もないと思いますよ。満州にはいろんな人種の人がいたけど、何でも押さえつけて、全て日本人にいいようにばかりしていましたからね。彼らがそういう反感を持っていて当然だったと思います。例えば、当時食糧も配給でしたでしょう？　三段階に分けてあったんです。『日系、鮮系、満系（日本人、朝鮮人、中国人）』と。例えば日本人が三〇〇グラムだったら鮮系が二〇〇グラム、満系が一〇〇グラムとか。そういうふうに分けて、お店屋さんでも紙に書いて貼ってありましたものね。ひどいなあと思っていましたよ。なぜ、あんな差別をしたんでしょう」

この白系ロシア人の行方はわからないが、日本の敗戦後、満州にいたロシア人の中には日本の協力者とされ、ソ連軍によって処刑されたり、シベリアの収容所へ送られた者も少なくない。

現地解散命令

八月一八日の夜、菊水隊班長の林正カツエのもとに、部隊本部へ集合するようにという命令が伝えられた。本部を訪ねると、女子の代表四人が集められている。

しばらく待っていると、佳木斯第一陸軍病院の長谷川部隊長がやってきた。林正たちは、何を伝えられるのかと、その言葉を待った。しかし部隊長は、「何からどういうふうにお話しすればいいのか……」などとつぶやきながら部屋の中を行ったり来たりしている。

やがて部隊長は席に着くと、語り始めた。

「今後、どのような事態になるか全く予想がつかない。日赤の救護看護婦に対しては、ソ連軍も万国赤十字法に基づいて取り扱ってくれるものと思う。それでも心配はある。

なおさら心配なのは、菊水隊や女子軍属だ。ソ連軍が民間人だとみなせば、どんな扱いを受けるかわからない。そうしたことを考慮すると、今であれば、近くに大勢日本人が来ているから、親や家族と合流できる者もあるだろう。ついては、部隊をここで現地解散したいと思う」

看護婦たちは身じろぎもせず、部隊長の言葉を聞いていた。

しかし林正カツエは、胸の奥から突き上げるような思いに駆られていた。「現地解散」とは、一五〇人の女性たちが日本軍の保護下にいられなくなることを意味する。周囲にソ連軍がひしめいている今、女性だけの集団になれば、取り返しがつかない事態に陥ることは火を見るより明らかだ。

林正が口を開いた。

「部隊長殿、私たちは召集を受けて来ました。ここで解散することはできません。日本へ帰るまで、部隊と行動をともにさせてください」

看護婦は陸軍軍属として、上官の命令に服従することが定められている。命令に反することは、「抗命罪」として陸軍刑法で処罰される行為である。林正は、自分は何ということを言っているのだろうとの思いにとらわれながらも、ここで黙って引き下がるわけにはいかなかった。

他の看護婦たちは、みな押し黙っていた。

四人のうちの一人、佐藤実子《みいこ》も、心の中では林正と同じように感じていた。佳木斯に住んでいた実子の両親は、どこかに避難しているはずである。しかし、この混乱の中で再会することは不可能だと思われた。看護婦たちは撤退前、部隊と行動をともにすると決めたのだから、行けるところまで部隊と一緒にいたいというのが本音だった。

結局、部隊長は林正の意見を聞き入れ、看護婦たちを部隊と同行させると決めた。

林正カツエは班員たちの元に戻っても、何も言わなかった。班員の菊水隊員たちは、林正班長の張り詰めた様子に、何か切迫した事態が生じていることを感じた。

これからどうなるのだろうか。誰もが不安に慄《おのの》いていた。


この頃、軍上層部は、看護婦たちの処遇に対し、長谷川部隊長の決断とは正反対の方針をとろうとしていた。

菊水隊の教育隊長で佳木斯第一陸軍病院の命令受領下士官だった澤井季男曹長は、方正で軍司令部から通達された文書を目にし、驚愕した。

「ソ連軍の要求するものは、抵抗せずに渡すこと、その第一は酒、第二は女」

澤井は、この時の心境を後に書き残している。


「脳天を殴られる衝撃というか、くやしさ、みじめさ、負け戦さとはこんなものかと、やりばのない憤怒さえ感じた。女子のいるのは当隊だけだ。特定通達と受けとってよい。誰が何と言っても人身御供など出せるものではない。主なる人にだけそっと知らせ、女子宿舎には目かくしをする。女子の一人歩きは厳禁するなど、緊張の連続であった」（澤井季男「その時の私」佳院友の会『行雲流水』所収）

佳木斯第一陸軍病院の衛生兵たちは、軍からの通達に反し、密かに看護婦たちをソ連軍から守るための行動を取った。看護婦たちが寝泊まりする建物の窓に毛布を吊って目張りをし、入り口近くに衛生兵の天幕を張り、交代で見張りに立った。女性が手洗いに立つ際にも、護衛の兵士が付き添った。

兵士たちの心労も並ではなかった。佳木斯第一陸軍病院の衛生兵だった本山新一は当時を振り返って言う。

「男も苦労したの、女子を引率するためにね。でも知らない人たちじゃないからね。それまでずっと一緒に仕事してきた人たちだから。責任を持って行動しなければ。全く見ず知らずの人たちだったら、とてもあそこまではできなかったですよね。戦争っていうのは殺し合いだからね。結局、一番苦労するのは女と子どもなんですよ」

この時、佳木斯第一陸軍病院の兵士たちがとった行動は、かなり稀有な例だったようだ。それは、敗戦後の満州における、他の陸軍病院にいた看護婦たちの体験談と比較すると明らかである。

虎林陸軍病院の陸軍看護婦長、佐藤節子は、ソ連兵が女を求めてやって来るたびに、庶務主任の下士官から「若い子を出せ」と命令され、床下に看護婦たちを隠して徹底的に抵抗した。ようやくソ連兵が立ち去ると、「婦長だけ残れ」と呼び出され、「俺たち軍人は命より大事な軍刀を手離した、女の貞操くらい何だ」と往復ビンタを加えられたという。

杏樹陸軍病院でも、日赤看護婦、永安春子の回想によれば、病院長が看護婦たちに「軍人が軍刀を捨てたのだから、女が貞操を捨てるくらい何でもないことだ。ソ連兵に求められたら貞操を提供しろ」と命じた。永安は「何とひどい言葉か」と悔しくて腹が立ったが、上官には反発できない。その時、婦長の三福君子が「軍が滅びて軍刀を捨てるのは当然です。私たちは大和撫子です。操は生きている限り守らねばなりません」と発言し、仲間の看護婦たちは感激した。後に三福本人から話を聞いた十川八重子によれば、三福の実際の発言はもっと辛辣で、「『貞操を提供しろ』と言うのであれば、あなたの奥さんから先に出すべきでしょう」と言い、ようやく病院長は引き下がったのだという。

護身薬

佳木斯第一陸軍病院の看護婦たちの部隊残留が決まった翌日、女性たち全員に、薬品の入った小瓶が一つずつ配られた。

「護身薬です」

中には、粉末の青酸カリ三〇ccと、その上に、水がなくても飲み込めるよう寒天が入っていた。自決用の薬剤だった。

望月幸恵は、婦長が小瓶を手渡す時、繰り返し言った言葉を覚えている。

「『いざとなったら、日本の女らしく、堂々と死になさい。逆らっても無理だから』と。『日本の女らしく死になさい』と繰り返し言われたのを覚えています」

一五歳の陸軍看護婦、阪東（のちの太田）秀子は、小瓶を受け取ったとき腹が決まった。

「いよいよという時には飲もうと思いました。辱めを受けないようにね。飲んで命を絶つ覚悟は出来ていました」

菊水隊員の福本恵美子は、小瓶を受け取って安心感を覚えた。

「やっぱり、日本の女が死ぬ時にだらしない格好をしてはいけないから、いざという時はこれを飲みなさい、と。ちゃんと上の人は考えてくれているんだな、と思いましたよね。みんなそれを御守りのように袋に入れて、見つからないよう服の内側などにしまって持っていました」

病院を撤退する時、動けない患者に青酸カリを注射する現場に立ち会った陸軍看護婦、平田ともゑの心境は複雑だった。

「青酸カリが怖いっていうことを、私は知っているからね。いつ『これを飲みなさい』と婦長が命令するんやろうって、生きた心地がしないほど怖かったです」

この日、女性たちは髪の毛を切った。

病院を撤退する時、日よけ用に垂れの付いた軍帽を支給されている。看護婦たちは、長い髪を襟足ぐらいの長さに切り、耳にかけて、帽子の垂れで隠れるようにした。

幼い菊水隊員の中には、悲壮な覚悟に駆られ、坊主頭にする者が出始めた。誰かのハサミが持ち出され、順番を決めて何人かが坊主になった後、ハプニングが起こった。付近に集結した日本兵の中に、不思議な兵士の姿があることに誰かが気付いたのである。

佐藤一子は、当時を回想する。

「軍服を着て、坊主頭にしているんだけど、ちょっと小柄で、なんとなく体つきが丸みを帯びている人がいた。その人が、指で頭のどこかをこういうふうに掻いたのね。その人の手つきを見たら、どうも女の人みたいなの。誰かが『ちょっと見て見て、あれ、女の人じゃないの?』とひそひそ言い出し、『いくら坊主にしたって、周りから見れば女だってわかる。やめよう』っていうことになったの。そうしたら、先に坊主にした人たちが『ずるい、ずるい、私たちだけ坊主にして、あんたたち、何言ってるの!』と大騒ぎになって」

佐藤は笑いながら言った。

「戦争に負けても、泣いてばっかりいられない。笑うこともあったの」

菊水隊の班長、林正カツエは、毎晩就寝前、胸ポケットから護身薬を取り出しながら、班員たちに繰り返し諭した。

「万が一、ソ連兵が侵入しても、相手が一人や二人であれば、私たち全員が束になって抵抗すればさらわれることはない。もしも大勢で襲撃して来たら、これを飲みましょう」

戦争と女性

武装解除の後、軍隊の規律は一気に緩んだ。一部の将校が徹底抗戦を主張し結集を呼び掛けているという噂が流れ、逃亡が相次いだ。しかし、現地住民の襲撃に遭い、数日後には命からがら方正に戻って来た。自暴自棄と、先の見えない焦りの入り混じった空気が、辺りを支配していた。

「ソ連軍から女子五名を出せと要求してきたらしいよ」

そんな噂が女性たちの間に伝わってきた。

ソ連兵は毎晩、夜になると女性たちを狙ってやってきた。ソ連兵の姿を見る度に、看護婦たちは悲鳴を上げて部屋の隅に駆け込み、ヒヨコのように身を縮めて震えた。

菊水隊員の高祖のぶ子は、何度も仲間たちと手をつないで建物の外に飛び出したことを覚えている。

「『ソビエトの兵隊来たよ！』ってね。逃げおおせるものじゃないんだけど、みんなで手つないで『逃げよう！』って裏手の山の方に逃げたの。そういうことが何度もありました。外から見えないようにって窓に毛布を吊り下げていたけれど、一〇〇人以上も女の子がいるんだもの、わかりますよね。ソビエトの兵隊は面白がってワーワー言いながら来るの」

ある夜、周囲が寝静まった頃、天幕の入り口近くに寝ていた一人の看護婦が、いきなりソ連兵に引きずり出されそうになった。彼女はとっさに柱に摑まり、周りの看護婦たちは悲鳴を上げてその看護婦の体に取りすがり、押さえ込んだ。

「兵隊さん！　兵隊さん！」

看護婦たちが大声で叫ぶと、近くの天幕に宿営していた衛生兵たちが木刀を持って駆け付け、ソ連兵は発砲しながら逃げて行った。

当時を思い出し、高祖は語った。

「私ね、こんなことを言ったらいけないのかもしれないけれど、ああいうことは、外地で日本の兵隊さんもしたんじゃないのと思います。実際のことは知らないけれども。絶対にあったと思いますよ。経験しているだけにね。だから絶対に戦争だけはしちゃいけません、本当に」

この頃、師団司令部には、ソ連軍から「女性を差し出すように」との要求が何度も出されていた。司令部では、連れていた牛を一頭つぶして、ソ連軍将校を歓待することにした。

ソ連軍将校たちは喜び、ウォッカを手にして現れた。司令部の将校や病院の軍医たちが「看護婦たちは万国赤十字法で守られている赤十字看護婦だから、国際法に準じて取り扱うように」と説明すると、ソ連軍将校は頷きながら何度もウォッカの杯を空けるよう強要し、日本軍将校たちを閉口させた。

トーキョー・ダモイ

八月三〇日、方正の日本軍に、伊関通の松花江埠頭に集合するよう命令が出された。看護婦たちも隊伍を組んで埠頭に向かった。

埠頭には、周辺から集まった関東軍の各部隊の将兵がひしめいていた。様子を見ていると、一〇〇〇人ずつ再編成され、次々に船で出発している。

行き交うソ連兵たちは、日本兵を見ると口々に、

「トーキョー・ダモイ（東京に帰れるぞ）」

「ウラジオストク・トーキョー・ダモイ・ダー？（ウラジオストクから日本に帰れるんだぞ）」

などと声をかける。

看護婦たちは、不安のうちに、本当に日本に帰れるのだろうかとわずかな期待の入り混じった複雑な気持ちで、どこかへ送られていく将兵たちの姿を見つめていた。

この時すでに、日本軍捕虜のシベリアへの移送が始まっていたのである。しかし日本軍側は、そうした事情を全く知る由もなかった。停戦命令の通り、ソ連軍の指示に従うだけだった。

ソ連兵は日本軍将兵を埠頭に整列させると、「アジーン、ドヴァ、トゥリー、（一、二、

三〇」と員数確認を始めた。日本人であれば、掛け算するのが当たり前だが、ソ連兵にはそれがない。ばかばかしいほどの時間をかけて、何度も数え直している。ここで看護婦たちは、出発命令を待って数日間を過ごした。

九月六日、一隻の客船が到着した。

佳木斯第一陸軍病院の将兵が乗船を命じられた。その後ろに整列した看護婦たちも、後に続こうとした。その時、先頭の六人の看護婦がタラップを上ったところで突然、ソ連兵が制止した。六人の看護婦はおろおろと後ろを振り返りながらも、ソ連兵に急かされて甲板に上がる。埠頭に取り残された一四〇人以上の看護婦たちの間から悲鳴のような声が上がった。

甲板にいた日本兵たちも異変に気付いた。

その時、エンジンのかかった船から、一人の小柄な将校が飛び降りた。佳木斯第一陸軍病院で内科病棟に勤務していた奥田観士軍医少尉だった。

奥田少尉は、埠頭にいる通訳に、まだ乗船していない人員がいるから一緒に乗せてほしいとソ連側に交渉するよう頼んだ。しかしソ連側の返事は、船は満員だから次の船を待て、というものだった。

出港の銅鑼が辺りに響いた。

船はゆっくりと岸辺を離れ、松花江の下流に向かっていった。

甲板の上から、六人の中で最年少の阪東（のちの太田）秀子が手旗信号を送った。

「こちらは大丈夫です」

「早く追いついてください」

埠頭に取り残された看護婦たちは、去っていく船を見つめながら、どうすることもできなかった。

甲板の上で双眼鏡を手にした長谷川部隊長は、残された看護婦たちの方を見つめていたが、やがてその姿も見えなくなった。

奥田少尉は、次の船がいつ来るのか尋ねた。ソ連兵は首を振って、わからないという仕草をした。

奥田少尉は考えた。もし今日、船が来なければ、ここで露営しなければならない。周りにはソ連兵がひしめいている。女だけの集団だとわかれば何をされるかわからない。師団司令部のある方正に戻るのが一番安全だ。

ソ連側に「方正に戻る」と伝えると、止めるわけでもなくあっさり了承し、トラックで送ろうか、と伝えてきた。不安な面持ちでこのやり取りを見つめていた看護婦たちは、青ざめた顔で奥田少尉に首を振った。一行は、徒歩で方正へ向かうことに決めた。

時刻はもうすぐ午後四時。日が傾き始めているが、二時間あれば方正に着くはずだ。

事件

一面に広がるコーリャン畑の間の一本道を、奥田少尉の引率で看護婦たちは四列縦隊になり、行軍を始めた。

しばらく行くと、荷車に大砲を載せた砲兵部隊の一行と行きあった。引率している下士官は、半年ほど前に佳木斯第一陸軍病院に入院したこともある土屋曹長だった。

奥田少尉は、土屋曹長に同行してくれるよう交渉し、一〇両ほどの馬車の間に十数人ずつ看護婦たちを挟むようにして、方正への道を急いだ。

やがて日が沈み、薄暗くなってきた。

前方からヘッドライトが近付いてきた。

ジープに乗った数人のソ連兵が、何かをわめきながら通り過ぎて行った。

奥田少尉の耳に、英語の「コマンダー」に似た言葉が聞こえた。指揮官を探しているらしい。奥田少尉はとっさに名乗り出ようとしたが、そばにいた看護婦に引き止められた。

「少尉殿が連れて行かれたら困ります!」

奥田少尉は、再び女性たちの間に紛れて歩き出した。

また、ジープがやってきた。

看護婦たちは目を上げることなく黙々と歩き続けた。ジープのソ連兵たちはスピードを落とし、行軍する女性たちに向かって何かを叫んでいる。手のひらでさかんに車の方に引き込むような仕草をしている。「乗せて行ってやる」と言っているらしい。看護婦たちは身を固くして歩調を早めた。

やがてジープはスピードを上げ、走り去った。

何かが起こりそうな気配に、一行の足並みは乱れた。

再びジープが戻ってくる。一行の脇をすり抜けるように近付いて速度を緩めると、一人のソ連兵がいきなり、小柄な奥田少尉の腕を摑んでジープに吊り上げた。

ソ連兵と奥田少尉がもみ合いになった。ソ連兵が少尉の脇腹にピストルを突き付け、周囲の看護婦たちは息をのんだ。ソ連兵は、少尉が肩から斜めにかけていた図囊（医薬品の入った鞄）を奪うと、少尉を置いて再び走り去った。

しばらくするとまた、ジープがやってきた。

「散れー！」

奥田少尉の掛け声で、看護婦たちは道の両側にある水路やコーリャン畑に滑り込んで身を隠す。

「もういいぞ、上がれー！」

奥田少尉の号令で、看護婦たちは道に這い上がり、再び歩き出した。

ジープのソ連兵は面白がっているかのように奇声を上げては、何度も突進してくる。看護婦たちはその度に溝に飛び込み、ソ連兵が去るのを待っては再び道に這い上がった。軍服も軍靴もずぶぬれになり、その重さでさらに足取りがもつれた。

砲兵隊は、いつしか先に行って姿が見えなくなってしまっていた。

看護婦たちは、左腕に赤十字のマークの入った腕章をつけている。しかし暗闇の中ではかえって、白地に十字の腕章が浮かび上がり、女性がいる場所を目立たせてしまう。

奥田少尉は「腕章を取れ！」と命じた。

次第に隊列は乱れ、間隔が長くなり、お互いの姿がはっきり見えなくなっていた。列の最後尾近くにいた菊水隊班長の林正カツエは、隊列の前後に行ったり来たりしながら、落伍しそうになっている隊員たちの肩を叩いて励ました。

隊列の一番後ろにいたのは、赤星治と、親友のみっちゃんこと山本（のちの新庄）光子の二人である。二人はコーリャン畑に腰を下したまま、立ち上がれなくなっていた。

山本光子が、胸ポケットの上から護身薬を握りながら赤星治に言った。

「もう歩けない、これ飲もう」

赤星は答えた。

「まだ死にたくない、生きられるところまで生きよう」

ジープがまた後ろからやってきた。

赤星たち二人は、自分たちが狙われる、もうダメだ、と身を固くして覚悟する。

しかしジープは二人の脇を通り過ぎ、大勢が固まっているところに向かっていった。

その瞬間、前方で悲鳴が上がった。

一人の女性が、ジープに吊り上げられたのだ。

周りにいた女性たちは駆け寄って、車から彼女を引きずり下ろそうとした。

ソ連兵が空に向かい威嚇射撃した。

奥田少尉が前方から走って来たが、間に合わなかった。

多くの女性たちは、何が起こったのかわからず、暗闇の中で押し合いへしあいしながら、とにかく前に進もうとした。

佐藤実子は、この時、ヘッドライトの光で目がくらんだまま状況がよくわからずにいた。周囲の一〇人ぐらいがぐるぐる回っているうちに、誰かが溝の中に落ち、実子は左手の畑に飛び込んだ。やがてジープが立ち去った音が聞こえ、「出発！」「早く列に戻りなさい」という先輩看護婦の怒号に押されるようにして、前へ急いだ。

菊水隊班長の林正カツエは、隊列の最後尾近くで、ちょうど溝から道に這い上がろうとしていた。

ソ連兵の喚き声に混じって、女性たちの悲鳴が聞こえた後、「班長殿！」と叫ぶ声が聞こえた。「班長殿と呼ぶからには、菊水隊員だ。何が起こっているのだろうか？」

しかし暗闇の中で、正確な状況はわからない。

林正は、「もう歩けません」と座り込む班員たちを急きたて、とにかく目的地へと急いだ。

方正の司令部に一番先に着いたのは、菊水隊員の福本恵美子だった。

福本は何度目かのジープの来襲の後、溝から這い上がってふと気が付くと、周りには誰の姿も見えなかった。「どうしよう」と思いながら前方に走って行き、砲兵隊の隊列に追いつく。

「乗せてください！」

福本は馬車の荷台に乗せてもらい、師団司令部の宿営地に真っ先に辿りついた。

「しばらくしたら、もうみんな、ハァハァ言いながら来たわけ。ゲートルのほどけたのを引き摺ったり、靴が脱げたり、泥だらけになってね、ハァハァ言いながら、ようやく来たけれども、もう晩の八時か九時頃になっていた。あの時は本当に恐ろしかった……」

看護婦たち全員が方正に到着したのは、夜中近くなってからのことだった。

水に濡れた軍服は夜風ですっかり冷え、看護婦たちは寒さにガタガタ震えている。

「大変だったな、これを飲んで元気出せ」

兵士たちが、熱いお湯で味噌を溶いた、具なしの味噌汁とおにぎりを看護婦たちに配った。我を忘れ、隣の人の分まで食べようとする菊水隊員もいた。

全員が到着すると、看護婦たちは整列して点呼をとった。班ごとに人数を報告する。

日赤看護婦、陸軍看護婦、ともに人員に異常なし。

しかし、菊水隊員の何かがおかしい。一人足りないのだ。班長の林正カツエは全身の血が引くような気がした。三回数え直したが、やはり数が足りない。ソ連兵のジープにさらわれたまま、一人が戻っていなかったのだ。

「房江がいない！」

一人の菊水隊員が、仲間の名前を口にした。

重苦しい空気が看護婦たちを包んだ。

師団長が訓示した。

「これだけ大勢いたら一人を助けられたはずだ。団結が足りない」

看護婦たちは、やり場のない思いでうなだれていた。

「これが戦争なんだ」

望月幸恵は、初めて自分たちの置かれている状況が身に迫った。

師団長は、看護婦たちを励ますように付け加えた。

「しかしこの状況下で、一人で済んだのは幸いだったかもしれない。とにかく今日はゆっくり休むように」

看護婦たちは司令部のそばに張られた二つの天幕に分かれて宿営するよう指示され、解散が命じられた。

林正カツエは、師団長の元に走り寄ると、振り絞るような声で懇願した。

「捜索隊を出して下さい。その中に私を加えて下さい」

林正が涙ながらに上官に訴える姿に、誰も声を上げられなかった。

師団長は、明日ソ連軍の駐屯司令部に厳重に抗議する、と林正に伝えた。

さらわれた菊水隊員は、この春、佳木斯高等女学校を卒業し、市内の警務総局に勤めていた上田房江だった。色白で背が高く、絵を描くのが好きな、大人しく優しい性格の女性だったという。

この夜、看護婦たちは疲れているのになかなか寝付けなかった。

林正カツエがいる天幕には、自決を防ぐため、二名の兵士が不寝番として付けられた。

先の見えない日々

行くあてのないまま、日々が過ぎていった。

夜になると、またソ連兵が看護婦たちを狙ってやって来た。

二つの天幕に分宿している看護婦たちは「また誰かがさらわれるのでは」と恐怖に身をすくませた。

ある晩、菊水隊員たちが寝ている隣の天幕から、悲鳴が響いた。

「中野看護婦がさらわれた！」

銃声と、兵士たちが走る音、怒鳴る声が天幕の外を駆け巡る。

林正班長が低い声で菊水隊員たちに命じた。

「皆さん、護身薬を出して。蓋を取りなさい！」

班員たちは、緊張で思うように動かない手で必死に瓶の蓋を取る。

「私は皆さんが立派に逝くのを見届けてから逝きます」

女性たちは正座して護身薬の蓋を握り、班長の次の指示を待った。

沈黙が続く。

「中野看護婦は無事です！　ソ連兵は逃げました！」

伝令の怒鳴る声が、天幕の外から聞こえた。

「蓋をして、しまってください」

林正班長は、再び隊員たちに命じた。

隊員たちは緊張にぐったりとして身を横たえた。

その後、ソ連兵に連れ去られた者は、幸いにしていなかった。

司令部の兵士たちが看護婦たちを守ってくれてはいた。しかし、看護婦たちが所属する部隊は、すでに船でどこかへ去ってしまい、頼りにすべき部隊長も軍医たちもいない。

看護婦たちは疲れ切っていた。

年長の看護婦たちの中にも、夜になると正座して護身薬の蓋を取り、じっと見つめている者が出始めた。

師団長は「石にかじりついてでも日本に帰れ」と看護婦たちを叱咤した。夜になると、師団長の吹く尺八の音が、もの悲しく辺りに響いた。

一〇日ほど経ち、女性たちに再び方正からの移動が命じられた。女性たちは伊関通から船に乗り、佳木斯に戻る。河原に張られた小さな天幕が、看護婦たちの宿舎となった。

正規の看護婦たちは、佳木斯市内の日本人収容所で看護の仕事に従事するよう命じられた。

菊水隊員の元には、かつて、佳木斯で暮らしている時に親しくしていた中国人が訪ねてくることもあった。

赤星治の元にも、中年の男性が訪ねてきた。かつては村長のような立場であったらしい「苦力頭《クーリーがしら》」と呼ばれていた王《ワン》さんだった。建築業を営んでいた父の煉瓦工場で、王さんは、赤星に「ここにいたら危ないから、逃げなさい」としきりに勧めた。

「でも、自分一人だけ逃げるわけにいかないので『友達に悪いから、みんなと一緒にいます』と言って断ったんです。そうしたら、そこにいる間、毎日食べ物を隠して持って来てくれました。どうして助けようとしてくれたんだか……。私は子どもだったから、父の仕事のことや、中国人とどんな風に付き合っていたかなんて全くわからなかったんだけど。王さんがよく事務所に来て、父たちと一緒にお茶を飲んでいたのを覚えているだけで」

日本が戦争に負けたにもかかわらず、立場を超えて接してくれる中国人の優しさが、看護婦たちの心に染みた。しかし、満州国がなくなった今、ここはもう、彼女たちが暮らしていたかつての佳木斯ではなくなっていた。

第三章　シベリアへ

シベリアの秋の夜空にある星よ
命ある身を恨んでもみき
高亀（旧姓林正）カツエ
（日赤看護婦・菊水隊班長。当時三〇歳。抑留の時に詠む）

日赤看護婦で菊水隊班長だった林正（のちの高亀）カツエ（右端）。
日赤の仲間たちとともに

取材当時99歳の高亀カツエ。次女（右）と愛犬とともに。
2018年に逝去（© NHK／テムジン）

ハバロフスクへ

九月二五日。看護婦たちに、松花江の埠頭に集合するよう命令が出された。

相変わらずソ連兵は、日本人を見ると「トーキョー・ダモイ」と声をかけてくる。今度こそ本当に日本へ帰れるのだろうか。いや、信用はできない。これからどうなるのか。なるようにしかならない。でも……。

看護婦たちは河原に座ったまま、茫然と指示を待っていた。

次の日も、その次の日も、ただ命令を待つ日が続く。

やがて、松花江の下流から白い客船がやってきた。看護婦たちに乗船が命じられる。船内のロシア風の意匠が、女性たちの眼をとらえた。

〝マンドリン〟と呼ばれた自動小銃を構えたソ連兵が、看護婦たちに甲板の下の船室に入るよう促した。看護婦たちが船室に入ると、入り口に一人のソ連兵が見張りに立った。出口をふさがれ、女性たちは思わず身を固くした。天井からは、甲板でソ連の民間人たちがアコーディオンを弾き、陽気に歌い踊っている音が響いてくる。

突然、入り口で大きな音がしたかと思うと、付近にいた女性たちの間から悲鳴が上がった。一人のソ連兵が船室に押し入ってきたのだ。

方正での出来事が、女性たちの脳裏に浮かんだ。みな、体がすくんで動けない。

その瞬間、一人の看護婦が立ち上がりざま、ソ連兵を平手打ちにした。

ソ連兵は大声で何かをわめきながら船室を出て行った。

騒ぎを聞き付けて、同じ船に乗っていた師団司令部の斎藤参謀が、看護婦たちの居室に同伴することになった。年長の看護婦たちは恐れ多く感じたが、若い看護婦たちは、父親と同じ年代の日本人男性が一緒にいてくれるだけで安心できた。


やがて船は松花江から黒竜江に入った。

斎藤参謀は看護婦たちに、「もう満州ともお別れだから、甲板に出なさい」と促した。

看護婦たちが看板に出ると、太陽が赤く輝いていた。何度となく眺めた、満州の赤い夕陽だ。戦争に負け、満州に帰ることは二度とないのだと思うと、様々な思いが女性たちの胸に去来した。

松花江の茶色い流れと、その名の通り黒竜江の黒褐色の流れが交わり、ゆったりとうねっている。周囲には鬱蒼とした原生林が黒々と生い茂っていた。

遠くに城壁が見えてきた。

斎藤参謀が看護婦たちに「あれは日露戦争の時に日本軍が築いた国境の城壁だよ」と語りかけた。何百人もの犠牲を出して作り上げた陣地も、一戦も交えずに終わってしまったと、斎藤参謀は言った。

看護婦たちはその言葉を真剣に聞きながら、しだいに遠ざかって行く山並みをじっと見つめていた。

「皆で合唱でもしよう」

斎藤参謀に促されて、看護婦たちは「海ゆかば」や「蛍の光」を歌った。皆で唱和したが、涙で歌にならない。厳格な婦長たちも、幼い菊水隊員も、みな、泣いていた。斎藤参謀の顔も涙でくしゃくしゃになっている。この時から、若い看護婦たちの間で、斎藤参謀に「泣きの斎藤」というあだ名がつけられた。

一夜が明け、船はまだ黒竜江を進んでいた。

菊水隊の赤星治が甲板に出ると、兵士たちが緊迫した様子でささやき合う声が聞こえてきた。

「何かおかしいぞ。日本に帰るんだったら下流に行かなければいけないのに、上流にのぼっている。これ、帰すつもりじゃないな」

船は、どこかへ向かって静かに進んでいた。

女性だけの行軍

午後四時頃、エンジンが大きくうなりを上げると、客船は速度を落とし、ゆっくりと岸辺に近付いていった。

川岸にせり出す断崖の上には、レーニンとスターリンの巨大な肖像画が、満州の方向をにらむように立っている。遠くの通りには小さな家並みと、往来する人々の姿が見えた。

ソ連のハバロフスクに到着したのだ。

船室の入り口でマンドリンを構えていたソ連兵が、看護婦たちに下船を命じた。

看護婦たちは岸辺に整列し、ソ連兵が数を数える。

気が付くと、白い客船は岸辺を離れ、どこかへ航行していった。斎藤参謀の姿もない。完全に女だけの集団である。菊水隊の林正カツエ班長は「いよいよの時が来た」と思い、緊張のあまり息が詰まった。

各班の婦長たちは顔面を蒼白にして、看護婦たちにお互いの手を決して放さないよう指示した。女性たちはお互いの手を固く握り、前後にぴったりとくっついて、前の人の靴につまずきながら、離れないように移動した。

「ダワイ（進め）！」

ソ連兵の一人が、手にした鞭《むち》を鳴らし、看護婦たちに前進を命じた。

石畳の坂道を上っていくと、灯りのついた家の二階の窓に、女性たちを眺める人々のシルエットが浮かんでいる。道を行く民間人たちは、遠巻きに集まって何かをささやき合っていた。

子どもたちが駆け寄って来た。裸足で、貧しい身なりをしている。

人形のようなつぶらな瞳に、何人かの女性が惹きつけられた。

その瞬間、「ヤポンスキー（日本人）！　ハラキリ！」の声とともに、石が投げつけられた。女性たちは、驚きと悔しさでいっぱいになりながら顔を伏せた。

「私たちは捕虜なんだ」

現実が重くのしかかってきた。

一八歳の赤星治は、日本の子どもたちが「鬼畜米英」と教えられているのとソ連の子どもたちも、同じなんだなと思った。

看護婦たちは下を向いたまま、灰色の板壁の家が立ち並ぶ街並みを黙々と歩いた。

菊水隊員の誰かが、「駅に向かっているのよ」と、わざと明るい調子で声を上げた。

「汽車でウラジオストクに行くのよ」

誰も応じる元気はなかった。

街並みを通り過ぎ、見渡す限りの広い原野の中に、幅広の道路がまっすぐに延びていた。大きなトラックがうなりを轟かせながら往来している。

駅へ向かう気配もない。汽車でウラジオストクに向かうのだろうかという期待は、たちまちかき消された。どこへ向かっているのか誰もわからない。一行の中にロシア語がわかる者は誰もいなかった。不安と緊張が襲ってくる。

方正の一件が思い出された。また、誰かがさらわれるかもしれない。看護婦たちは護身薬の存在で恐怖を打ち消そうとした。

「何かあったら、これを飲んで立派に死のう」

しかし、病院を撤退する直前、青酸カリを注射され苦しみながら死んでいった兵士の姿を目の当たりにした平田ともゑは、その護身薬の存在が怖くてたまらなかった。

「いつ、護身薬を飲むようにって命令されるんやろう。怖い、死にたくない……」

路肩の畑に、白いほこりをかぶった大輪のひまわりが咲き乱れていた。

突然、ソ連兵が大声を出した。

「小休止」の号令らしい。

ソ連兵が、看護婦たちが背負っている荷物を降ろすよう命じた。私物検査のようだ。逆らえば何をされるかわからない。看護婦たちは命じられるままに背嚢から荷物を出し、地面に並べた。

ソ連兵たちは、時計や万年筆など、めぼしいものを手に取っては眺め、ポケットに没収すると、残りを背嚢に戻すよう命じた。

「取らないで！」

一人の菊水隊員が泣きそうな顔をして声を上げかけた。

没収された時計は、亡くなった父の形見だという。

「命を取られてもいいの⁉」

周りの仲間たちが腕を強く引っ張って止めた。

再び行軍が始まった。

やがて日が暮れ、辺りは暗闇に包まれた。無言の行進はもう四、五時間以上続いている。一行は森の中へと入っていった。暗がりの中で、人の姿はほとんど見えない。落ち葉を踏みしめる前の人の足音を頼りに、ひたすら後をついていく。

しばらく行くと営門のようなものが見えてきた。

ソ連軍の歩哨が立っている。

暗闇の向こうに建物の影がうっすらと浮かび、小さな灯りが漏れている。

林正カツエの目には、その建物が遊郭のように不気味に見えた。林正は、気が遠くなるような思いで護身薬を握り締めた。

引率のソ連兵の一人が、建物の方へ歩いて行った。

ここで全員殺されるのだろうか。それとも……。女性たちは、暗闇の中で息をひそめていた。

その時、陸軍看護婦の秦野（のちの松本）都が大きな声を上げた。

「あれ、兵隊さんのふんどしじゃないの⁉」

闇に眼をこらすと、林の中に、白い長いものがぶら下がっているようだ。

「ふんどしよ！　洗濯物を干してるのよ！　中に兵隊さんたちがいるのよ！」

看護婦たちが手を取り合って騒ぎ出した。

建物の中からも話し声が聞こえてきた。誰かが出てきた。近付いてくると、何と、一か月前、松花江の埠頭で別れ別れになった佳木斯《ジャムス》第一陸軍病院の長谷川部隊長と平嶋軍医ではないか。

「ご苦労さま、よくここまで無事に来てくれた。皆のことが心配で、心配で」

女性たちは数週間来の不安から一気に解放され、泣き笑いして喜び合った。

建物の中に案内されると、部屋の中には干し草を入れた藁布団が置かれていた。女性たちは久しぶりに恐怖感から解放され、靴を脱いで眠った。

夜中、満州とは異なる厳しい寒さに、目を覚ます者もいた。

秦野都は、手洗いに立って帰ってくると、ぎゅうぎゅう詰めで寝る場所がなくて困った。しょうがないので、仲間の間に潜り込むようにして寝た。

林間学校収容所

翌日、看護婦たちは目を覚ますと、昨日の行軍で足の裏にできたマメをさすった。疲労と気の緩みからか、起き上がれない者もいた。

外に出ると、庭にはバラの花が咲き、建物の周囲にある白樺や柳の葉が風にそよいでいる。ここは、ハバロフスク市内の共産党少年団《ピオネール》の林間学校を一時的に日本軍捕虜収容所に転用した、第四五収容所の分所だった。この分所には満州各部隊の将校や満州国の中国人高官など、約二三〇人が収容されていた。

先に方正の埠頭から船でどこかへ運ばれた六人の看護婦の姿はなかったが、将校らの話によれば、佳木斯第一陸軍病院の衛生兵らと一緒にいるはずだという。

看護婦たちは、建物のすぐ脇を流れるアムール川の水で顔を洗うと、庭に置かれたテーブルで食事をとった。満州から将校付きの当番兵が運んできた米も炊かれ、女性たちは久しぶりに見る白いご飯に、涙が出る思いで手を合わせた。

ここでの食事は少量ではあったが、将校待遇のせいか、ロシア風のスープが出た時もあった。

この分所で、三人の看護婦が熱を出して寝込んでしまった。彼女たちは、庭に張られた天幕で休養を命じられた。軍医たちが、わずかに携えてきた医薬品を、看護婦たちに与えた。終戦前、厳しかった上官たちの態度は一変していた。その優しさに、看護婦たちは感激した。

到着の翌日から、発熱した者以外の看護婦たちは、トラックに乗せられ、集団農場《コルホーズ》に収穫の使役に行かされた。監視役はソ連兵ではなく、地元の農民である。畑で育てられていたのは、ジャガイモやニンジン、カボチャやカブなどの野菜だった。

女性たちは、与えられていた食事の量では足りず、農民の目を盗んで、野菜をこっそりポケットに入れて持ち帰り、生のまま食べた。

生の野菜は思ったよりも美味しくて、皆でかじっていると、何か楽しいことをしているかのような気分になる。しかし、ふと、こんな泥棒のようなことしか楽しみがない捕虜の立場に気付き、惨めさと絶望感が襲ってきた。

ある日、林正カツエは、一人の将校から、「広島に新型の爆弾が投下されたらしい」と聞かされた。日赤看護婦のうち半数の一〇人は広島出身者だった。新型爆弾の威力のために、広島には今後七〇年、草木も生えないだろうという。信じられない話だった。しかしその話を聞いた時、林正の頭の中に浮かんだのは「祖国で死ねる人がうらやましい」という気持ちだった。異国の捕虜になるよりは――。シベリアでは、原爆投下後の広島の惨状を想像するすべもなかった。

騒ぎが持ち上がった。一人の陸軍看護婦が、護身薬を飲んだというのである。看護婦同士のささいな諍《いさか》いから、感情的になって薬を飲み、苦しさで悶《もだ》えているところを発見されたという。

幸い、軍医がすぐに川の水を飲ませ、適切に処置したため、女性は一命を取り留めた。看護のため呼び出された平田ともゑは、女性の顔がパンパンにむくみ、悪臭を放っている姿にゾッとした。佳木斯の病院を撤退した時のことを思い出す。改めて青酸カリの恐ろしさを思い知った。

青酸カリを飲んだ女性は、その前日、厳格で皆から恐れられている陸軍看護婦長から「お前のようなものはここにいなくてもいい」と叱責されていたという。この女性は、佳木斯の病院を撤退する直前、看護婦の一団に急遽加えられた、酒保に勤める民間人女性だった。終戦後の緊張の連続と、軍隊の規律の厳しさに追い詰められたのだろうか。

女性たちは、護身薬を飲めば美しく死ねるものと思っていた。しかし現実の死は、そう簡単ではなかった。

ある日、収容所内の広場に集合が命じられる。

皆の前に立ったのは、あの師団司令部の「泣きの斎藤参謀」だった。

斎藤参謀は、看護婦たちに諭すような口調で語りかけた。

「あなた方は、これからどんなことがあっても、体に気をつけて日本に帰りなさい。そしてこの体験を、次の世代の人に伝えなければならない」

この言葉は、看護婦たちに生きる希望を与えた。

「生きて虜囚の辱を受けず」の精神と葛藤しながら、この数か月を必死に生きてきた女性たちは、それまで死ぬことばかり考えていたのだ。

「元気で頑張れば、いつか家族に会うこともできるかもしれない」

女性たちは、前向きに生きよう、と自分に言い聞かせた。

林間学校に到着してから一〇日後の一〇月一〇日、看護婦たちに突然の移動命令が出た。女性たちは、トラックの荷台に詰め込まれた。

出発するトラックを、部隊長が見えなくなるまで見送っていた。

灰色の空から雪がちらついていた。

スターリン街道

トラックは、シベリアの冷たい風を切り裂いてどこかへ向かって行く。

今度こそ日本に向かうのだろうかと、心のどこかに淡い期待を抱きながら、女性たちは寒さに耐えていた。

菊水隊員の一人、福澤輝子は、日本では見たこともないようなアスファルト舗装の広い道路に目をみはった。

「満州に来た戦車《タンク》はここを通ったのかしら。ソ連はいつから、開戦に備えてこんな立派な道路を作っていたんだろう」

福澤は、日ソ中立条約を信じて疑わなかった日本人と、独ソ戦の直後に満州に攻め込んだソ連のしたたかさの差を感じていた。福澤輝子は当時二二歳。岡山高等女学校を卒業後、地元の銀行に勤めたのち、二〇歳の時に三井物産の採用試験に合格し、満州国の首都、新京（現在の長春）にある三井物産新京支店に入社した。当時としては破格の高給を手にするキャリアウーマンだった。休日には仲間と満州の各地に旅行し、日露戦争の戦跡をめぐったり、蒙古人（モンゴル人）や白系ロシア人などの生活を見聞していたため、菊水隊員たちの中では大人びていた。

ハバロフスクからウラジオストクまでを結ぶこの幹線道路は、一九三四年、第二次五カ年計画で建設が始まった。当時、この道を通って、多くの日本人捕虜がシベリア各地の収容所に送られ、日本人抑留者の間で「スターリン街道」と称されていたことを、看護婦たちは知るよしもなかった。

トラックは、荷台の女性たちを揺すりながら、街道を進んでいった。道沿いには、くすんだねずみ色の板きれの小屋が時おり見えるだけで、木々が茂る原野が広がっている。

やがてトラックは右手の山道に曲がり、鬱蒼とした森の中へと進んで行った。

トラックが止まった。女性たちは辺りを見て驚いた。一面の雪である。

その中に、収容所《ラーゲリ》はあった。

灰色の分厚い板でできた営門に、南京錠が重くぶら下がっている。

周囲には、背丈の倍もありそうな板塀が二重に建てられ、上部には有刺鉄線が張り巡らされている。四隅には望楼があり、自動小銃を抱えた監視兵が見張っている。

引率のソ連兵に促され営内に入ると、鎖でつながれた大きな犬が顔をもたげ、低い唸り声を上げた。

前の収容所とはまるで違う重苦しい雰囲気に、足がすくんだ。

第一〇分所〝石切山〟収容所

敷地内には、丸太造りの小屋が三棟、コの字型に並んでいた。その一つが、女性たちに割り当てられた。

中に入ると、奥まで廊下が続き、片側に、いくつかの部屋が並んでいる。二段ベッドも置かれていたが、板敷きの部屋もあった。それぞれの部屋には、煉瓦づくりのペーチカ（暖炉）が据え付けられている。そこに、日赤看護婦、陸軍看護婦、菊水隊が五つの班に分かれて入った。

各班の班長が本部に集められた。

やがて、話を聞いてきた班長たちが、それぞれの班員たちにこの収容所の概要を伝えた。

ここにはすでに、日本人約四五〇人が抑留されていること。大隊長は中野中尉。大隊は二中隊に分かれており、第一中隊の中野中隊は佳木斯の各部隊の兵士で編成されている。一方の第二中隊は、橋本中隊と呼ばれ、橋本中尉以下少数の将兵のほかは、開拓団などの民間人が多く、年齢もばらばらだ。

橋本中隊の中には、看護婦たちよりもさらに若い、一〇代なかばの少年たちもいた。満蒙開拓青少年義勇隊の少年たちである。満州への移民政策の一環として国策で送られた少年たちで、数え年一六歳から一九歳までが募集対象だった（日本での募集の際は満蒙開拓義勇軍と称されたが、満州では「義勇隊」と呼称が変わった）。第一〇分所に抑留されていたのは、日本から来てわずか三か月で終戦を迎えた、満一四歳から一五歳の少年たちだった。

看護婦たちは、第三中隊として組み入れられることになった。中隊長は、陸軍看護婦の平山あや子婦長である。

この収容所は、ハバロフスク市から三〇キロほど離れたコルフォフスキーという集落にあった。ソ連の管理当局による正式名称は、第一六地区（ハバロフスク）第一〇分所という。通称〝石切山〟と呼ばれ、日本人捕虜には、付近にある花崗岩の山から石材を採掘する重労働が課せられていた。以前はソ連の囚人を収容するためのもので、女性たちの兵舎は、かつての馬鈴薯《ばれいしょ》置き場だったという。

石切り場の労働、と聞き、女性たちを重い沈黙が包んだ。罪人が金山や炭鉱で働かされている像が頭に浮かぶ。

自分たちも石切りの重労働をさせられるのだろうか。日本に帰れる日はいつ来るのだろうか。

不安な思いが、次から次に押し寄せた。

「飯上げ！」兵隊の怒鳴る声が聞こえてくる。

集められた飯盒に、薄茶色の雑炊のようなものが配られた。

「何これ？」

赤星治がおそるおそる聞くと、「馬糧コーリャンの粥だ」という答えが返ってきた。満州で軍馬の飼料として備蓄されていたコーリャンが、日本人捕虜とともに、ソ連の「戦利品」としてシベリアに移送されたものだった。

すすってみたが、十分に脱穀していないため苦くていがらっぽい。温かいうちはまだいいが、冷めると、とても喉を通らなかった。しかも、食べてしばらくした後、腹痛を起こし下痢をする人が続出した。

夜になり、女性たちは軍服のまま板の上に横になった。二人一組になり、それぞれの毛布の一枚を板の上に敷き、もう一枚を上にかける。

建物は古く、夜になると壁の隙間から南京虫が出てきた。汚くて嫌でたまらなかったが、咬《か》まれて腫れても、つける薬もなく、我慢するしかなかった。うかつに掻くと皮膚が破れ、膿《うみ》が出てよけいに苦しめられた。

コーリャン粥と労働

朝、兵士たちと看護婦たちは中庭に整列するよう命じられた。

ソ連兵が人数を点検する。満州で何度も体験したことだが、ソ連兵には掛け算ができない。一人ずつ数えて何度も間違えてはやり直し、ばかばかしいほど時間がかかる。

灰色の空に、鉄条網の黒いシルエットが、ぐるりと縁取っていた。

コーリャン粥の朝食が済むと、兵士たちは銃を持った監視兵に引率され、営門を出て、石切りの作業に出て行った。

女性たちも使役を命じられた。ソ連の監視兵について、山の中へとどんどん歩いて行く。風が身を切るように冷たい。

やがて林の中で、監視兵は、枯れ木を集めるよう命じた。

看護婦たちは、かじかんだ手で枯れ枝を折り、束にして肩に担いだ。

ほとんどの女性たちにとって、こんな仕事は初めてだった。特に、菊水隊の元女学生たちなどは、満州で家に中国人のばあやがいるような生活をしてきたお嬢さんたちである。どうすればいいのかわからず途方にくれていると、年長の看護婦の中に、農家の出身だという人がいた。紐を地面に置き、その上に枯れ枝を並べて縛り、紐に腕を通して背負うのを見て、女性たちはみな真似をした。その姿は二宮金次郎にそっくりだった。

薪《たきぎ》取りは、一日六回、交代で行われた。薪がなければ、炊事も、暖を取ることもできない。林の中の枯れ枝は、毎日拾っていくうちにどんどんなくなっていく。女性たちは、時には太ももまで雪に埋まりながら、林の奥へ奥へと、薪を求めて分け入った。

一一月になると、ハバロフスクの気温は日中でも零下五度を下回る。雪が舞う中、手袋も防寒着も支給されないまま、一日六回の薪取りは続けられた。

北海道出身の高祖のぶ子にとっても、この作業は辛かった。

「シベリアの冬って半端じゃないですものね。寒いんじゃなくて、痛いの。うっかりしていると鼻とか耳が凍傷になっちゃう」

女性たちは凍傷になるのをふせぐため、お互いに声を掛け合った。

「鼻が白くなってるよ！」

注意された者は、何度も手でこすった。

誰かが空に向かって叫んだ。

「おかあさーん！」

その声は、向こうの山にぶつかり、こだまになって返ってきた。

「おかあさーん！」

「おかあさーん！」

みんな、それぞれに思い切り叫んだ。

「早く帰りたいね……」

ひとしきり泣いた後、女性たちは薪を背負い、帰り道についた。降りつもった雪が凍り、重い薪を背負った女性たちは何度も足を滑らせて転んだ。

寒空の下を、薪を背負い、軍歌を歌って行軍する女性たちの隊列が、毎日往復した。

抑留生活が始まった当初、食事は毎日コーリャン粥だけだった。

ある日、生のニシンが配られた。

「骨から尻尾まで、食べ残す人はいなかった。みんな餓死寸前だから。今、ニシンを生で食べろなんて言われても、絶対に食べられないけど」

赤星治は回想する。

「そのせいで私、帰国してから大変な目に遭ったの。なんだか体がおかしくて、知り合いのお医者さんに行って虫下しの薬をもらったら、便が出なくて虫ばっかり。

そのうち、収容所でも黒パンが出るようになった。その黒パンの美味しかったこと」

黒パンは、収容所から三キロほど離れた集落にあるパン焼き工場で焼かれていた。

女性たちは、パン受領の使役も命じられた。炊事係から麻袋を渡され、雪道を歩いてパン工場に向かう。時には、パンが焼き上がっておらず、雪の中で震えながら焼き上がりを待たねばならない時もあった。

四角い黒パンを麻袋に何本かずつ入れて背負う。当初、黒パンは日本人捕虜には支給されず、ソ連人管理者たちのためだけのものだった。コーリャン粥で飢えている体に、焼きたてのパンの匂いが強烈だった。

黒パンは重い。凍った雪道をよろめきながら歩く女性たちに、監視兵が「ダワイ（急げ）、ダワイ」と鞭を振るった。女性たちは「まるで家畜扱いだ」と捕虜の身分を呪った。

女性たちの雑役は多岐にわたった。ソ連人官舎の掃除や水汲み、また「各班から背の高い者、三人ずつ出て来い！」と命じられ、丸太運びの重労働をすることもあった。

赤星治はある時、兵士たちに混じって木材の積み込みを命じられた。

子牛のように大きな軍用犬が、唸りながら周囲を行き来している。赤星は犬が恐ろしくて、犬のいない方へ、いない方へと移っていった。その様子を見ていたソ連兵が、働く気がないと見たのか、苛立ちながら赤星に自動小銃を突き付けた。

「ダワイ！」

その時、近くで作業をしていた日本兵が、監視兵に近付くと、何か尋ねることがあるような素振りをして、どこかへ連れて行った。

その隙に、別の兵士が赤星に近付いて来て、手にしていた木材を手渡した。

「重そうな顔をして担げ！」

赤星が木材を受け取ると、中が空洞になった枯れ木だった。

「兵隊さんに助けてもらったの」

このエピソードを思い出した時、赤星は、はにかんだような微笑みを浮かべた。

囚われの身

菊水隊の福本恵美子は、ある朝、収容所の営庭で、見慣れない外国人女性の姿を目にした。女性は、収容所の庭一面に降り積もった雪を踏んで、人々が歩きやすいよう道をつけていた。

ドイツ人捕虜だった。満州国駐在のドイツ公使夫人と秘書たちが、看護婦たちと同じ収容所に抑留されていたのだ。

「そうか、ドイツ人も捕虜になったんだな」

と福本は思った。

福本たちが一〇歳前後だった一九三八年、日本と防共協定を結んでいたドイツからナチス党の青少年組織ヒトラー・ユーゲントが三か月間にわたって来日し、日本中で大歓迎を受けている。一方のソ連は、〝赤の〟不気味な国、と思われていた。

平田ともゑは、その不気味さを感じたことがあった。

「背の高い若いソ連兵《サルダート》が、私たち看護婦に『ズドラーストヴィチェ（こんにちは）』って言うの。『誰？』って友だちに聞いたら、佳木斯の病院で苦力《クーリー》として働いていた白系ロシア人の男の子やったって。思い出してみれば、そんな子いたなあ、と。素直な感じのいい子でしたけどね、でも今、ソ連側にいるってことは、実はスパイやったんやろうかと、みんなで噂し合いました」

不思議なことは、方正にいる時にもあった。

佳木斯で患者として入院していた日本軍の特務機関に所属する白系ロシア人が、終戦後、ロシア軍将校の軍服を着て、担当していた看護婦に挨拶に来たのである。看護婦長があわててその看護婦を隠し、難を逃れようとした。

ロシア軍の諜報工作が、日本軍の内部にどれほど浸透していたのかは定かではない。しかし、国境に近い佳木斯の街は情報戦の最前線だった。

「スコーラダモイ（すぐ帰国だ）！」

ある日、ソ連兵が大声で号令をかけた。

看護婦たちは慌てて荷物を整えると、中庭に整列した。

ソ連兵は人数を確認すると、私物を足元に並べさせ、検査を始めた。その中から、時計や万年筆、ハサミ、軍足（靴下）など、めぼしいものが没収された。

そのうち、急に解散が命じられた。事情が呑み込めずにいると、通訳は計画が変わったと説明している。騙されたのだ。帰国を装った、体のいい泥棒だった。

悔しいやら呆れるやらで、兵士も看護婦もがっくりと肩を落として兵舎に戻った。しかしこの後も何度も、この「ダモイ」の一声に騙された。

満州を発《た》ってから、女性たちは一度も入浴をしていなかった。交代で水汲み当番をする際に、収容所の敷地内を流れる小川で顔を洗う程度だった。そんな時、女性たちはお互いに「今日はきれいだね」と冗談を言い合った。

ある時、赤星治は恐怖の体験をした。

収容所の近くの小屋の前で、ソ連兵から全裸になるよう命じられたのである。いつ、どのような状況だったか、はっきりとは覚えていない。

「一糸まとわず全部裸にされて、『下着だけ穿《は》かせてほしい』とか何とか、みんな抵抗したけれど、ダメと言われました。そして小屋に入ったら、上からシャワーが降ってくるんです。殺されるんじゃないかと思いましたね」

その後、女性たちが小屋から出ると、温かくなった自分の服を手渡された。

これは、シベリアの収容所独特の滅菌方法だった。ソ連の収容所では、シラミがチフスなど伝染病の原因となるため、収容者を入浴させ、一方で衣類は滅菌小屋で火を焚いた上にかざし、シラミの卵を駆除することが義務付けられていたのである。

しかしこの時、「何のためという説明がなかったから、すごく怖かった」と赤星は回想する。

別の看護婦の回想によれば、収容所に到着してから半月ほど経った頃、初めて入浴の機会があった。手桶に一杯のぬるま湯が与えられ、体を拭くだけだったが、それでも人心地がつく思いがしたという。

何もかも不便な収容所生活の中で、女性たちにとって特に大変だったのが、生理の問題である。もっとも、若い女性たちの多くは、極度の緊張が続いたためか、生理が止まっていた。

「おかげですごく助かったのよ」

ある女性は、冗談交じりに語った。

しかし、生理が止まることなく続いていた女性たちは大変だった。

病院を撤退する時、女性たちは放出された軍需物資の中から、生理用品として脱脂綿を雑嚢に詰め込んだが、それもすぐに尽きてしまった。シャツの裾を破ったものを、川で洗って何度も繰り返し使ったり、通訳に頼んでソ連の新聞をもらい、それを使うなどするしかなかった。

収容所では、労働のノルマに達していないと見なされれば、女性でも罰せられることがあった。

赤星治は、ある日、薪取りから帰ってくると「薪が少ない」と叱責され、三人の仲間とともに営倉入りの罰を命じられた。営倉とは、日本軍の兵営にある懲罰房を指す言葉だが、ソ連の収容所にも同じような懲罰房があり、反抗的な態度をとったり、労働のノルマに達しない者はここに入れられるのである。

営倉は、兵舎の一角に、半地下の土蔵のような形で作られていた。

赤星たちが中に下りていくと、床は土間で、壁には丸太が並べて埋め込まれていた。中は薄暗く、壁の最上部がわずかに地面の上にのぞき、鉄格子の隙間から弱い光が差し込んでいる。

監視兵が鉄格子にガチャリと鍵をかけ、足音が遠のいて行った。目を凝らすと、隅に小さな缶が便器として置かれている。

赤星たちは、押し黙ったままそこに座っていた。吹きさらしの風が吹き込み、足元から冷気がひたひたと伝わってくる。

一人がすすり泣きを始めた。それにつられて、みんなが泣き出した。

その時、赤星は自分でも意外なことに、歌が口をついて出た。

他の三人はあっけに取られた顔をしていたが、やがて一緒に歌い出し、泣くのをやめた。

「何の歌だったのかな……軍歌か何かだった。よく覚えてないけれども。なんで歌い出したのか、自分でもわからない。『泣いていたって歌を歌ったって、時間が経つのは同じだ』と思ったんじゃないかな……」

いつ帰れるのか、先が見えない日々の中で、福本恵美子は一度、自殺を図った。

「もう、こんな風になったらどうでもいいと思って、ある時、崖みたいな高いところから飛び下りたの。でも、若いってすごいね。頭を少し打っただけで、怪我もしなかった」

小橋（のちの高場）経子《つねこ》も当時を思い出し、沈黙の後に、押し出すように言った。

「まあ……、私たちは仲間も大勢いたから耐えられたんじゃないかしら。ぽつんと一人や二人じゃ、あんな所におれませんわ。それこそ、みんな自殺したんじゃないかしら。まあ、いっぺん体験してみなければ、あの心境はわかりませんわ」

シベリアに冬将軍がやってきた。夜、床に就くと、木々のうなりが辺りを覆い、吹雪が兵舎にたたきつけた。

菊水隊員たちの寝顔を見ながら、林正カツエは思った。

「いつになったら帰れるのだろう」

自分たちを軍に派遣した日本赤十字社は、自分たちが満州からソ連に送られたことを知っているのだろうか。帰国のために、手を尽くしてくれているのだろうか。

「私たちの労働は、負け戦の代償なのだろうか」

林正の胸の中に、苦い思いが去来した。

吹雪の吹きすさぶ音に混じって、遠くから、女性の泣き叫ぶ声が聞こえてくることもあった。近くにソ連の女囚の収容所があるのだと伝えられていた。

女は強い

収容所には食堂があった。看護婦たちの一部は、男性の炊事班長や数人の兵士たちに交じって、炊事班として勤務した。

炊事班勤務は重労働である。コーリャンの粥を作るためには、前の晩から火を入れ、一人が寝ずにかきまわさなければならない。食後も全員の食器を洗い、毎回、熱湯消毒する。

陸軍看護婦の原島スエは、炊事班の一員だった。

「朝昼晩、食事の支度をして、兵隊さんたちが食べて帰った後、毎日床を磨くの。ソ連のドクターの奥さんが、この人も軍服を着ている将校だったけど、床に泥なんかが付いていたりするでしょう、そうすると日本の銃剣を持ってきて『削って磨きなさい』と命令する。毎日、朝、昼、晩、床磨き。日曜日でも休みはないの」

この「ドクターの奥さん」とは、収容所の衛生将校である。食中毒などが発生し、労働力が低下するような事態になれば大問題だ。定期的にソ連の収容所管理本部の視察も行われるため、衛生管理は厳しかった。

食堂の壁には、ソ連が定める捕虜の給与規定が貼り出されていた。しかし実態とはまったくほど遠く、ソ連人が上司に報告するためだけのもので、ばかばかしかったと、看護婦たちは口をそろえて言う。

女性たちが誤解されることもあった、と原島は回想する。

「私たちはその頃、水を飲んでも太るくらいの年頃でしょう？ 兵隊さんたちが栄養失調になってフラフラになっている時にも、痩せないのよね。だから、何か特別なものを食べているんじゃないかって疑われたこともあったの。そんなことはない、同じものしか食べていないんだけど、女の体って強いのよね」

当時一六歳だった小橋経子も言う。

「同じものを食べていても、男の人は下痢をしたり病気したりしましたけど、女の人はそう簡単に病気しないんですよ。食べる量も、多少少なくても我慢できたんです、不思議と。黒パンが出るようになってからは、私たちはコーリャン粥なんか食べなかったです」

女性たちは、体力だけでなく気力も、男性に比べて強かった。

収容所の仕事が終わってから、薪取りに行った時に風呂敷に包んで持ち帰った氷の塊を取り出し、誰かが見つけてきた鉄兜《てつかぶと》に入れて、ペーチカで溶かして、順番に夜遅くまで洗濯をした。

「一〇分所の他にもあちこちの収容所に行きましたけど、女の人の方が元気ですね。男の人の方が、気持ち的にも体力的にも、ポキッと折れてしまう感じ」

と赤星治は回想する。

「シベリアに行って、つくづく女は強いな、と思いましたよ」

小橋経子は感心したように言った後、こうつけ加えた。

「ただ、男の人はそりゃあ大変だったと思いますよ。あの食事で、あの重労働じゃ、耐えられませんわ」

衰弱していく兵士たち

兵士たちが労働する石切山は、収容所から山の中へ歩いて三〇分ほど行ったところにあった。女性たちが薪取りをする場所は、石切山へ向かう道の途中から別の方向に行くのだが、まれに、男性たちが働く場所に近付くこともある。

高祖のぶ子は、一度だけその作業場の近くを通りかかった。

「こう見上げるようなすごい崖なんですよね。雪が降ったら地面も凍るのに、靴だってろくな靴じゃない、防寒の靴ではないからね。食べる物もろくに食べていないから体はふらつくでしょうし。いや、これは危ないところだな、可哀想だなと思いましたよ」

一八歳の山本スミは、男性たちが働いている現場に「日立製」の重機があるのを見つけて、仲間たちとささやき合った。

「見て、日立って書いてあるよ。やっぱり日本製は大したもんだわね」

石を切り出すのは危険な作業だった。満州から運び込まれた削岩機で、断崖の上に穴を掘る。そこにダイナマイトを入れ、発破をかけて山膚を剝ぐ。砕け落ちた岩盤をバールで適当な大きさに砕き、トロッコに乗せて運び出す。トロッコの引き込み線は、数キロ先のシベリア鉄道とつながっており、そこから各地に石材として運ばれて行った。

発破をかける作業は、文字通り命がけだった。下手をすれば自分の足までふっ飛ばしかねない。中途半端な亀裂が生じた時には、崖の上の木からロープを垂らし、誰かがぶら下がって、もう一度発破をかけなければならなかった。崩れ損なった岩盤が、崖下で作業中の日本人の上に落ちてくる危険性もあった。

収容所には小さな医務室があった。菊水隊以外の看護婦たちはここで手伝いをしていた。

ソ連人の軍医と、開拓団で医者をしていたという民間人の医師が治療に当たったが、治療といっても医薬品や医療器具はほとんどない。看護婦たちも、寝込んでいる兵士にお粥を食べさせたり、励ましてやることぐらいしかできなかった。

医務室には毎日のように、一四、五歳の義勇隊員の少年たちが訪れた。軍靴の先端が開き、そこから凍傷で化膿したつま先が覗いている。看護婦たちは「頑張るのよ」と声をかけることしかできなかった。それでも少年たちは、頷きながら目に涙を浮かべ、仕事に出て行った。

看護婦たちが最も辛かったのは、兵士たちがどんなに体調を崩しても、熱がない場合は労働に出さなければならないことだった。

落盤事故で死者が出たこともあった。下で作業をしていて、上から落ちてきた石材のために大怪我を負い、脊髄を損傷し下半身不随となった義勇隊の少年もいた。

死者が出ても、冬の間は地面が凍っているため埋葬もできない。収容所の裏手の林の中に、遺体が積み重ねられていった。

山本スミはある日、食堂の傍で元日本兵の姿を見かけた。

「台所から流れてくる残飯を足で蹴っ飛ばして、キャベツの芯なんかを拾って食べている人がいたの。あれを見た時には本当に……。みじめだったわね」

飢餓が元兵士たちの人間性を奪っていった。

「食事中にパンをテーブルへ置いたまま、大豆か何か別のものを食べていたら、兵隊さんがサッとパンを取ってパーッと走って行ったの。そういうことが何回もあった。でも、まぁいいかと思ってね、何も言わなかった。だって悲しいことだもの、パン一つぐらいで諍いになるなんて。自分が置いたままにしていたのが悪いと思ってね。厳しいのよ、食べるってことは……」

山本は淋しそうに笑みを浮かべて言った。

夜、女性たちが寝ていると、風の音に混じって「お母さーん、お母さーん」と叫ぶ声が聞こえてくることがあった。

医務室に入院している病人が、朦朧《もうろう》とした意識のうちに叫んでいるのだ。

赤星治は、その声を聞きながら仲間とささやき合った。

「『ああ、また隣の部屋で一人死ぬんじゃない？』と。本当に、みじめですよ……」

少年たちの逃亡事件

一月下旬のある朝。温度計は零下四〇度を下回り、その冬一番の冷え込みを記録した日、事件が起こった。

昼頃、石切り作業から昼食のために戻った兵士たちが、いつになく中庭に整列し、ソ連兵たちが足早に周囲を行き来している。ただならぬ緊張感が張りつめていることに、何人かの女性たちが気付いた。武装したソ連兵が、犬を連れ雪の中に飛び出して行った。逃亡者が出たらしい。

午後の作業は中止された。

姿が見えなくなったのは、第二中隊に所属する、満蒙開拓青少年義勇隊の五人の少年たちだった。あまりに辛い労働から逃れようと、凍結したアムール川を越え、満州を目指したらしい。

「逃げられるはずもないのに……」

話を聞いた人々は、やりきれない思いに包まれた。

第二中隊の橋本中隊長は、この夜、処罰を受け、営倉に入れられた。営倉は鉄格子ごしに外気にさらされる。凍死するかもしれない。看護婦たちは、祈るような気持ちで一夜を明かした。

翌日、逃亡兵が捕まった。

少年たちは国境から五〇〇メートルほど手前の地点で、寒さに耐えかね、焚火《たきび》しているところを見つかったらしい。とっさに逃げようとした二人が射殺され、あとの三人は収容所に連れ戻された。

その次の日、収容所の全員に、集合命令が出された。

みなが固唾《かたず》を飲んで見守る中、捕えられた少年たちが前に引き出された。ソ連人の収容所長が前に進み出ると、いきなり腰からピストルを抜き、銃口を少年たちに向けた。

撃鉄がガチャリと音を立て、人々は息を飲んだ。

女性たちが、顔を伏せた。

所長は、銃を構えた腕を下ろすと、通訳を介して日本人に言った。

「日本は戦争に敗れ、もはやお前たちの祖国は存在しない。逃亡はソ連に対する反逆行為である。二度と逃亡しないように」

捕えられた三人は、医務室に運び込まれた。

看護婦たちが懸命に手当てしたが、みな全身凍傷で、ほとんど仮死状態だった。手当てしようにも薬もなく、消毒液でマッサージするぐらいしかできなかった。

三人とも肺炎を起こし、間もなく二人が息を引き取った。

どうして幼い少年たちまでもがこんな目に遭わなければならないのか。看護婦たちは悔しさと悲しさで一杯だった。ある看護婦は「哀れというよりも全く地獄だ」と回想している。

射殺された二人の遺体は、むしろに巻かれ、収容所の中庭にあるナツメの木の下に一週間放置された。そこは、宿舎と便所の間にあり、日中でも夜間でも、必ずそのそばを通らなければならなかった。

少年たちと同世代の弟のいる赤星治は、死体を見せしめにするソ連のやり方に憤《いきどお》りを感じた。

「カチカチに凍った遺体を、収容所の真ん中に見えるように飾っておくんです。見せしめに。『逃げるとこうなるんだぞ』と。何もそんなことまでしなくたってね。死んだ人にね……」

この事件の後、ソ連の監視兵の日本人捕虜に対する警戒はいっそう厳しくなった。

次々と姿を消す仲間たち

いつの間にか、女性たちの姿が少しずつ見えなくなっていた。

いつ、どこへ連れて行かれたのだろうか。残された女性たちの間に恐怖が広がった。

赤星治は、ある日、十数人の女性たちがトラックでどこかへ連れて行かれる場面を目にした。

「日赤看護婦の中に、お人形さんみたいにきれいな人がいたんです。その人の班がどこかに移動することになって、トラックに乗せられたの。そうしたらソ連人の所長がその女性を見つけて、『降りろ、降りろ』と。気に入っていたんでしょうね。その人は『私は絶対に嫌です、みんなと一緒に行きます』と頑張って婦長さんにしがみつき、とうとう所長も諦めたんです」

　ある日、女性たちが最も恐れていたことが起きた。一人の看護婦が、強姦されそうになったというのである。

　原島スエは、その噂を耳にした。

「ちょっときれいな顔をした人を、ソ連人が自分たちの宿舎で女中さんみたいに使っていたんです。ある時一人の看護婦が強姦されそうになり、相手の腰に付けていた銃を取って、撃ったと聞きました。それ以上のことはわからなかったけれどね」

　その看護婦は、収容所に戻って来なかった。

「営倉に入れられたとか、どこかに連れて行かれたという話も聞いたけれど、はっきりとはわからない。収容所からいなくなったんです。どこに連れて行かれたのか……」

　その後も何の説明もなく、突然の移動命令で、数名から十数名の女性たちが次々と姿を消していった。どこへ、何のために連れて行かれるのか。何も説明はない。

　このままバラバラにシベリアのどこかに送られ、二度と仲間たちと会えなくなるのだろうか――。

　女性たちは、恐怖と絶望に包まれた。

第四章　なぜシベリアに送られたのか

太陽に光あるさえ悲しかり
祖国は敵に降りしと云うに
高亀（旧姓林正）カツエ
（日赤看護婦長・菊水隊班長。抑留中に詠む）

ナホトカ収容所にいた女性抑留者（一人は佳木斯の看護婦）を描いたスケッチ（四國五郎「ナホトカスケッチ」1947年10月）

スターリンの極秘指令

ソ連は何のために女性たちをシベリアに連行したのか。取材の過程で、多くの人が「慰安婦にするために……?」と推測するのを耳にした。しかし、その推測には無意識のバイアスがかかっている。

ソ連の真意を探るため、シベリア抑留の背景を見ていきたい。

一九九一年のソ連崩壊を機に、冷戦時代の空白を埋める重要な資料が次々に発見され、世界中の人々を刮目《かつもく》させた。中でも日本で注目を集めたのが、一九九二年六月三日付の読売新聞が報じた「日本軍捕虜五十万人の受け入れ、配置、労働利用について」と題する極秘指令「国家防衛委員会決定第九八九八号」(一九四五年八月二三日)である。これによって初めて、シベリア抑留がソ連の最高指導者スターリンが決定したものであったことが明らかにされた。

それまで長い間、ソ連がいつ何のために日本人捕虜のシベリア抑留を決定したのかは謎とされ、日本軍やアメリカとソ連との密約説など様々な憶測が飛び交っていた。現在もそれらの憶測が完全に払拭されたわけではないが、第二次世界大戦で疲弊した国土の復興のため、ソ連が日本軍捕虜を労働力として自国およびモンゴルに移送したと見るのが定説である。

極秘指令は一四項目に及んでいる。この中で最も重要なのが、第二項の（a）に示された「（ソ連の）極東、シベリアの環境下での労働に肉体面で適した日本軍捕虜を五十万人選別すること」という一文である。

この指令に基づき、ヤルタ協定でソ連管理地域と定められた満州、樺太、そして北朝鮮において、日本軍の部隊はソ連軍に武装解除され、一〇〇〇人ずつ再編成されて、ソ連やモンゴルに移送された。

果たして指令の中に、女性に関する指示はあったのだろうか。文書の中に、女性という文言はない。しかし、第二項（b）の以下の一文が、看護婦たちの抑留との関わりを示しているかのように見える。

ソ連への移送に先立ち、捕虜の中から各千人から成る作業大隊を組織し、まず技術部隊の下級士官、下士官から優先的に各大隊、中隊の指揮官を命じる。各大隊に二名ずつ捕虜の医務担当者を付けた上、運営上必要な自動車、貨物輸送手段を与えること。

「各大隊に二名ずつの医務担当者」とある。看護婦はこの医務担当者に該当すると考えられたのだろうか。しかし、続く第三項を見ると、女性が必要とされた可能性は低いように思える。

この第三項には、五〇万人の捕虜の移送先が示されている。一〇か所の移送先の一つ、佳木斯の看護婦たちが抑留されたハバロフスク地方を見てみよう。

ハバロフスク地方＝六万五千人

（内訳）

石炭産業人民委員部ライチハ・キフジンスク炭鉱＝二万人

非鉄金属人民委員部ヒンガン錫鉱管理部＝三千人

国防人民委員部の兵舎建設現場＝五千人

石油産業人民委員部の「サハリン石油工場」及び各石油蒸留施設＝五千人

林業人民委員部の伐採現場＝一万三千人

海運人民委員部、水運人民委員部＝二千人

交通人民委員部アムール自動車道＝二千人

建設人民委員部のニコラエフスク港、アムール鉄鋼工場、コムソモリスク第一九九工場の建設現場＝一万五千人

いずれも重労働を要する現場だ。回想録や証言によれば、元兵士たちは皆、過酷な労働のノルマを課されたという。そのような状況下で、果たして女性が必要とされたのだろうか。女性抑留者たちの証言によれば、彼女たちの労働は集団農場《コルホーズ》での収穫や、被服

工場でミシン掛けに従事したなどの他は、収容所内の雑役が中心で、右の文書に示されているような重工業などの労働に服したという事実は聞かれなかった。

軍隊の医務担当者といえば、看護婦の他に軍医や衛生兵もいる。ソ連側から見れば、シベリアでの労働に必要とされたのは、医務担当者といえども看護婦より衛生兵などの兵士が望まれたと考えるのが妥当ではないか。

また、もしソ連側に、医療業務に従事させるため看護婦をシベリアに移送するという意図があったとすれば、佳木斯第一陸軍病院以外にも多くの陸軍病院から看護婦たちが集められ、シベリアの各地に抑留されていたはずだ。

そうした事例はあったのだろうか。

日本軍の記録

日本軍全体の状況を調べるため、「陸軍北方部隊略歴」という文書に当たってみた。

この公文書は、終戦後、連合軍がソ連管理地域と定めた満州、北朝鮮、千島樺太方面にいた陸軍の各部隊の動静をまとめたもので、長く防衛庁防衛研修所戦史室に保管されていたが、現在インターネットでも公開されている。この文書に取り上げられている陸軍部隊の数は一三八八に上る。この中に、各部隊に在籍した女性たちの終戦後の状況について、わずかながら記述があった。

日本軍部隊に女性がいたのかと、いぶかしむ人がいるかもしれない。当時、陸海軍は

「女子軍属」として若い女性を募集し、事務職などに従事させていた。その確かな総数は記録がなく不明だが、数万人に及ぶことは確かである。いわゆる「従軍看護婦」も女子軍属に当たる。

陸軍部隊のうち、女子軍属が最も多く所属していたのは「陸軍病院」である。陸軍病院に所属する女子軍属は、看護婦のほか、タイピストや電話交換手など事務職の女性もいた。また各部隊の司令部や特務機関など、軍の中枢にある部隊にも女子軍属が配属されていた。その数は五人ほどから、佳木斯第一陸軍病院のように一〇〇人を超えるものまである。

「陸軍北方部隊略歴」（以下、「部隊略歴」）に、女子軍属がシベリアに移送されたことが明記されていたのは、唯一、佳木斯第一陸軍病院だけだった。（これが唯一の事案でないことは追って詳述していきたい）

佳木斯第一陸軍病院の項には、終戦後の部隊の動静について次のように記されている。

九月二日　佳木斯において将校、下士官兵、看護婦と区分されそれぞれ次のとおり作業大隊に編入

九月六日　将校は大家将校大隊（長中尉、大家賢）に編入　同日佳木斯出発、松花江を船により行動

九月二〇日「イズベスト・コーワヤ」地区に到着（中略）

九月二五日　看護婦等の軍属は、一部の将校とともに漆原作業大隊（長大尉、漆原好寛）に編入、即日佳木斯出発
九月下旬　黒河経由入「ソ」。（「ハバロフスク」地区収容所に入所）

この記述を、看護婦たちの証言と照らし合わせてみる。

第二章でふれた通り、一五〇人の看護婦たちは八月三〇日、松花江沿岸の伊関通に集合を命じられ、先頭の六人だけが兵士とともにソ連客船に乗せられてシベリアに送られた。六人のうちの一人、阪東秀子の回想によれば、九月一九日に下船し、一夜を河原で野営したのち、翌日イズヴェストコーヴァヤ地区のクリドール収容所に到着したという。「部隊略歴」にある「九月二〇日『イズベスト・コーワヤ』地区に到着」の記述と一致している。

その他の看護婦たちは、証言や回想録によれば、九月三〇日にハバロフスクに到着後、一〇日間を〝林間学校〟とよばれた第四五特別収容所分所で過ごしたのち、ハバロフスク地区第一〇分所（通称、石切山収容所）に送られた。これも「部隊略歴」の記述と合致する。

「部隊略歴」に掲載された一三八八の部隊のうち、陸軍病院は佳木斯第一陸軍病院を含め八一（満州六八、北朝鮮八、千島樺太五）。そのうち何か所に看護婦が在籍したかは

定かではないが、複数の陸軍病院の項には、終戦後の女子軍属の動静についても記述されている。

【綏陽陸軍病院】

八月二八日　敦化において武装解除、男女別に収容され、軍人中比較的健康な者は、作業大隊に編入され、掖河経由入「ソ」、（中略）看護婦は、「ソ」軍病院の衛生勤務員となつた。

【斐徳陸軍病院】

九月二日「ソ」軍の指揮下に入り、虎林陸軍病院の看護婦（約三〇名）と衛生兵若干を加え、拉古収容所に向かい、同地において一般邦人の治療に従事、その後「ソ」軍の野戦病院と共に伝染病患者の収容に任じた。

【宝東陸軍病院】

一〇月一四日　敦化に避難中「ソ」軍により大橋に強制収容された女子軍属、職員家族も（中略）満系小学校病院に合流後行動を共にする。（中略）一二月中旬「ソ」軍は再進駐し、その監理下に病院名は長野伝染病院となる。爾後二一年三月ころまで診療続行。

以上の記述から、武装解除後、多くの陸軍病院がソ連軍により接収され、看護婦たちが短期間ではあるがソ連軍の捕虜となり、ソ連軍の指揮下で医療活動に当たったという事実が判明した。これらの事実は、これまでほとんど明らかにされてこなかったものである。

「部隊略歴」には、こうしたケースが少なくとも二三か所の陸軍病院であったことが記録されている。しかし、この文書も全ての事実を網羅しているわけではない。

例えば、満州東部にあった「延吉陸軍病院」では、七〇人以上の看護婦がソ連軍の捕虜となり医療業務に服したことが、複数の先行研究で明らかにされているが、「部隊略歴」の「延吉陸軍病院」の項には女子軍属について昭和二一年に看護婦が中共軍に連行されたとの記述があるのみである。つまり、この文書が示す事実は、ごく一部に過ぎない。

なお、「陸軍北方部隊略歴」のもとになっているのは、各部隊の「留守名簿」と呼ばれる資料である。留守名簿は、部隊に在籍した軍人・軍属の詳しい履歴が記されたもので、現在、厚生労働省及び国立公文書館に保管されているが、二〇〇三年に施行された個人情報保護法のため、原則非公開とされている。もし、将来これらの資料すべてを丹念に調査することができれば、新たな女性抑留者の存在が浮かび上がる可能性はある。

日赤看護婦の報告書

従軍看護婦たちの終戦後の状況を知りたいと取材を続けるうち、別の重要な資料があることを、日本赤十字看護大学の川原由佳里准教授（当時）にご教示頂いた。日本赤十字社の本社に、「戦時救護班業務報告書」と呼ばれる大量の資料が保管されているというのである。この資料はこれまで長い間、非公開とされ、一部の人にしか存在が知られていなかった。

今回初めて、ソ連管理地域に派遣されていたすべての戦時救護班の報告書を閲覧することが特別に許可された。

戦時中、日本赤十字社は、二〇人から三十数人ほどの看護婦で編成された「戦時救護班」を、陸海軍の要請に基づいて各地の戦地に派遣した。戦時救護班は、毎月一回、軍の検閲を経て、日赤本社に業務報告書を提出することが義務付けられていた。それが「戦時救護班業務報告書」（以下、報告書）である。

派遣期間が終了し戦時救護班を解散する際には、「総報告書」も作成された。戦時中は検閲のもと自由な記述が許されなかったのと対照的に、看護婦たちが戦場で感じた恐怖や、軍隊組織の中で感じていた矛盾などについて、率直な感情が吐露されており、単なる公式文書の域を超えた読みごたえがある。「総報告書」を残していない救護班も多くあるが、戦時中および終戦直後の看護婦たちの動静をつぶさに知ることができる、第一級の資料である。

終戦時、ソ連管理地域に派遣されていた日赤救護班は五八個班に及ぶ（満州五五、北朝鮮二、樺太一）。そのうち三四の班が、「総報告書」を残している。

それらを子細に調査した結果、班制を保ったままシベリアに抑留された日赤救護班は、佳木斯第一陸軍病院に派遣された「第四六七班」だけであることが判明した。

第四六七班は、岡山支部で編成され、岡山支部と広島支部から派遣された二一名から成る。さらに、満州到着後、山形支部の看護婦が加わり、終戦時に在籍したのは二三名である。婦長は岡山支部の槇本久代（当時四二歳）。副婦長格に当たるのが広島支部の林正カツエ（当時三〇歳）で、林正は終戦の一か月前に動員された補助看護婦「菊水隊」の班長を任ぜられていた。

「総報告書」からは、驚くべき事実が浮かび上がってきた。「総報告書」を残している三四の班のうち第四六七班以外にも実に二一の班の報告書に、「ソ連の捕虜となった」あるいは「ソ連軍のもとで医療活動に従事した」事実が記述されていたのである。班単位でまとまってシベリアに抑留されたのは第四六七班のみだが、少なくとも四五〇人以上の看護婦たちが満州でソ連の捕虜とされていたことになる。

総報告書から、主な記述を抜き出してみる（手書きの文章を新字、平仮名に直した）。

【第四五八班、孫呉第一陸軍病院】

八月一五日　終戦と同時陣地より下り部隊と共にソ連の捕虜となるも従前通り衛生勤務に従事せり

【第四六六班、延吉陸軍病院】

八月一五日　終戦と共にソ連軍配下に於て服務
【第四五五班、林口陸軍病院】
八月八日　日ソ開戦となるや敵機より襲撃戦車隊の攻撃を避けつつ（中略）避難し終戦となるやソ兵の監視下となり八月二三日延吉捕虜収容所に収容さる
【第二七二班、遼陽第一陸軍病院】
八月一五日　停戦となるや直に病院は蘇軍により接収せられ職員は全部営内居住せしめられ蘇連軍患者の収療を開始せり
【第二六九班、錦州陸軍病院】
停戦数日後蘇連軍当地に進駐し来たり当院もその指揮下に入り同軍戦傷病患者数百名を収容し業務繁忙を極む
【第六三六班、金州陸軍病院】
一一月一五日　ソ連軍の命により短時日に満州国奉天省海城に移営を命ぜられるや（中略）ソ連兵の女性に対する不正行為度々にしてソ連兵をおそれつつ勤務をなせり

先ほど、ソ連の捕虜となった看護婦は「少なくとも四五〇人以上」と述べたが、その数はさらに多い可能性もある。元日赤看護婦たちが残した手記や回想録の中に、「総報告書」に書かれていない事実が述べられている場合もあるからである。例えば東安陸軍病院の場合、第四五三班（北海道支部派遣、二三人）が勤務していたが、「総報告書」には、「牡丹江に向って徒歩行軍中、樺林でソ連軍に襲撃され、部隊と共に班員もまた各地に離散し連絡不能となった」としか書かれていない。しかし第四五三班に所属した元看護婦たちが後年作った回想録には、さらに詳細な記述と共に、「一部（一四人）の看護婦がソ連の捕虜となった」と書かれている。

これと同様の例をもとに推計すると、ソ連の捕虜となった日赤看護婦の総数は、六〇〇人以上に上る可能性もある。

「抑留する意図はありませんでした」

ソ連はなぜ女性たちをシベリアに抑留したのだろうか。捕虜となった看護婦たちは傷病者の看護にあたらせるためだったのだろうが、シベリアまで連れていかれた理由は解せない。ロシアの専門家の意見を聞きたいと思いモスクワに向かった。

取材を申し込んだのは、日本人抑留問題研究の第一人者であるアレクセイ・A・キリチェンコである。キリチェンコは一九八〇年代半ばまでKGB防諜局日本課に勤務し、上司の命で日本人の対ソ観に大きな影響を与えているシベリア抑留問題について調べるうち、ソ連の違法性に注目するようになったという。ゴルバチョフ政権のグラスノスチ（情報公開政策）が進んでいた一九八八年、ソ連の要人として初めて日本のメディアの取材に応じ、シベリア抑留についてソ連側の非を認め、センセーションを巻き起こした。

日ソ両国の政府がシベリア抑留の解明に消極的だった時代から、一貫して抑留問題に取り組んできた人物である。

「ソ連側に、女性を抑留するという意図はなかったと思います」

キリチェンコは、開口一番、そう断言した。

「女性をソ連に移送するよう指示した文書は見たことがありません。第九八九八号指令にも女性については言及されていませんし、モスクワ以外の地方の公文書館でもそうした指示をした文書はない。当時の内務大臣への報告書にも、女性については一言も書かれていないでしょう。私の考えでは、ソ連軍の中で女性捕虜に関して統一された指示はなかったはずです」

では、なぜ佳木斯の看護婦たちを始めとする女性たちは抑留されたのだろうか？

「おそらく現地の移送指揮官が、自分の裁量で決めたのではないでしょうか。人員を増やすために、できるだけ多くの人を捕えて収容所に送ろうとした過程で、女性が混ざってしまったのでしょう。当時は自分の職務に忠実なあまり、さまざまな違法行為がありました。まあ私に言わせれば、女性の抑留のみならず、日本人の抑留自体が違法だったと思いますが」

つまり、キリチェンコによれば、女性たちのシベリア抑留は、手違いから生じたというのだ。

この推測を裏付けるようなエピソードは、女性抑留者に関する回想録などにたびたび登場する。終戦後の満州で、女性が危険から身を守るため男装して兵士たちの間に紛れて行動しているうち、そのまま収容所に送られ、収容所到着後にソ連側が気付き、大騒ぎになったという類のものだ。

ソ連と同様に日本人が抑留された、モンゴルでもそのような事例がある。日本人捕虜のモンゴル抑留問題を研究している昭和女子大学のボルジギン・フスレ教授によれば、ウランバートル在住のある元収容所長（モンゴル軍少佐）に聞き取り調査を行った際、到着した日本人捕虜の中に一人だけ女性が混じっており、大変驚いたと語っていたという。

キリチェンコはさらに続けた。

「『女性の抑留』というテーマについて、これまでほとんど誰も注目してきませんでした。その理由の一つは、労働力として見なされていなかったということもあると思います。女性に課せられた労働は、前職が看護婦であれば収容所の病院で働くという程度のもので、肉体労働に従事させられたケースは非常に少なかったでしょう。

また収容所側にとっても、労働力にならない女性がいれば、その分の食糧が余計に必要になったはずですね。収容所は生産性を上げるというノルマを課されていますから、それは負担になる。当時の収容所の幹部たちはおそらく、女性たちをどうやって早く帰そうかということを考えていたでしょう。もちろんそういったことは何も記録には書かれていませんが……当局にとって、女性はあまり必要な存在ではなかったはずです」

シベリア抑留者が日本に帰国する際には、女性たちがソ連のプロパガンダに利用された側面もあったとキリチェンコは指摘する。

「当時、ソ連は国際社会に対して『一番病弱な者から先に帰国させる』と主張していましたからね。実際に、多くの女性たちはそれほど長くない抑留期間を経て日本に帰国しているでしょう。

いずれにしても、女性の抑留者がいたという事実は、とても残念だと強調しなければなりません。彼女たちに対して、私は心からお詫びします」

収容所群島、ソ連

キリチェンコが、女性たちは手違いから抑留されたと推測する背景には、ソ連の収容所にはすでに多くの女性囚人がいたという事実がある。一九四九年のソ連当局の報告書によれば、当時、ソ連の全収容所には五〇万三〇〇〇人の女性がいたという。その中には、ソ連人だけでなく外国人の女性も多くいた。

ソルジェニーツィンがノーベル文学賞を受賞した『収容所群島』で描き出した、ソ連全土に広がる収容所システムは、その起源を一六世紀のシベリア流刑にさかのぼる。安価な労働力である囚人労働および軍事捕虜の抑留と労働は、ロシアの国土開発のために欠くことのできないシステムの一部だった。

一九二九年、ソ連第一次五カ年計画の始動の翌年、スターリンは自国の工業化のために強制労働を利用することを決定した。運営に当たったのは、「ソ連内務人民委員部（NKVD《エヌカーヴェーデー》）」である。NKVDは一九一七年にレーニンが創設した秘密警察「反革命・サボタージュ取締全ロシア非常委員会（略称チェーカー）」を起源とし、一九二二年に国家保安部（GPU《ゲーペーウー》）、一九三四年にNKVDに改組され、後に国家保安委員会（KGB《カーゲーベー》）と名称を変えた。その管理下で「収容所管理総局（略称GULAG《グラーグ》）」が経済部門の基幹を担った。

NKVDの猛威はソ連全土に吹き荒れた。一九三〇年代後半から、後に「大粛清」とよばれる弾圧で、共産党幹部、軍の高官、知識人、学生など数十万の人々が〝人民の敵〟として逮捕され、処刑を免れた者は収容所に送られた。一九二九年からスターリンが亡くなる一九五三年までの間にグラーグに送られた人々は一説には一八〇〇万人に上るという。スターリンの経済政策の失敗を覆い隠すためだったとも言われている。

この時代、収容所に送られた人々の中には多くの外国人もいた。日本人で最も有名なのは、女優の岡田嘉子《よしこ》と演出家の杉本良吉だろう。一九三八（昭和一三）年、二人は樺太の北緯五〇度線を越えてソ連に亡命し、日本社会を驚愕させた。恋と共産思想に共鳴しての逃避行だったが、二人は捕えられて別々の収容所に送られ、杉本は間もなく処刑されていたことが後に明らかになっている。

人々を強制労働に従事させるシステムは、ソ連国民のみならず外国人にも及んだ。グラーグと並び置かれた「軍事捕虜抑留者管理総局（GUPVI《グプヴィ》）」は、戦場や占領地で捕えられた外国人軍事捕虜・抑留者を管理し、計画経済システムに組み入れていった。日本人の抑留を命じた指令第九八九八号も、NKVDとGUPVIの連名で発せられたものである。

二〇世紀初頭、世界の潮流は、第一次世界大戦で戦争の形態が局地戦から総力戦へと様変わりしたことを受け、戦時捕虜を人道的に取り扱うべきだという議論が高まっていた。一九二九年に捕虜の労働の規定を定めた「俘虜の待遇に関する条約」、いわゆるジュネーブ条約の改定がなされたが、ソ連は批准していない。なお、日本は一八八六年にジュネーブ条約に加入し、一九〇五年の日露戦争での捕虜の取り扱いは世界の称賛を浴びたが、この時（一九二九年）は批准しなかった。

一方でソ連は、一九四一年七月、独自に「軍事捕虜規定」を定め、「捕虜は捕えたあと、速やかに捕虜収容所に送ること」、「兵卒と下士官の捕虜は、NKVD・UPVI《ウプヴィ》（GUPVIの前身）が作成する特別規則に基づいて収容所内および所外のソ連の工業や農業における作業に使役できる」ことを定めた。

GUPVIの管理下にあった外国人捕虜は、一九四五年九月の時点で四一六万人に上る。最も多いのはドイツ人（二三九万人）で、次が日本人（六〇万人）、続いてハンガリー人、ルーマニア人、オーストリア人、チェコスロバキア人、ポーランド人、イタリア人、フィンランド人、フランス人、中国人、朝鮮人、オランダ人など、あらゆる国の軍事捕虜が、ソ連の収容所で強制労働に服していた。

これらの中にいた女性たちについて、ドイツでは戦後早い時期に検証が行われている。一九五七年、西ドイツ政府は「政府捕虜史委員会」を設立し、一七年をかけて大規模な全国調査を行った。報告書によれば、ソ連の収容所に抑留されたドイツ人女性捕虜の数は二万五〇〇〇人から三万人に及んだという。ドイツ軍がソ連に侵攻した経緯もあり、報復的行為も横行し、炭鉱労働などの重労働が課せられるなどのケースもあった。調査の結果、東部戦線の女性捕虜二万人以上のうち七〇〇〇人以上がソ連の収容所で死亡したと見られている。

日本でも、厚生省が同様の調査を行い、女性抑留者の一部も聞き取りに応じたようだが、刊行などはされず、各地方自治体に配布されるに留まったので、これまでほとんど研究対象になっておらず、真相究明が遅れる原因となった。

いずれにしても、日本人捕虜のシベリア抑留は、従来、巷間ささやかれていた日露戦争やシベリア出兵への〝報復〟といった日ソ間の感情論だけでなく、そうした日本人の想像をはるかに超えた、ロシア帝政時代のシベリア流刑に始まり、共産主義のイデオロギーに基づくソ連の計画経済を底辺で支える分厚い歴史の一ページだった。その中には、日本人が体験したことよりもさらに過酷な現実が横たわっていた。

その最大の悲劇の一つが、一九二九年からウクライナで始まった強制的な農業集団化と富農迫害、抵抗者に対するシベリア送りを含む弾圧である。この〝スターリンのジェノサイド〟というべき事実は、二〇世紀後半、共産主義に対する評価のゆれとともに、追及がなされてこなかった。しかし、二〇二二年に始まったロシアのウクライナ侵攻では、ウクライナ住民がシベリアやサハリンへ強制移送されているとの報道もあり、この歴史が終わっていないという冷酷な事実を世界に突きつけている。

捕虜の登録簿

ソ連軍事捕虜抑留者管理総局は、収容所にいるすべての人について「登録簿」と「登録カード」を作成していた。現在、その登録簿はモスクワにあるロシア国立軍事公文書館に保管されている。日本人抑留者の登録カードの総数は七〇万人分に及ぶという。

今回、ロシアへの取材旅行の前に、この軍事公文書館に日本人の女性抑留者の登録簿について調査を依頼した。事前の取材で氏名が判明している女性抑留者の中から佳木斯第一陸軍病院の看護婦を含む三〇人をリストアップして送り、撮影許可について交渉した。

交渉には、NHKのロシア取材に従事するベテランのコーディネーター数名が当たったが、非常に難航している様子が伝わってきた。特に、ソ連で裁判を受けた受刑者の女性のファイルについては、ロシア当局は今も非公開の姿勢を保持している。取材許可が下りたのは、渡航直前のことだった。

二〇一四年六月、ロシア国立軍事公文書館を訪ねた日、モスクワは小雨が降っていた。町を行く人々は、冬のような装いをしていた。

館内に足を踏み入れると、いかにもソ連時代の簡素な造りの建物で、壁や鉄パイプ製の手すりの塗料はあちこちがはがれている。この軍事公文書館は、ロシア革命後に創設されたソ連軍（赤軍）に関する資料が所蔵された公文書館である。壁に飾られた往年の赤軍のポスターを横目に見ながら、案内された部屋で待っていると、数冊のファイルを小脇に抱えた副館長のコラターエフと文書係《アルキビスト》のザベーリンが入ってきた。ザベーリンは独学で学んだという日本語で挨拶した。

見つかった女性抑留者の登録簿は、八人分だった。そのうち五人分は、調査を依頼した三〇人のうちの一部で、その他の三人は私の知らない女性たちのものだった。

コラターエフは何も言わず席に着くと、おもむろにファイルを開き、中身を確認し始めた。古びた厚紙が二つ折りにされたファイルの中に、さまざまな書類やメモ類が雑多に綴じられている。どれも質の悪い藁半紙で、茶色く変色し、紙のサイズも不揃いで、まるで古文書のようにぼろぼろになっている。タイプで印字され、当局の印鑑が押された公式文書らしきものもあれば、裏紙に走り書きしたようなメモ類まで綴じられている。当局が、水も漏らさぬ姿勢で、抑留者を監視していた様が伝わってきた。事前に資料の接写は許可されていない。すでに取材の現場が始まっていることを察知し、後藤一平カメラマンが気配を消したまま、遠くからカメラを回し始めた。

コラターエフは、肩をすくめると、謝罪の言葉を口にした。

「残念ながら、このような結果です。登録簿は男女別に分類されているわけではないので、女性だけを抽出するのは非常に難しいのです。私たちもできる限り探してみましたが、何しろあまりにも時間がかかる作業なのでね」

コラターエフはファイルの説明を始めた。

「女性たちは複数のカテゴリーに分かれています。どのように捕えられたのか、どのように裁かれたのか……。こちらは、撤退が間に合わなかった看護婦です」

最初に示された登録簿は、佳木斯第一陸軍病院の看護婦のものだった。ファイルの表紙に、看護婦の名前が、手書きで書かれている。

登録簿はどれも、表紙は厚紙を二つ折りにしたファイル状になっている。表紙には、上段にロシア語で「ソ連内務人民委員部」、その下に「軍事捕虜抑留者管理総局」と印字され、中央にやや大きめの字で「捕虜登録簿」と書かれている。下段には、線が引かれ空欄になっており、抑留者の名前、収容所名、それぞれの登録簿番号、収容所に入所、帰還した年月日が手書きで記入されるようになっている。

「本人の署名もあります」

コラターエフが指差した。万年筆のような筆記具で書かれている直筆の署名を目の当たりにすると、この古びた書類が、実在した日本人の女性に関するものだということが、にわかに現実味を帯びてくる。

ファイルには、薄い紙が数枚綴じられていた。二つ折りの紙が四ページに分かれており、所定の用紙に尋問官が手書きで書き入れる書式になっている。

調査票は全部で四〇項目あった(一四五頁参照)。

日本で取材した女性抑留者の中には、この尋問を受けた時のことを、はっきり記憶している人もいた。阪東秀子は、満州の伊関通の埠頭からソ連の船に乗せられた後、船内で取り調べを受けたという。当時、本人は一五歳だったため、「まああで済まされた」が、婦長の保坂澄江は、長時間、厳しく取り調べられ、疲弊した様子を見せていたという。

看護婦抑留者の登録簿に綴じられた書類はこの調査票の他、伝染病の予防注射が施されたという証明書だけだった。

コラターエフはこのように説明した。

「収容所に送られた日本人女性の数はそれほど多くはありません。ほとんどが簡単な取り調べだけで、短い(注・一年半から三年程度)抑留期間の後、日本に送還されています。彼女たちの多くは、看護婦、タイピスト、秘書など、軍の補助的な役割を担う、いわば雇用人でしたからね。しかし、もし彼女たちが重要な諜報活動などに携わっていたならば、より詳しく尋問され、記録の量ももっと多く残っていたことでしょう」

ファイルのうち三つは佳木斯の看護婦たちのもので、四人目のファイルは、ある軍人

1．姓
2．名
3．父称（ロシアのミドルネーム・筆者注）
4．出生年
5．出生地
6．召集前の住所
7．民族
8．母国語
9．他の習得言語
10．国籍
11．党籍
12．宗教
13．教育　A）一般教育　B）専門教育　C）軍事教育
14．軍隊勤務以前の職業および専門
15．専門分野での勤続年数
16．どの敵軍に所属していたか
17．入隊は召集によるものか志願か
18．いつ入隊したか
19．兵種
20．所属部隊
21．名簿番号
22．階級
23．部隊における役職
24．褒章歴
25．捕えられて捕虜となったのか、自発的投降か
26．いつ捕虜となったか
27．どこで捕虜となったか
28．家族状況
29．妻子の姓名、父称、年齢、職種、住所
30．父母について同上
31．兄弟姉妹について同上
32．父親の階層的身分
33．父親の社会的身分
34．父親の資産状況
35．軍事捕虜の社会的身分と資産的状況
36．ソ連邦に居住していたことがあるか
37．親族・知人でソ連邦に居住している者がいるか
38．裁判または取り調べを受けたことがあるか
39．他の国に滞在したことがあるか
40．軍隊召集以前のすべての実務活動

の妻のものだった。彼女は、夫と息子とともに抑留されていた。

「彼女は夫とともに収容所に行くことを希望しました。おそらく、日本に帰っても生活するすべがないと思ったのでしょう。収容所で二人目の息子も生まれています」

登録簿には二人の息子の名前も記されていた。四人は一九四七年一一月に、揃って帰国していた。

五人目のファイルも夫が陸軍軍属で、ロシア語ができたため通訳として抑留された女性だった。この二人の女性については、その後、ロシア人研究者から詳しく話を聞くことになる。

後の三人は、コラターエフがいう「重要な諜報活動」に関わり、裁判にかけられた女性たちのものだった。

彼女たちのファイルは、他のものに比べてかなり分厚く、数ページにわたる裁判資料や、正面と横から撮影された二枚組の顔写真、すべての指の指紋が押捺された紙など、様々な資料が綴じられていた。彼女たち受刑者の多くは、一九五三年スターリンが死去した後、恩赦を受けて刑期を短縮され、一九五六年までの間に順次日本に帰国している。こうした裁判にかけられた女性たちについては、第六章と第八章で詳述したい。

コラターエフは言った。

「これまで『抑留された女性』という観点に注目した人はいませんでした。真剣に調査をするとなると、その手間に比べて得られるものがあまりにも少ないからでしょう。もし詳細に調べたなら、数百人分の記録が見つかるかもしれません」

女性抑留者に関する先行研究

二〇一四年の取材当時、日本人の女性抑留者について、一次資料を用いて論文を著した研究者がロシアに一人だけいた。海軍大佐で、法学者、軍事史家のウラジーミル・ガリツキーである。ガリツキーはソ連崩壊後の一九九一年三月、ロシアの軍事雑誌に発表された論文「ソ連における日本の軍事捕虜と抑留者たち」で、女性抑留者に関して、ロシア側の複数の公文書を発掘し、分析を加えている。

ガリツキーが発見した資料の一つが、ソ連第二極東方面軍司令部の報告書である。そこには、一九四五年八月九日から一一月一七日にかけて捕えられた日本人女性捕虜の数が報告されていた。

戦時捕虜として捕えられた女性　三六七人
そのうち、
地元勢力に引き渡された者　一一〇人
収容所に送られた者　一五五人
解放された者　一〇二人

捕虜になった女性三六七人のうち、一部だけが収容所に送られている。その理由は報告書には書かれていないが、背景に何があったのか、日本側の資料と関係者の証言をもとに考察してみたい。

一つ目の「地元勢力に引き渡された者　一一〇人」の「地元勢力」とは何を指すのだろうか。ガリツキーは論文で、別の公文書に記された、北安県（現在の黒竜江省北安市）で捕えられた女性捕虜三六人が「現地の日本人団体の代表タカミ氏に引き渡された」例を挙げている。日本人団体とは、終戦後、現地の邦人が組織した日僑善後連絡所（処）などの互助団体のことを指すと思われる。

もう一つの可能性を、前述の日赤看護婦の報告書が示唆している。多くの報告書が、満州からソ連が撤退した後、満州の新たな支配勢力となった八路軍（中国共産党軍）の指揮下に入った事実を記しているのだ。

満州で、八路軍などに捕えられ、中国に抑留された看護婦は少なくない。彼女たちは、一九四五年に始まる国民党軍と共産党軍との内戦で従軍して医療活動に当たり、共産党が勝利した後、一九四九年の新中国建国を経て、その後も数年間にわたって中国への抑留を強いられた。そのような人々は「留用者」と呼ばれた。日本赤十字社の調査によれば、一九五三年の時点で「未帰還者」とされた看護婦は三四五人に上るが、そのほとんどが中国共産党軍への留用と考えられる。一九五八年、最後の留用看護婦たちが帰国したが、その直後の日赤資料では、「消息不明者」が七二人に上っている。その多くが、留用中に命を落としたと見られる。

なお日赤看護婦の他、陸軍看護婦や、民間人の女性が看護婦として留用された例も多くあったが、日赤以外の女性たちについての統計は残されていない。中国側の資料によれば、留用された日本人は一万人を超えると見られ、そのうち看護婦を含む医療技術者は三〇〇〇人に及ぶという。

報告書の二つ目にある「収容所に送られた者　一五五人」とは、記述の通り、シベリアの収容所（ラーゲリ）に送られたと考えられる。なお、この文書にある一五五人のほとんどは、佳木斯第一陸軍病院の看護婦たちである可能性が高い。なぜなら、この報告書を作成した第二極東方面軍の隷下の第一五軍が、まさに方正で日本軍の武装解除に当たった部隊だからである。

佳木斯の看護婦たちの総数は、関係者の回想録や複数の資料で「一五〇人」と記述されているが、正確には数名から十数名の増減があったと考えられる。元看護婦たちの証言によれば、病院を撤退する直前、近隣にあった第一三四師団司令部の女子軍属五人、酒保（軍隊の売店）に勤務していた女性などが加わり、方正に駐屯していた時も、他の病院の陸軍看護婦二人、民間人女性二人などが加わったという。

報告書の最後には「解放された者　一〇二人」と書かれている。ガリツキーは論文で、「彼女たちが本当に解放されたのか、それについての情報は発見されていない」としている。しかし、このケースに該当するのではないかと考えられる事例を、いわゆる「中国残留婦人」となった女性の回想録の中に見つけることができた。

渡辺翠子《すいこ》は、満州の最東端、対岸にハバロフスクを望む町、撫遠《ぶえん》の下八岔《シャーパーチャ》で、国境警備隊員の夫とともに暮らしていた。当時二〇歳だった。

八月九日未明、夫とともに就寝していたところ、突如三人のソ連将校に踏み込まれ、夫は目の前で射殺された。

「寝巻の夫が、床の下の拳銃をさがして構えるところを、三つの拳銃が、間髪を容れず火を噴いて、たちまち六畳間は一面の血の海となり、私は突然のでき事に、泣くことも忘れて土間に正座しておりました」（渡辺翠子「日本から一番遠い街 撫遠での敗戦」、『祖国はるか③』門脇朝秀編より）

翠子は、ソ連軍に拘束された日本人警察官らとともに縄で縛られ、ハバロフスクまで船で運ばれて、監獄に入れられる。約二週間をそこで過ごした後、満州に戻され、海清という町に送られた。これが、ソ連軍の報告書にある「解放」に当たるのではないかと推測される。海清には、翠子と同じように夫を殺され身寄りを失った九人の日本人女性がおり、ともに暮らしていたが、女性だけで生活を成り立たせることはできない。女性たちは、周囲の中国人住民に説得され、次々に中国人男性に嫁していったという。最後まで抵抗した翠子も、満州国軍の元兵士だった中国人男性との間に所帯を持ち、三人の子どもを育てたのち、一九九〇年日本に永住帰国した。

翠子は後に、国境警備隊員の夫とともに虐殺され、河に放り込まれた女性たちや、子どもとともに古井戸に放り込まれ、上から拳銃を撃ち込まれた女性もいたことを中国人住民から聞かされたという。そうした中で殺されずにソ連の捕虜となったのは、幸運だったと言えるのかもしれない。しかし翠子はハバロフスクの監獄にいるあいだ、「他の女の人たちのように殺してください」と懇願し続けたという。

旧満州で中国残留婦人となった日本女性は、四〇〇〇人を超える。その中には、翠子の他にも、ソ連の収容所に送られた後「解放された」女性がいたかもしれない。

女性抑留者の総数について、ガリツキーの論文は「正確に算出することは難しい」としながら、一五〇〇名前後と推定している。

また、ガリツキーの論文の他にも、ソ連第一極東方面軍の報告書には「牡丹江で捕えた女性捕虜、四五〇人」と記されている。

ガリツキー論文で注目したいのは、女性抑留者の総数に「中国人や朝鮮・韓国人も含め」と前書きしている点だ。論文では、前述した北安市の三六人の女性捕虜について、別の報告書（内務人民委員部、一九四五年一〇月）によれば、「北安市の捕虜収容所には日本国籍の女性三六人を含む八六人の女性捕虜がいた」ことが記されている。シベリアに抑留された兵士の中には朝鮮半島出身の若者たちもいたことが知られているが、女性の場合も同様だったということである。これらの人々は日本の大陸進出と敗戦という出来事がなければ、シベリアに送られることはなかった。

デカブリストの妻

ガリツキーの論文には、登録簿をもとに詳細に記述された二人の女性抑留者が登場する。ロシア国立軍事公文書館で見つかった八人分のファイルのうち二人分が、この女性たちのものだった。

一人は「アサクラ・チヨコ」といい、獣医中尉の夫アサクラ・ショウゾウと息子の三人で抑留されていた。抑留後、収容所で二人目の子どもを出産し、一九四七年一一月四日、一家四人でナホトカの第三八〇収容所に送られ、そこから帰国したと記録されている。もう一人の女性は「トイズミ・ヨネコ」。終戦後、二人の子どもを亡くし、四人の子どもを抱え、沿海州の第一三地区の収容所で、夫の帰りを待ちながらロシア語の通訳として働いていたという。

この女性、戸泉米子は、帰国後に回想録を出版している（『リラの花と戦争』福井新聞社）。それによれば、戸泉は一九一二年、香川県高松市に生まれ、九歳の時、ウラジオストクに住む伯母に誘われてソ連に渡った。ソ連の師範学校を卒業後、ウラジオストクの西本願寺の布教師だった戸泉賢龍と結婚したが、夫が陸軍参謀本部の命令で関東軍の特務機関勤務の軍属となったため、一九三九年から満州の延吉に一家で移っていた。

ガリツキーは、私のインタビューに対し、この二人の女性を「デカブリストの妻」と形容した。デカブリストの妻とは、一九世紀、ロマノフ王朝の支配階級の圧政に立ち上がり、犠牲となった人々の良心を象徴する存在である。一八二五年一二月、ロマノフ王朝打倒と農奴解放を訴えた青年貴族将校たち（十二月党員＝デカブリストと呼ばれた）は、クーデターに失敗し捕えられた。いわゆる「デカブリストの乱」である。そのうち一二一人がシベリア流刑に処されたが、その時、全ての生活を捨てて、夫を追ってシベリアに向かった妻たちがいたのである。彼女たちの物語は、女性の愛情の深さを示す象徴としてロシアで広く知られている。

いかにもロシアのエリートらしく、しかつめらしく近寄り難い雰囲気を漂わせているガリツキーが、この文学的なモチーフを持ち出し、「この二人は特に愛情深い女性たちでもありました」と語り出したのには興味を覚えた。

「ヨネコの夫ケンリュウは、軍の諜報機関に所属するロシア語通訳でした。ヨネコは一九四六年一二月一日、沿海州の内務省当局に申立書を書き送りました。私が公文書館で発見したものです」

ガリツキーは論文に引用された手紙の一節を読み上げた。

ソビエトから最初の便で出ていこうとしながら、この手紙を書いております。今、永遠にこの国を去ろうとしながら、私はロシアについての一生の大事な思い出を決して忘れないでしょう。この地に私は七か月間居住し、働きながら、この国で私は全くの異邦人だということ、昔の国、つまり戦争に敗れた国から来た人間だということを忘れていました。帰国に当たり、私は思うのです。身寄りも生活資金もなく、四人の子どもを抱えての日本での生活は非常に困難なものとなるでしょう。けれども、私の夫トイズミ・ケンリュウ（三九歳）が日本に帰国するまでは、どんな困難も克服するように努力します。そしてもし可能ならば、彼の出来るだけ早い故郷への帰国を叶えて頂きたいのです。これはあなた方へのお願いです。

（著者注・ロシア語からの抄訳）

ガリツキーは続けた。

「しかしこの手紙を書いたために、彼女の夫トイズミ・ケンリュウの運命は悲劇的なものに変わってしまいました。彼女の手紙は捕虜抑留者管理総局の副局長ペトロフ少将に送られ、ペトロフは内務大臣クルグロフに報告しました。ソビエトの法律では、捕虜からの申し立てがあれば上層部に報告しなければならないからです。そしてクルグロフは一九四七年一月一四日、スターリン、モロトフ外相、ベリヤ内務人民委員部長官に報告しました。

その後、夫ケンリュウはカザフスタンのカラガンダ第九九収容所に送られました。そこで、一九四九年一月二一日に刑法第五八条第六項によって逮捕されたのです。一九四九年一月七日付けの決議によれば『トイズミ・ケンリュウは一九三八年から関東軍のロシア語通訳として諜報的性格を持つ情報収集と分析に関わり、張鼓峰事件の際、ソ連軍の情報収集をする偵察グループの一員として従軍していた』と述べられています。つまり、ヨネコが手紙を書いたことによって、彼の存在は注目を集めてしまったわけです。これは悲劇です。国際法から見れば彼は無実です。当時の日本にとってソ連は仮想敵国なのですから、ソ連について情報を集めることは国際法上まったく違法ではないからです。これは法学者として特に強調しておきます。私はソ連政府による判決が正しいと保証することはできません」

ガリツキーは強い口調でソ連を批判した。

「幸い、ヨネコの夫は一九五六年に解放され、日本に帰国することができました。私は、彼が日本に帰った後、どのような人生を歩んだか興味があります。家族はどのように彼を迎えたのか、その後、家族の人生はどうだったのか。純粋に、一人の人間として興味があります」

ガリツキーと私は、戦争が個人の人生にどれほど長く影響を及ぼすか、様々意見を交わした。ロシアの歴史学者と日本の一取材者が多くの共通する考えを持っていることに、私は新鮮な驚きを覚えた。多くの元抑留者が、ソ連という国家には憤りながらも、ロシアの市井の人々に惹かれていったと語っている。その理由の一端が垣間見えたような気がした。

「女性抑留者はいない」と主張する人々

ロシア取材に行く前から、一つ気になっている情報があった。取材コーディネーターのナターシャによれば「女性が抑留されたという事実はない」と主張している人々が、少なからずいるのだという。

その一人、ワシーリー・トロチコが取材に応じてくれることになった。ロシアに残る外国人捕虜の墓地の調査や遺骨の送還に長年関わってきた人物である。

「女性の抑留者はいませんでした」

トロチコは、開口一番、女性抑留者の存在を否定した。

「日本人が捕虜になった時に作られた登録簿が全て公文書館にありますが、その中に女性は一人もいません。死亡者名簿にも女性の名前はありません」

すでに公文書館で女性たちの資料を見た後だったので、彼が思い違いをしていることは明白なのだが、彼の主張を聞いてみよう。

「私はかれこれ二〇年以上もこの問題に関わっていますが、初めの頃は、たくさんの人が日本人捕虜のことを覚えていて、いろんなことを話してくれました。しかし『女性の捕虜がいた』なんて話は一度も聞いたことがありません。当時は今と違って、ロシア人にとって日本人というのは非常に珍しい存在でしたから、わざわざ日本人捕虜を見に行く人もいたほどでした。その中に女性がいたとしたら、いろんな人が覚えていて、私に話してくれたはずでしょう？」

トロチコは、複数の知人たちにも問い合わせたが、女性の抑留を認める人は誰もいなかった、と強調した。彼の名誉のために言い添えると、彼は非常に親切な人物で、急な取材の申し込みに対し、わざわざ週末をダーチャ（別荘）で家族と過ごす時間を返上して、私たちを招いてくれたのである。しかも、美味しいワインと手作りの料理を用意して。

取材で明らかになった女性抑留者たちについて説明すると、トロチコは次第に落ち着きを取り戻し、その主張を変えた。

「そうですか。ではもう一度、資料をよく調べてみましょう」

そして最後に、おどけて付け加えた。

「女性が戦争を起こしたわけではありませんし、何も責任を取る必要がありません。女性がいなくなってしまったら、人類は滅亡してしまいます」

こうした反応は、ロシアに限ったことではなかった。歴史論文などでは文書に残っている記述が重視され、それと矛盾するような個人の体験談はあっさりと無視される。そうした場面に遭遇するたびに、記録されなかった事実がいかに簡単に忘れられてしまうものかを痛感した。

目撃者を探す

「女性抑留者はいなかった」という主張を覆すためにも、実際にシベリアで女性たちを目撃した人物に取材し、映像に記録することが必須だ。私たちは佳木斯第一陸軍病院の看護婦たちが抑留されたハバロフスク地方を訪ねた。

ハバロフスクの空港に到着すると、飛行機から降りた瞬間、ねっとりと湿度をはらんだ空気がまとわりついた。ハバロフスクは、冬は氷点下三〇度まで下がる一方、夏は意外に暑いらしい。抑留者の回想録の中にも、夏は蚊の大群に苦しめられたという描写があった。

六九年前に佳木斯の看護婦たちが到着したアムール川の船着き場に向かう。看護婦たちが船で到着したのとほぼ同じ時間帯だ。太陽は傾き、空は茜色に照らされている。一面にカゲロウが舞っていた。女性たちはこの場所で何を思っていたのだろうかと、想像を巡らせながら辺りを見回した。

川辺を散策する家族連れの中に、小さな男の子たちが駆け回っているのが目に入った。「ヤポンスキー！　ハラキリ！」と子どもたちに石を投げつけられたと彼女たちが語っていたことを思い出す。

翌日、看護婦たちが抑留された第一〇分所があったコルフォフスキーという町に向かった。道の両脇には深い森が広がっている。彼女たちはここをトラックで運ばれた時、どんな思いだったことだろう。シベリアの原野の中をまっすぐに伸びるこの幹線道路M六〇号線（現在、A三七〇に改称）は、抑留者たちの記録には「スターリン街道」と称されている。

ロシア渡航前に、女性抑留者たちの目撃者を探したいと現地調査を依頼していたが、はかばかしい情報は得られていなかった。出たとこ勝負で撮影するしかない。とにかく手がかりがありそうな地元の役所、病院、博物館、古くからの住民などを次々に訪ねた。

日本兵の抑留者について記憶している人は意外に多かった。若者でも「昔、あの工場で日本人が働いていたそうだよ」と教えてくれる。

かつて収容所があった場所は、森の中に埋もれていた。収容所があったことを示すものは何も残っておらず、跡地には住宅が建っていた。道を尋ねるため近くの民家を訪ねた。柵の外から敷地内の少年に声をかけると、少年は家の方に走っていき、やがて六〇代ぐらいの男性が現れた。たまたまこの日、週末を過ごすためハバロフスク市内からやって来ていたというウラジーミル・マスロである。

ウラジーミルはハバロフスク市内の小学校の教頭先生で、この地域の小学校の先生で郷土史家のアンナ・アーロノフナなら何か知っているかもしれないと言い、私たちの取材に協力してくれることになった。ウラジーミルとともにアンナ先生を訪ねると、突然の訪問にもかかわらず、課外授業を放り出して取材に加わってくれた。

二人とともに何軒かの村の古老を訪ねたが、女性抑留者について知る人は誰もいなかった。アンナは、かつて聞き取り調査をした人の妹が近くに住んでいるから行ってみようと提案し、アパートを訪ねた。

「こんにちは！　日本人兵士《ヤポンスキーサルダート》について何か知りませんか？」

ウラジーミルが玄関に出てきた男性に尋ねると、その男性は部屋の奥に向かって叫んだ。

「ママ！　日本人兵士のこと知っているかって！」

奥から、白髪を束ねた女性が現れた。

「ええ、知っていますよ。髪の毛をこういう風に束ねて……」

女性が話し始めたのは、日本人兵士ではなく、なんと女性抑留者のことだった。私たちがインタビューを申し入れると、笑顔で部屋に招き入れてくれた。

女性の名はガリーナ・セレブリャニコワ。終戦の時、四歳だった。

「私が見たのは、女性たちが畑で働いているところです。今はさびれた採掘工場があるところですが、以前は畑でした。女性たちは夏の間、そこでジャガイモやニンジンを収穫していました。外国人の女性ですから、とても印象的でした。自分たちと違って、地面にしゃがんでジャガイモを掘っていたのが印象に残っています。髪の毛はこう、頭頂部に高く結って、お箸のようなもので留めていました。

女性たちに近付くことはできませんでした。監視兵がついていて、彼女たちに自由はなかったのですから。彼女たちの年頃？　みんな若かったですよ。若くて美人でした」

ガリーナが女性たちの姿を見たのは、この一度だけである。

元兵士たちには何度も出会った。母親が働いていた駅舎に遊びに行くと、作業のために出入りしていた日本人捕虜たちが、ガリーナに笑顔で話しかけ、頭をなでてくれたという。

戦時中の家族のことを尋ねると、ガリーナの顔が曇った。

「実は、私は父の記憶がないんです」

ガリーナの一家からは、父、兄、姉、姉の夫の四人が出征した。第二次大戦の時、ソ連では女性も徴兵の対象となり、一〇〇万人以上の女性が兵士として従軍している。ガリーナの一番上の姉エカチェリーナもその一人だった。姉は終戦後、復員したものの、姉の夫と、ガリーナの父は戦死した。兄は、終戦の翌年、片足を失って復員した。

「カーチャ（エカチェリーナの愛称）は一九四一年に結婚したばかりでした。その三か月後に戦争が始まったんです。カーチャの夫は戻ってきませんでした。カーチャの結婚生活は、三か月間しかなかったのです」

郊外にある慰霊碑に、ガリーナの父と義兄の名前が刻まれていると聞き、訪ねた。鉄兜を被った巨大な兵士のモニュメントがあり、その後ろに、戦死者の名前がずらりと彫られた壁が広がっていた。

撮影していると、六歳ぐらいの子どもたち四、五人が近付いてきて、珍しそうに取り囲んだ。一人の女の子が「どうしてこれを撮影しているの？」と尋ねた。

「これが何か知ってる?」コーディネーターのヴィクトルが尋ねると、女の子は答えた。

「はい。これは、私たちのお父さんやおじいさんたちが、私たちを守るために戦って亡くなったから、忘れてはいけない、というものです」

女性抑留者の総数

これまで（二〇二二年六月現在）に取材で明らかにすることができた、シベリアに抑留された日本人女性の数は三九六人。その内訳は以下のとおりである。

1.「佳木斯第一陸軍病院の看護婦」約一五〇人
集団で抑留された、最大の女性抑留者のグループと考えられる。公文書や新聞記事、関係者の証言をもとに、一四九人の氏名を特定した。

2.「その他の短期抑留者」一〇八人
日ロの公文書、新聞記事、関係者の回想録などに基づき、氏名が特定できた女性の数である。しかし、この数字は全体のごく一部と考えられる。

3.「受刑者」一一四人
ソ連の裁判にかけられ、刑を受けた女性たちを、同じく各資料に基づいて集計した。この数字も全体のごく一部でしかない。裁判にかけられた理由は、特務機関に勤務した女子軍属が日本軍の機密情報を知っているのではないかと疑われ、取り調べを受けたために起訴されたケースが多い。また、このうちの四五人は、樺太の住民だった。これら裁判にかけられた女性たちについては第六章と第八章で詳述したい。

4.「子ども」二四人

2と3の女性たちの中には、前述のように子ども連れで抑留されたケースや、収容所で生まれた子どもを伴って帰国した例もあった。この他、第五章で述べるが、出産した子どもが収容所で亡くなった例も複数ある。これらのケースも、記録が残らない事例が数多くあったものと推測される。

残された資料から女性たちの名前を拾い集めていくと、特務機関の軍属が多い。2のケースに該当するが、間島特務機関のタイピストだった上妻アキ子は約三〇人の仲間とともに抑留され、中央アジアのカラガンダまで送られた後、一九五〇年一月に帰国している。ソ連の取り調べは「タイプした内容を全部言え」という大変厳しいもので三度自殺をはかったという。

他にも、氏名を確かめることはできなかったが、女性たちが集団で抑留された事例が伝えられている。奉天（現在の瀋陽）に近い公主嶺の特攻隊基地で終戦を迎えた松本武雄の手記によれば、公主嶺の将校・下士官の家族（夫人と子ども）約一五〇人が、黒河を経てイルクーツクに移送され現地の新聞にも掲載されたという。

また、収容所には送られていないもののソ連の捕虜になったケースとしては、前述の通り四五〇～六〇〇人規模の日赤看護婦の存在がある。これらのケースを加えると、ソ連の捕虜となった女性の総数は七〇〇～八五〇人規模に上る。さらに多くの事例が記録されず埋もれている可能性も大きい。

繰り返しになるが、ガリツキーも指摘したとおり、この集計には旧帝国臣民とされた朝鮮人や満州国の中国人女性たちは含まれていない。

女性たちが抑留された場所へ

私たちは、ウラジーミルとその息子、アンナの三人に付き添われて、第一〇分所の抑留者たちが働いた採石場、通称「石切山」の跡と、日本人が埋葬された墓地を訪ねた。六月のシベリアは新緑に覆われている。まさに千古斧入らぬという表現がぴったりな鬱蒼とした雰囲気が、外来者の侵入を拒んでいる。

石切山は、収容所の跡地から深い森の中に三〇分ほど歩いて行ったところにあった。崖の高さは二〇メートル以上もあるだろうか。ダイナマイトで爆破して岩肌を剝いだ跡が生々しい。崖の下には、砕かれた大小の花崗岩の塊が転がったままになっている。トロッコの引き込み線の跡も残っていた。切り出した花崗岩をシベリア鉄道で各地に運ぶための線路だ。ここで、一四、五歳の少年を含む四〇〇人以上の日本人抑留者が夏服のまま冬も働き、厳しいノルマを課され、死者も出たのだ。

第一〇分所で亡くなった日本人が埋葬された場所には、石碑が置かれていた。アンナは手に持っていた花束を供えた。この近くで以前、日本語が書かれた墓標を目にしたこともあった、とアンナは言い、しばらく探していたが、見つけることはできなかった。

石碑の周囲の一〇平方メートルほどの土地は森が切り拓かれ、広場のようになっていた。ウラジーミルは、生徒たちを課外授業で自然観察に連れ出すときには、ここを休憩場所にしているという。新しい焚火の跡が、つい数日前に子どもたちがここで遊んだことを物語っていた。墓が暗い森の中に埋もれているのではなく、子どもたちの行き来する場所にあることが救いのように思われた。

私は、墓前に何か日本の食べ物を供えたいと思い、日本から落雁《らくがん》を持参していた。包みを開けて、落雁を石碑の前に並べると、たちまちたくさんの蝶が集まってきて墓標の周りを舞った。

第五章　長引く抑留

姉となり妹となりてシベリヤに
勇士のみとり我はひたむく
石川（旧姓竹折）由美子
（元陸軍看護婦。抑留当時を詠んだ歌）

佳木斯の看護婦たちが
送られた主な収容所
ビロビジャン第10分所
友重眞佐子 他計5名
ハバロフスク第1327特別病院
林正カツエ、久米川キヨ子 他計6名
イズヴェストコーヴァヤ第115分所
阪東秀子、保坂澄江 他計6名
ハバロフスク第10分所
望月幸恵、小橋経子
他計140名
ライチヒンスク第2017特別病院
平田ともゑ 他計20名
ソビエト連邦
ライチヒンスク
第19分所
15名
ブラゴヴェシチェンスク
中央病院
阪東秀子 他計 6名
チョープロエ・オーゼロ収容所病院
山本スミ、友重眞佐子 他計27名
ペレヤスラフカ
第1942特別病院
ウェリノ病棟
赤星治 他計11名
ホール病棟
林正カツエ、久米川キヨ子
他計4名
満州国
（中国東北部）
ホール収容所第2分所
高祖のぶ子、佐藤一子、福本恵美子
他計6名
モンゴル
中国
※看護婦たちは移動したため、延べ人数で表示

引き裂かれた看護婦たち

この章では、満州からシベリアに送られた佳木斯《ジャムス》第一陸軍病院のおよそ一五〇人の看護婦たちが、その後どのような運命をたどったのか、彼女たちの証言や回想録をもとに点描していく。

収容所病院の名称は、旧厚生省がシベリア抑留者たちからの聞き取り調査をもとにまとめた報告書と、元看護婦たちの協力を得て情報開示された個人登録簿の記述に典拠する。

抑留から二か月後の一九四五年一一月、看護婦たちは三か所の収容所に分散されていた。

ハバロフスク第一〇分所（石切山収容所）　およそ一四〇人
イズヴェストコーヴァヤ第一一五分所　六人
ビロビジャン第一〇分所　五人

当時、看護婦たち自身は、行方のわからなくなった仲間たちがどこに行ったのか、広大なシベリアに収容所がどのように分布しているのかなど、全く知り得なかった。ただ、ソ連という得体の知れない巨大な国で、捕虜という無力な立場に置かれていた。

被抑留者が連帯して脱走計画などを謀ることを避け、コントロールしやすくするため、絶えず少人数ごとに移動させるのが、ソ連の管理当局のやり方である。

しかし、そんな生活の中でも、明るさを見出していく看護婦たちもいた。

菊水隊班長だった林正カツエは、シベリアに到着してから一か月あまり経ったある日、突然、一人だけ石切山収容所から移動を命じられる。その頃、林正は疲労と緊張から体調を崩し、寝込む日が続いていた。

林正は、おぼろな意識の中で衰弱した兵士たちとともにトラックに乗せられながら、「このままどこかに捨てられるのだろうか」と思った。

やがて意識を取り戻すと、病院のような建物の廊下に寝かされていた。やがて、ソ連人の看護婦が現れて林正を抱き上げると、服を脱がせ、たらいに張ったお湯で入浴させた。林正は自分の体を見て「まるでカエルの干物のようだ」と感じたという。病衣に着替えベッドに横たわったまま、ソ連人看護婦の動きや、使っている薬剤について興味を覚え、看護婦のまなざしで追っていた。

ソ連人看護婦の看護は献身的だった。

「捕虜なのに、こんなに良くしてくれるのかというぐらい、良くしてくれたんですよ。ナイチンゲールってこんな人だろうか、と思いました」

日本軍では、赤十字の看護婦であっても、敵の捕虜の看護をするなどあり得なかった。林正は、捕虜を奴隷のように酷使しているソ連という国に、異なる一面があるように感じた。

数日後、別のソ連人看護婦が部屋に入ってくると林正に言った。

「ヴィ・カマンジール（あなたは指揮官ですね）。前の収容所から来た書類にそう書いてあります」

林正は、ソ連側に自分たちの書類があることに驚いた。第四章で述べた捕虜の登録簿のことである。もっとも林正たち自身がこの書類を目にすることはなかった。

この時林正が運ばれたのはハバロフスク市内の第一三二七特別病院だった。ソ連軍の兵舎を改造したもので、捕虜の治療のための特別病院《スペツ・ゴスピタリ》である。各地の収容所で病気になった捕虜はここに運ばれ、回復すれば収容所に戻され、再び労働させられることになっていた。

林正が入院中のある日、ドアが開き、日本人の女性が入って来た。日赤看護婦の仲間で、一〇歳ほど年少だった久米川キヨ子だった。二人はこの時から抑留生活をともにし、生涯の親友になっていく。

久米川も林正と同様、ソ連人看護婦の手厚い看護ぶりにすっかり感動していた。

「久米ちゃんとしみじみ話し合いました。『国は違っても、人間は信じ合えるものなんだ。悪いのは戦争だったんだ』って」

二人は、憎しみと恐怖一辺倒だったソ連への思いが、看護婦たちの看護によって全く逆の感謝と尊敬の念に変わったことに驚き、興奮していた。「看護」という自分たちの職務に対する誇りが、再び甦ったように感じた。

それまで林正は、第一〇分所に残してきた菊水隊員たちが、これからどうなるだろうかと心配でならなかった。しかし、ソ連人看護婦の看護を受け、久米川と語り合ううち、若い菊水隊員たちも、自分と同じように気力を取り戻すことができるはずだという希望が湧いてきた。

やがて病状が回復すると、林正は、ソ連側の要請で病院の手伝いをすることになった。身振り手振りを交えた片言の会話でも、医療の内容は通じる。時間はかかったが、求められている仕事がわかってきた。

林正の手元にもう一つ、興味深い資料が残されている。陸軍省が発行した「認識証明書」である。そこには「右者戦地軍隊ニ於ケル傷者及病者ノ状態改善ニ関スル条約ニ依リ専ラ軍隊衛生勤務ニ従事スル者タルコトヲ認識証明ス」と記されている。その裏に、鉛筆書きのロシア語で「国際赤十字の看護婦である」とメモされていた。本人は、いつ、このメモが記されたか記憶していないというが、おそらく捕虜登録簿を作成する際か、第一三二七特別病院で医療スタッフに加わった時にソ連側が確認し、記入したものだろう。

　ソ連人婦長の説明では、ソ連の規則で、静脈注射は大尉以上の階級にある軍医か看護婦長にしか認められていないらしい。林正に看護婦長の資格があることを知ったソ連側は、この任務を任せられると考えたようだ。

　林正がソ連人婦長に伴われ別の病棟に赴くと、大勢の日本兵が入院していた。日本人看護婦の出現にみな驚き、思わず体を起こし、林正の方を見た。林正も、これほど多くの病人がいるのかと驚いた。

　看護をしながら話を聞くと、各地の収容所で、大勢の死者が出ていることがわかった。

「自分も、あの手厚い看護がなければ……」と、林正は改めてソ連人看護婦に感謝し、そして今度は自分が一生懸命看護しようと、気持ちを奮い立たせた。傷病兵たちも日本人看護婦に看てもらえることを喜んだ。

「とにかく私は、仕事が好きなんです。私が患者さんたちの注射を全部受け持ったので、マリア婦長さんは『私は年取って目が悪いから助かる』とすごく喜んでくれました。軍医さんや看護婦さんたちは、ソ連人も日本人も分け隔てなく接していました。夜は『早う休みなさい』と声をかけてくれるんです。私も〝ハラショー・ラボータ（優秀労働者）〟と呼ばれて張り切っていました」

抑留された民間人女性

シベリアで最初の新年を迎える頃、林正がいる病院に入院する日本人女性は六人に増えていた。そのうち一人は民間人の女性で、子どもを身ごもっていた。

この女性の名は、公文ヨシミという。公文は満州の東部、東安省宝清県で、県公署に勤務する夫と二人の子どもと暮らしていた。八月九日、ソ連軍の侵攻後、公文たちは約五〇〇人の住民とともに宝清県を脱出したが、避難の途中、何度も現地住民や武装勢力の襲撃を受け、背中を撃たれて意識不明の重体に陥った。そして、侵攻から一九日後の八月二八日、ソ連軍の捕虜となった。男性は皆シベリアに送られ、重篤な状態だった公文も、二人の子どもと引き離され、一人シベリアに送られたのである。

なぜ民間人の女性がシベリアに送られたのだろうか。第四章でふれたソ連の軍事捕虜規定では「治療や入院が必要な捕虜の負傷者または病人を速やかに最寄りの病院に送らねばならない。病院当局は、全快した捕虜を捕虜収容所に引き渡す」ことが定められているが、この規定に沿った措置だったのだろうか。

公文にとって、これが二人の子どもたちとの永遠の別れとなってしまった。

公文ヨシミはハバロフスクの収容所に送られ、その後林正たちの入院していた第一三二七特別病院へ、さらにザヴィターヤ病院に移された。

抑留当時、妊娠六か月くらいだった公文は、第一三二七特別病院で臨月を迎え、四月二日、出産した。「助産婦の資格を持った日赤の婦長さんが大変親切に取り上げてくれました」と手記で回想している。林正のことだろう。しかし、生まれた子どもは二日後に亡くなってしまった。

公文は一九四七年七月に帰国し、夫とは再会したものの、二人の子どもが中国から戻ることはなかった。その後、公文夫妻は中国残留孤児の帰国支援に関わり続けることになる。

収容所《ラーゲリ》の看護婦たち

公文の出産から数日後、第一三二七特別病院に入院していた林正カツエたち四人の看護婦に移動命令が出された。菊水隊員の少女一人が置いていかれることになり、林正は彼女も連れて行けないかとソ連側に頼んだが、「移動を命じられているのは正規の看護婦だけだから」と言われ、泣く泣く別れることになった。

トラックは、林正たち四人とソ連の軍医、看護婦合わせて八人を乗せて出発、町を抜けてシベリアの原野を一日中走り、見たこともないような粗末な建物が並ぶ場所に到着した。

それは「ゼムリャンカ」と呼ばれるシベリア特有の半地下構造の建物だった。外から見ると地面の上に屋根だけがある。階段を下りていくと、半地下の部屋があり、床と壁には板が張られ、天井の下の小窓がわずかに明り採りとなっていた。元は馬小屋だったという。ここは日本人抑留者の間で「山の病棟」と呼ばれていたが、旧厚生省がまとめた報告書によればペレヤスラフカ第一九四二特別病院ホール病棟といい、第一三二七特別病院の一部が移され、一九四六年二月に開設された特別病院だった。ここで林正たちは、看護婦として勤務することになる。

一九四六年一月から一〇月にかけて、看護婦たちはハバロフスク第一〇分所から他の収容所に送られている（一六八頁の図は延べ人数なので、この数字とは異なる）。

・チョープロエ・オーゼロ収容所病院　二七人
・ライチヒンスク第一九分所　一五人
・ペレヤスラフカ第一九四二特別病院ホール病棟　四人
・ブラゴヴェシチェンスク中央病院　六人
・ライチヒンスク第二〇一七特別病院（ザヴィターヤ病院）一〇人

移動の時、まったく説明もなく、突然、どこへ行くとも告げられず仲間と引き裂かれるのは女性たちにとって大変な恐怖だったという。残された女性たちにとっても、いつの間にか仲間が姿を消したため、処刑されたのだろうかと思うことすらあったという。

赤星治は言う。

「あの頃はみんな、二度と日本には帰れないと思っていたと思います。お先真っ暗ですもの。『ダモイ、ダモイ（帰国だ）』って騙されて、どんどん奥地へ送られて。毎日毎日が、いつ殺されてもおかしくないんだから。理由なんていくらでもつけられるんですから。〝死と紙一重〟っていうんでしょうか。毎日が恐怖の連続でした」

赤星もある時、突然移動を命じられた。一九四六年一〇月のことである。

もともと体が丈夫ではなかった赤星は、この頃、赤痢にかかり寝込んでいた。薬と言っても消し炭の粉を飲んで寝ているしかない。髪の毛がごっそりと抜け、仲間たちがひそかに「危篤状態かもしれない」と囁き合っていたことは、帰国後に知らされた。

そんな状態にもかかわらず、一〇月一九日、たった一人移動を命じられたのだ。

「『すぐ移動だ』と言われ、あの時はみんな泣きの涙で送ってくれました。親友のみっちゃん（山本光子）も、もう泣いて泣いて、走って私の乗っているトラックを追いかけて、必死になって手を振ってくれました」

赤星自身は名前を記憶していなかったが、登録簿によれば、移動先の病院はペレヤスラフカ第一九四二特別病院だった。そこには、収容所で姿を見なくなっていた数名の看護婦たちが働いていた。その中には、林正カツエや、あの強姦未遂事件で姿を消した、陸軍看護婦もいた。

この事件について、二〇一六年、大阪大学・生田美智子名誉教授の調査により、強姦事件は実際に発生し、報告書が現地に残されていることが明らかになった。赤星の記憶によると、事件後この看護婦はすっかりふさぎ込み、人が変わったようになってしまったという。一方、林正は一九八五年、中国新聞社の取材に対し、「暴行されかけた女性が大声を出して逃げたため、(犯人は) 政治将校に知られて処分されるのを恐れ、ピストル自殺したのが真相です」と答えている。看護婦たちが、噂や風評から仲間をかばおうとしたことがうかがえる。

赤星は伝染病棟に配属された。日本人の看護婦は一人だけ、あとはすべてロシア人である。病気から回復した赤星は、ここで初めて看護婦として現場の実務に当たった。

「満州でも看護婦の教育を受けましたけど、ソ連で初めて本当の看護婦の勉強をしたようなものですね。カルテまでロシア語で書いていましたから。ロシア人は楽したいのか、私に書かせるんです。だから、あの頃はロシア語がペラペラだったんですよ。今ではすっかり忘れてしまったけど」

日本人の入院患者たちは、次々に命を落としていった。

「『いつ日本に帰れるのかな』と雑談している最中に、つぶやく声が途切れたと思うと突然がっくりと首を落とし、そのまま亡くなってしまう人が何人もいました」

赤星の記憶によれば、ある時、栄養補給のため、何か動物の血を飲ませるよう指示があった。しかし、得体の知れない血を飲むのに抵抗感があり、拒む者もいた。その時拒んだ者は、皆亡くなってしまったが、血を飲んだ者は回復に向かった。その中に、赤星と同じ山形出身の兵士がいた。

「君はどこ出身なの？」

「山形です」

「えっ、俺も山形だよ。八文字屋って知っている？」

八文字屋というのは、赤星の生家のすぐ近くにある老舗書店だ。

「知っています。私、本を読むのが好きだから、しょっちゅう行っていました」

「そうか……生きて帰りたいな」

そんな会話の後、その兵士は快復へと向かった。「生きよう」と思う気持ちが大切だ、と、シベリアで学んだと、赤星は語った。

〝暖かい湖《チョープロエ・オーゼロ》〟の小病院《ラザレート》

佳木斯の看護婦たちが送られた病院の中で最大のものが、チョープロエ・オーゼロ収容所病院である。抑留者たちは「チョプロ・オーゼロ収容所病院」と呼んでいた。

一九四五年一二月三一日、この病院開設のために、近隣の各収容所から一二人の日本人軍医と五人の日赤看護婦が集められた。

その中の一人、友重眞佐子は、ハバロフスクの林間学校収容所（第四五特別収容所分所）に到着して間もなく、発熱し、計五人の日赤看護婦は一一月三日、ビロビジャン第一〇分所に移された。

日本人抑留者の間で「ビラカン収容所」と呼ばれていたビロビジャン第一〇分所で、

看護婦たちは日本人軍医とともに医務室で働き、ソ連側に高く評価された。

二か月後の一二月三一日深夜、五人は一人ずつ橇《そり》に乗せられ、深い雪の中を疾走して、チョプロ・オーゼロ収容所病院に到着した。抑留当初の不安は全くなかった、と友重は回想している。五人は、シベリアでも看護婦としてやっていける自信が身についていた。

チョプロ・オーゼロ収容所病院は、ハバロフスクから西へ二四〇キロ、シベリア鉄道のチョープロエ・オーゼロ駅の側にあった。当初ここはビロビジャン第八分所と呼ばれ、二〇〇〇人の兵士が収容されたが、抑留後二か月間で一二四人が死亡するという悲惨な状態に陥っていた。この収容所にいた丸尾吉郎《きちろう》によれば、「ソ連は我々を皆殺しにする気なのか」という絶望が収容所全体を覆っていたというが、一二月末、新たに日本人のための病院を開設することが伝えられ、〝皆殺し説〟は杞憂となった。

学徒出陣で出征した少尉だった丸尾は、病院の開設に当たり、新しい宿舎の準備を命じられる。その時「看護婦も来るので、女性用の宿舎と便所を作るように」と言われ、驚いた。

「女性と聞いて非常にびっくりしました。看護婦が捕虜になっているなんて、全く思いもよりませんでしたから」

一月一日の早朝、友重ら五人の看護婦が到着した。出迎えた丸尾は、久しぶりに見る日本人女性の姿に眩しさを覚えたという。

この日の朝食には、黒パン、トウモロコシと乾燥野菜のスープに、大きな「数の子」

が一切れ付いており、看護婦たちは大喜びした。

チョプロ・オーゼロ病院における医療スタッフの陣容は、以下のようなものだった。

病院長はソ連軍医少佐、女性軍医将校と衛生下士官が四人、日本人軍医一二人、日本人看護婦五人、ドイツ人捕虜の軍医二名である。一二人の日本人軍医の中には、佳木斯第一陸軍病院長だった長谷川中佐もいて、看護婦たちと再会を喜び合った。

医療設備にソ連製のものはほとんどなく、ドイツや満州で戦利品として鹵獲《ろかく》したものばかりだった。医薬品や衛生資材は、佳木斯第一陸軍病院の衛生兵が携えて来たものを使った。看護婦たちは、与えられた材料から藁布団などを手作りし、蒸留水を作るための機器などの備品は、抑留者の中で手先の器用な者が空き缶などを利用して作った。

何とか病院としての体裁を整えた数日後、シベリア各地の収容所から患者たちが続々と送られてきた。友重たちは、そのあまりの衰弱ぶりに驚く。痩せ細り、衣類は汚物にまみれ、自分の名前すら言えない者ばかりだ。毎晩のように数名の患者たちが命を落としてゆく。なぜこれほどまでにと、看護婦たちは憤《いきどお》った。

それでも患者たちは、病院に到着し、日本人軍医と看護婦たちが働いている姿を見て、「地獄で仏に会ったようだ」「まるでお母さんに会えたようだ」と涙を流して喜んだ。

一月末、さらに二二人の女性が到着した。ハバロフスク第一〇分所から移動してきた菊水隊員たちである。その中の一人、一八歳の山本スミは、到着して、長谷川部隊長や先輩看護婦たちがいるのを見て、手を取り合って喜び、泣き出してしまう者もいたという。

軍医たちの方も幼い少女たちが軍服に身を包み、抑留生活に耐えてきた姿を目にして、感ずるところがあった。「患者はもちろん、彼女たちを無事祖国へ帰すまでは、何としても助け合い、この苦境を乗り越えなければ」と心の中で叫んだと、ある軍医は回想している。

山本たちが到着した日、女性用の宿舎はまだ完成しておらず、女性たちは佐官と尉官とに分かれた二つの将校用の居室に、半分ずつ分かれて寝ることとなった。

山本は、佳木斯高女の同窓生三人とともに佐官室に振り分けられた。

「中佐や大佐といった階級の、病院長とか部隊長だった偉い人たちの間に入って寝かせてもらったの。そうしたら私たち、すごく安心してしまったのねぇ。私は長谷川先生の隣で、その反対側には同級生が寝ていたんだけど、朝起きたら彼女の足が先生の上にドーンと乗っていた。それを見て、『すごい！』っていっぺんに目が覚めましたけどもね。先生はね、黙って目をつぶって寝てるの」

そのときの様子を思い出し、山本は苦笑した。

ハバロフスク第一〇分所では雑役しかしていなかった菊水隊員たちは、ここで初めて看護の現場を経験した。

丸尾吉郎の印象に強く残っている場面がある。ある時、一人の患者が危篤に陥ったとのしらせを受け、駆けつけると、患者の周りで日赤の看護婦たちが忙しく立ち働き、その一歩後ろを取り囲むように、見習い看護婦である菊水隊員の少女たちが並んで見守っている。

「看護婦さん、ありがとう。お母さん……」

患者が息を引き取ると、菊水隊員たちの間からすすり泣きが漏れた。その瞬間、「いつまで泣いているの！　早く次の処置をしなさい」と、先輩の日赤看護婦から叱責の声が飛んだ。

「見習いの子らはびっくりして物も言えなくなって可哀想やったけどね。しかし私は大したものだと思いましたよ。日赤の看護婦さんたちは、こういう状況の中で、看護婦としての職責というものを自覚させるために、あえて厳しく叱ったのでしょう」

菊水隊員たちは、内科、外科、伝染病科など各病棟に振り分けられ、看護婦として一生懸命に働いた。軍医も患者たちも「彼女たちが来てから、太陽が輝くように病院が明るくなった」と喜んだ。

山本スミは、謙遜しつつ、当時を振り返った。

「私みたいな者でも、ちょこまかと動きまわっているだけで『女がいると花が咲く』という感じになるんですよね。仕事の面では、もう未熟だとか言っていられませんから、習うより慣れろで一生懸命でした。夜勤もしましたよ。とにかく患者さんに何でもしてあげたいと、真剣でした」

それでも、毎日何人もの患者が命を落とした。

「『看護婦さん、看護婦さん、看護婦さん』とずっと呼び続けるんですよね。手を取って『大丈夫よ、大丈夫よ』とさすってあげる。そのうち『だんだん冷たくなっていく』と自分でおっしゃるの。毎日、何人も死んでいきました」

患者の兵士たちも、看護婦たちにお返しをしようとした。

雪解けの頃、屋外作業に出かけた兵士たちが、看護婦たちに届けようとシャクヤクやユリなど色とりどりの花を両手いっぱいに摘んできた。看護婦たちは病室や廊下に花を飾った。見まわりに来たソ連側の管理者たちが「ハラショー（素晴らしい）！」と大きな声を上げた。

丸尾は、患者の回復に看護婦たちの存在がどれほど貢献しているかを痛感した、と語った。丸尾の話を聞きながら、男性のシベリア抑留者たちが一様に抑留生活の重苦しさを語るのは、女性がいなかったことも一因なのだろうと感じた。

異国の丘に眠る

ハバロフスクから西へ二五〇キロ、イズヴェストコーヴァヤからさらにシベリア鉄道の支線で北へ向かうと、温泉町クリドールがある。ここの収容所には、佳木斯の看護婦たち六人が収容されていた。満州の伊関通から兵士たちとともに六人だけ乗船した、あの女性たちである。

六人が乗った船は黒竜江を遡航し、九月一九日ソ連のブラゴヴェシチェンスクに到着した。

下船した日本兵たちに、河原での野営が命じられた。六人の看護婦たちも軍医たちと円陣を組み、背嚢を枕にして背負ってきた毛布に身を包み横になった。

最年少の一五歳だった阪東秀子が空を見上げると、満天の星空が輝いていた。この光景を胸に刻もう、と阪東は思った。

野も山も実りの九月一九日　北斗七星ソ領で眺む

「私、子どもの頃から短歌を作るのが好きやったんです。絶対ここで死ぬもんか、絶対生きて帰るんや、そういう気持ちで、この歌を詠みました」

故郷の鹿児島には、母が待っている。七歳の時に父を癌で亡くした阪東は、女医になるのが夢だった。鹿児島の女学校を中退し、渡満した兄を頼って満州に行き、佳木斯第一陸軍病院の看護婦生徒となったのは、その夢をかなえるための第一歩だった。

翌日、六人は将校や衛生兵たちとともにシベリア鉄道に乗せられ、クリドール駅で下車し、その奥地にあるイズヴェストコーヴァヤ第一一五分所に入れられた。

この収容所で、看護婦たちは医務室の手伝いや薪拾いなどの雑役に従事した。薪集めに同行する監視兵は、常にマンドリンと呼ばれる自動小銃を抱え、銃口を看護婦たちに向けていた。阪東の胸に「生きて帰れるかな」と不安がよぎった。

収容所に到着して二か月ほど経った頃、辛い出来事が看護婦たちを襲った。仲間の一人が亡くなったのだ。阪東と陸軍看護婦生徒の同期生だった、北村三智子である。

北村は、シベリアに向かう途中、風邪をこじらせて肺炎になり、見る見るうちに弱っていった。

軍医の一人が、少しでもビタミンの補給をと、雪の中で「レモニー」と呼ばれる野いばらの実を探し回った。仲間たちも懸命に看護したが、一一月七日、北村は帰らぬ人となった。一七歳だった。

二日後、収容所の広場で葬儀が行われ、看護婦や衛生兵たちが参列した。

高く積み上げられた薪の上に遺体が置かれ、衛生兵たちの手で一昼夜かけて荼毘《だび》に付された。通常、収容所では火葬は認められず、捕虜たちの作業の妨げになるため葬儀も許されていない。ソ連人収容所長の特別な配慮で、火葬が認められた。収容所長は、火葬のため特別に石油も配給してくれたという。

「絵の上手な方がいらしてね、北村さんの顔を描いて、それを飾って葬儀をしたんです。やりきれなかったですね、火を点けられるのが。たまらなかったですよ……。手を合わせて拝みました」

遺骨の一部を北村の家族に届けようと、保坂澄江婦長が白木の箱に納めた。その後、遺骨は収容所から少し離れた小高い丘に埋葬され、墓標には日本語とロシア語で名前が記された。

あっけなく命を落とした仲間のことは、看護婦たちにとって忘れられない悲しい思い出となった。

「でもね」

と阪東は言葉を継いだ。

「北村さんには相思相愛だった兵長さんがいらしたの。亡くなった時、その人が『ミチコー！』と言うて、彼女の体を抱きしめていました。それで少しは浮かばれたかな、とも思うんです」

ソ連人になった元日本兵

日本人の医療スタッフに対するソ連側の信頼も高まっていたチョプロ・オーゼロ収容所病院で、ある日、事件が起こった。所持品検査の際、看護婦たちが敗戦以来身につけていた「護身薬」が発見されたのである。

騒ぎを聞きつけて、丸尾吉郎が駆けつけた。

「どの女の子も小さい薬剤みたいなものを持っとるということで、何かと調べたら青酸カリだった。それで大問題になりましてね。ソ連側は『ソ連兵を毒殺するために持ち込んだのか』と考えたわけですね。すごい騒ぎになったんです」

日赤看護婦の一人が呼び出され、執拗な尋問を受けた。看護婦は「日本女性は辱《はずかし》めを受ける前に自決するように教育されている。これは自決のための薬だ」と説明するが、ソ連人には全く通じない。この看護婦は尋問後、重営倉入りを命じられた。

看護婦たちが所持していた青酸カリをすべて没収することで事件は収束した。しかし、丸尾は別の意味で心が痛んだという。

「全員が自決用の小瓶を持っていたのですから、驚きました。やはり女性の身とすれば、いつ自分が危ない目に遭うかわからない。敗戦後、常にそういう不安と緊張と隣り合わせにいたわけでしょう。やはりシベリアに来るまでに相当な覚悟をして来たんだ、と思いましたね」


「いつ、日本に帰れるのだろうか」

チョプロ・オーゼロ収容所病院の抑留者たちの共通の話題はいつもダモイ（帰国）に関するものだった。そんな中、衝撃的なニュースがもたらされた。作業のため町に出かけたある兵士が、町の石灰工場で、壮年の日本人に会ったというのである。

ソ連人のような身なりをした三〇代ぐらいのその男性は「日本人が懐かしい」と涙ぐみながら、抑留者の兵士に語りかけてきたという。ノモンハン事件（一九三九年五月〜九月）でソ連の捕虜となった元兵士だった。今はここで所帯を持って暮らしているという。

「捕虜になれば軍法会議にかけられ、銃殺されると聞いていた。それでも、いつか日本に帰りたいと思ってきた」

チョプロ・オーゼロの抑留者が「故郷《くに》はどちらですか」と聞くと、男性は急に表情をこわばらせ、「忘れました」と言って立ち去ったという。捕虜になることは恥であり、おそらく戦死公報が出されているはずだ。故郷の家族に知られるのを恐れたのだろう。収容所に戻った兵士からこの話を聞いた抑留者たちは、自分たちの将来を見たかのように、しんと静まり返ったという。

山本スミに当時の心境を尋ねた。

「もう仕方がない、帰れる時になったら帰れるでしょ、っていう気持ちですよ。悪いことさえしなければ、殺されることはないと思っていました。狭いところに閉じ込められていても、観念すると慣れてくるのね、そういう生活に。幸い、病院長もいたし、何となく安心感はあったんですよ」

「絶対に日本に帰しますから」

ハバロフスク第一〇分所から、三月半ば、何度目かの移動命令が出された。

二十数人の菊水隊員が、夜汽車でシベリア鉄道を南に向かっていた。

小さな灯りのついた駅舎に列車が停まると、女性たちはその場で少人数のグループに分けられ、それぞれ指示されるままにどこかへ出発していった。みんなで手を取り合って「頑張ってね」「元気でね」と声をかけ合った。

高祖のぶ子たち六人は、監視兵について、暗い夜道を雪明かりだけを頼りに歩いて行った。やがて大きな建物の前に到着した。中に案内されると、日本人の大隊長が出迎えて、丁重な口調で挨拶した。

「大変にご苦労さまでした。我々軍人の意気地がないから、皆さん方女性をこんな目に遭わせて大変に申しわけない。絶対に皆さんを無事に日本へ帰すよう、努力しますから」

この言葉を聞き、六人は感激して涙をこぼした。

高祖は言う。

「前の収容所の隊長は、はっきり言って『女の子のことなんか知らん』という感じだったの。私たちは終戦間際に動員されて、軍隊生活の長い人から見れば、足手まといだったんでしょうね。だから、ホール収容所に移って大隊長の言葉を聞いた時、本当に嬉しかった。上の人がそういう態度でいると、下の人もみんな私たちに対して気を遣ってくれる。有り難かったですよね」

ここはホール（第一七地区）収容所第二分所といい、第一〇分所よりもかなり大きかった。

翌日、朝の集合の場で、抑留者たちに、六人の女性が到着したことが伝えられた。挨拶のため、六人は壇上に上った。

「そこで、盆踊りか何か踊ったのを覚えているよ。兵隊さん方の気持ちも荒《すさ》んでいるだろうから、少しでも慰めになったらと思って。兵隊さんたちはもう、涙を流して手を叩いてくれた。まさか日本の女の子がソビエトに来ているなんて誰も思わないから、みんなビックリしてね」

六人は、三人ずつに分かれて、収容所内の雑役と、歩いて一五分ほどのソ連人事務所の雑役に、それぞれ交代で当たった。

終戦間際、病室を訪ねてきた父と会うことができなかった佐藤一子は、毎晩、仲間が眠ってから、胸のポケットから父が衛門の兵士に手渡していったという紙切れを取り出し、目をこらした。家族は今頃どうしているのだろう。陸軍病院から一時帰宅したあの日、どうして家族と一緒に避難しなかったのだろう。父から渡された紙切れを何度も読み返しては、隣に寝ている仲間に気付かれないよう、涙を拭った。

ホール収容所には、女性たちの父親ほどの年齢の応召兵も大勢いた。

散髪担当の長島さんは、「櫛は持ってるかい？」と、仕事道具の櫛をくれたこともあった。

炊事班長の細井さんは、腕一面に入れ墨を入れた強面《こわもて》で、兵士たちには「何だと、このヤロウ」とすごむ時もあったが、女性たちにはいつも冗談ばかり言う。ある日、水汲み当番だった佐藤が氷で足を滑らせ、井戸に落ちてしまった。その日、細井さんは、「佐藤」と「砂糖」をかけて、食堂で「今日のスープは甘いぞぉ」と声を張り上げて皆を笑わせた。

気持ちに余裕が生まれると、シベリアの住民たちの優しさも感じられるようになった。ある日、仕事場に向かう途中、立ち話をしていたソ連の婦人たちが、佐藤に近寄り、話しかけてきた。

「『両親はいるの』とか『もう少しだから頑張ってね』みたいなことを言われたんだと思います。ロシア人は何ていうか、そういう人情味があるのよね。日本人だったら、外国の人にあんなふうにはできないんじゃないかしら」

雪解けの季節になると、収容所生活に慣れて緊張がほぐれたのか、止まっていた生理が再開したという女性が続出した。収容所の女性将校マルーシャは「マダム、メンス大丈夫か」と気遣った。佐藤たちが戸惑って顔を見合わせていると、マルーシャは片言の日本語で「ハズカシクナイ」と言った。

ロシア人との交流を、佐藤は懐かしそうに思い出す。

「あっちの人は人懐こくてね。だんだん慣れてくると、『恋人いるか?』とか、日本語で言えばそんなことばっかり訊いてね。『ニエット(いいえ)、ニエット』と私たちが言うと、『いやいや、いるだろう?』というように指を振って。そんなことばっかり」

収容所のソ連兵の中に一人、美男子がいて、女性たちは「長谷川一夫」とあだ名をつけていた。

「『長谷川一夫に似てるんじゃない?』なんて言っていると、向こうも何の話をしているんだろうと思うらしく『シト（何）？　シト？』と聞いてくるの。『は、せ、が、わ、か、ず、お！』と私たちが言うと、意味はわからないけれどニコニコしていたね。でも、あんまり近しくしていると、大隊長から『男っていうのは怖いもんなんだぞ』なんて、怒られたりもしました」

そんな佐藤も、夏が過ぎ、再び秋が深まり冬の近付いてくる頃になると、またどうしようもなく気持ちが落ち込んでいったという。

現地の人々との交流

シベリアで最初の夏を迎える頃、第一〇分所（石切山収容所）の看護婦たちの人数は半分ほどに減っていた。

仲間が減って寂しくなった半面、この頃には、管理体制がソ連人から日本人主体となり、抑留生活に慣れてきたこともあり、生活は次第に改善されていった。

コルホーズでの収穫を手伝う使役も始まった。早朝、暗いうちに起きて支度をし、鉄道の駅まで歩いて朝四時の汽車に乗る。地平線まで続くようなコルホーズに到着すると、まず大鎌で生い茂っている草を刈り、その間の畝《うね》に植えられているジャガイモを拾い集める。

何日かかっても、広大なコルホーズの収穫は終わらない。

ロシア人の監督は「ノルマを達成していない」と連日叱責する。看護婦たちは、こなすべき仕事の基準量を決めるよう求めたが、何かと理由をつけては、毎日、もっと働くよう責め立てられた。その理不尽さに腹が立ったが、どうしようもない。

早朝から夕方まで働き、再び汽車で収容所に帰って来ると、寝るのは夜中近くになる。何日かこれを繰り返した後、これでは体が続かないと、畑で寝起きさせてくれるよう頼んだ。それからは、畑で野営したり、現地の馬小屋の屋根裏に寝泊まりして、何日もジャガイモ掘りに従事した。

大阪帝国大学附属の看護婦養成所で学び、陸軍看護婦となった藤原（のちの小田）冨美江は、大きなトラクターを操作しているロシア人女性の逞しい姿が印象的だったと語った。

「ソ連では『男女同権』のスローガンがあるから、女の人でも男と同様、何でもやるの。ドイツと四年も戦争をして、旦那さんが戦死した女の人も多かったんですよね。そういうことは後で本を読んで知りましたけれどもね。私たちも『こんな生活を経験したら、日本に帰ってどんなに苦労してもやっていけるわね』と、笑い合っていましたよ」

クリドール収容所にいた阪東秀子はこの頃一六歳になっていたが、もともとの人懐こい性格から、この頃にはすっかりロシア人に打ち解けていた。

「汽車でハバロフスクに行った時、『ここにお座り』と一般のロシア人の乗客が席を譲ってくださったんです。『ヤポンスキー・ジェウチカ、パジャールスタ・サジーチェ

（日本のお嬢さん、ここへお座りなさい）』と。だから、私も『オーチンスパシーバ（大変にありがとうございます）』と言って、座らせて頂きました。そうすると、いろいろ話しかけてくるんですよ。『黒い瞳や、黒髪が綺麗ですね』と褒めてくれて。

収容所でも、兵隊さんに比べると、私たちは優遇されていたと思います。近くに収容所の所長さんの家があり、手伝いに来てくれと言われて行ったこともあります。そうしたら収容所長の少佐が、ここへおいで『マーリンキ、イジシュダー（小さな子、いらっしゃい）』と言って、膝に抱いてくれはったんです」

怖くなかったのだろうか？

「もう六〇過ぎのおじいちゃんやからね、私は孫みたいなものですよ。ロシア人は優しいところもあるんですよ。私の手を取って、『わあ、マーリンキ（小さな手）』と言ってね」

ロシア人からは阪東は子どものように見えたのだろう。

マルーシャという名のロシア人看護婦は、阪東に「ナターシャ」というあだ名をつけ、友達のように仲良くしてくれた。阪東は、彼女に教わったという「カチューシャ」の歌をロシア語で歌った。

「移動が決まった時、持っていた着物をマルーシャにあげたんです。縮緬《ちりめん》の、柄物の着物でしたけどね。日本に帰ったら別のものもあるから、と思って。そうしたらもう『ハラショー（素敵）！　スパシーバ（ありがとう）！』と大喜びでね。そして自分の家に連れて行ってくれたんです。二人で手をつないで、衛兵のいる門から外に出てね。白パンを出してご馳走してくれました。帰りには、お土産に香水を頂きましたよ」

石切山収容所にいた望月幸恵も、ソ連人の家に招かれたことがある。

「土曜の夜、お茶会に招いてくれましたよ。美味しいものはないんですけどね。あの頃はロシア人だって不味《まず》いものを食べていたんですから。今考えれば、ロシア人って、人間的には日本人よりいいんじゃないかしら。自分たちは勝った国なのに、日本人に対して『お前たちは捕虜だ』っていう態度をしなかったものね。分け隔てなく接してくれましたよ」

望月と同じく、帰国まで石切山収容所にいた小橋経子も言う。

「そりゃあもう、結局は人間性じゃから。外人だから、ロシア人だからというて、全部が全部、悪いということはないです。人間として付き合えば、あんまり心配せんでも大丈夫と思いますわ。実際に、私らがやってみてね、そう思います」

ハラショー・ラボータ

女性たちは、戦争で疲弊したロシアの民衆の生活ぶりを様々なかたちで目撃している。ペレヤスラフカ第一九四二特別病院ホール病棟で看護婦として勤務していた林正カツエを、ある日、ロシア人婦長のマリアが収容所の外に連れ出してくれた。マリア婦長は、自分たちの宿舎に林正を案内すると、仲間のロシア人看護婦たちを紹介してくれた。日本人看護婦と変わらない、質素な生活ぶりだった。

病院へ帰る途中、林正はマリア婦長に、満州で菊水隊員が一人、ソ連兵にさらわれたまま行方不明になり、気にかかっていることを話した。

するとマリア婦長は、真剣な顔で語ったという。

「自分も、さっき出会った女性たちも、レニングラードから戦火に追われて逃げて来たのです。ドイツ兵は村を焼き、母親の手から赤ん坊を奪って火の中に投げ捨てる場面も見ました。私には親も兄弟もいない。帰る場所もない。でも、リンソウ（ロシア人たちは林正をこう呼んだ）には帰る家があるんだから」

林正は、戦勝国にとっても、戦争が悲惨な体験であることに気づかされた。そうした辛い体験を語って、林正に帰国への希望を持たせようとしてくれるマリア婦長の優しさが心に沁みた。

林正には、もう一つ、忘れられないシベリアの思い出がある。

屋外作業から戻って来た兵士から、沼に魚がいたと聞き、その魚を釣ってみたいと考えた。

病院勤務が非番の日、なじみの兵士がネコヤナギの枝と有刺鉄線のかぎ針で作った釣り竿を持って出かけた。魚影を見つけ釣り竿を垂らすと、二〇センチほどの鮒が面白いように釣れた。林正は釣れた魚を持ち帰ると、ペーチカで焼き、患者たちに食べさせた。患者たちは大喜びだった。

「これは案外、素晴らしいタンパク源になるかもしれない」

林正は非番の日ごとに、同僚の久米川を誘って釣りに出かけた。

捕虜が収容所の外に出ることは原則禁止である。兵士たちが収容所から出かける時には、必ず自動小銃を持った歩哨が付くが、林正たちの外出には寛大だった。

シベリアの短い夏、原野にはシャクヤク、キキョウ、オミナエシ、野イバラなどが一面に咲き乱れる。花が大好きな林正は、ある日、今日は魚の代わりにと、両手いっぱいに花を摘んで病室に持ち帰った。

「今日は花がいいかなと思って摘んで帰ったら、兵隊さんに『花はいらんけん、魚の方がいい』って言われたの」

林正はその時のことを思い出して苦笑いした。

とうとう、非番の日には、魚を獲りに行くことがノルマになってしまった。持ち帰った魚は背開きにし、塩を振って屋根の上に並べて天日干しにする。その塩は、炊事係のソ連兵にもらいに行った。

「私がいつも塩をもらいに行くけん、厨房のソ連兵が私の顔を見るといつも『リンソウ、ソーリ（塩）』って言うんよ」

林正たちは、夏の間、釣りだけでなく、キノコや野草なども探しては病院に持ち帰り、患者たちの食事を少しでも豊かにしようと奔走した。

取材中、この魚釣りの話になると、同席していた元シベリア抑留者である大心池《おごろち》洋が、半ば呆れ顔で林正に言った。

「シベリアで魚釣りなんて、私らとても信じられん。あなた、ロシア人にもてたんじゃね」

林正は笑って、自分はいつも「ハラショー・ラボータ（優秀労働者）」と呼ばれていたからと応えた。

「私は働くことが好きなんですよ。とにかく一生懸命働きたいものだから、魚釣りでも何でも、ちっともそれが苦労と思ったことがないの。あの当時は自分がしてもらうことより、とにかく患者さんのために何かしたいっていう気持ちが強かったんです」

たった一人の死

抑留二年目の夏、ビロビジャン地区で、たった一人で入院生活を送っている女性がいた。一八歳の菊水隊員、藤田富士子である。

藤田は、チョプロ・オーゼロ収容所にいる時に病にかかり、第二九二九特別病院に送られた。移動に際して、佳木斯高女の同級生だった山本スミが付き添った。

「その時、富士子さんにセーターをあげました。満州の方正で偶然、義理の兄に出会った時に、『これから寒くなるから』と持たせてくれた、男物の臙脂《えんじ》色のセーターでした。『早く良くなってね』と言って渡しました」

その後、藤田がチョプロ・オーゼロに戻ることはなかった。

一九四七年七月二七日、藤田富士子は第二〇一七特別病院で亡くなった。

彼女の消息が判明したのは、一九九一年、シベリアにおける死亡者リストがロシアから日本政府にもたらされた時のことだった。

一九九一年三月一五日付の東京新聞に、藤田の妹を取材した記事が掲載されている。記事によれば、終戦から数年後、シベリアから復員した兵士が姉の死を伝えに訪ねて来た。その時、遺品として、姉が病床で何度も見たに違いない、くしゃくしゃになった家族の写真が届けられたという。

民主運動

抑留生活が一年を過ぎる頃から、各地の収容所では様々な文化的な活動が行われるようになっていった。

高祖のぶ子がいたホール収容所では、演芸会や句会が盛んに開かれた。高祖は兵士たちの隠れた才能に驚く。

「兵隊さんの中には器用な人がいるのね。馬の尻尾を切ってきて、バイオリンや三味線を作る人もいました。東京でダンスホールの楽士だったという人もいて、アコーディオンが上手で、ソ連軍将校の奥様たちのダンスの会に招かれたりもしていましたよ」

チョプロ・オーゼロ病院の演芸会では、日本舞踊の名取だという菊水隊員がいて、格調高い芸で観衆を魅了した。

こうした文化的な活動は、厳しい生活ですさんだ抑留者たちの心を癒した。時計もカレンダーもなく、毎日命令のままに働く生活を続けていると、無感動な、ただ生きているだけの日々になる。そういう状況を、抑留者たちは自嘲を込めて〝捕虜ボケ〟と呼ぶ。しかし文化活動を通じて、抑留者たちは久しぶりに笑顔を取り戻した。

ところが、そんな楽しみも、ソ連の監視下にあることがすぐに明らかになった。

高祖のぶ子は回想する。

「ある時、演し物の題目が、ソ連からダメだと言われたんです。時代ものだと、刀が必要になるでしょう？　やはり昔の軍国日本的な方向に流れてはいけないと警戒したんでしょうね」

やがて、検閲で自由を失った文化活動は、共産主義の宣伝が色濃くなっていく。

抑留から半年が経ったころ、ハバロフスク第一〇分所に「友の会」ができた。友の会とは、ソ連が日本人捕虜のために発行した「日本新聞」を輪読するために各収容所に作ったサークル活動である。

夜になると食堂の一角に友の会の参加者たちが集まり、昼間の仕事の疲れも忘れてマルクス主義や「民主日本の再建」などのテーマについて論じ合った。時には、議論が激昂し、つかみ合いの喧嘩になることもあった。

看護婦たちは、そういう場面に立ち会うと、なだめ役として仲裁に入った。保坂澄江は「祖国のためを思うひたむきさの表れなのだ」と自分に言い聞かせつつ、イデオロギーのために日本人同士が対立する状況に、やりきれなさを覚えたと回想している。

チョプロ・オーゼロ収容所病院では、こうした政治的な学習会に、看護婦たちも参加しなければならなかった。

山本スミはこう語った。

「私たちも共産党の教育は受けましたよ。共産主義は平等だからいい、という教育ですよね。私たちはとにかく『はい、そうです』って言わないと、日本に帰れないの。反発したらつるし上げになるわけ。看護婦でもつるし上げになった人がいるんですよ」

女性たちの多くは、こうした共産主義教育に戸惑っていたが、中には目を輝かせて共鳴する女性もいた。

丸尾吉郎は証言する。

「チョプロ・オーゼロ収容所病院にいた見習い看護婦の中に、ハバロフスクへ行って、アクチブ（活動分子）になるための教育を受けてきた者がいるんですよ。『教育訓練』と称していつの間にか姿が見えなくなって、一週間ぐらいしたら戻っていた。聞けば『ハバロフスクに行っていたんだ』という話でした。いわゆる思想教育ですよ」

この頃、捕虜の思想工作を管轄するソ連内務人民委員部は、日本人抑留者の中から密かに適任者を選び出し、各地の政治講習会で共産主義の基礎を教え、アクチブとして収容所の〝民主化〟を進める役目を担わせる方針をとっていた。

山本スミは、丸尾が教育を受けたと推測する女性は、チョプロ・オーゼロの民主グループのリーダーだった元軍曹と仲が良く、その影響を強く受けたのではないかという。ある時、民主グループが「あやまてる日本史」について講習会を開くと告知した。それまでの日本の価値観を否定する、共産主義色が強い内容で、同様の会が何度か開催されていた。一人の菊水隊員が「参加しない」と表明すると、その女性は「民主裁判にかけるわよ！」と仲間に詰め寄ったという。

こうした「民主運動」と呼ばれた活動を水面下で指導していたのは、ソ連内務省に属する政治将校たちだった。看護婦たちの中には、時おり収容所本部から派遣される政治将校が、特別な役割を持っていることに気付き始めた者もいた。

ハバロフスク第一〇分所にいた望月幸恵は、一週間に二回ほど本部から政治将校がやって来ると、ソ連人の管理者たちもみんな緊張していたことを覚えている。兵士たちは「GPU《ゲーペーウー》だ」と囁き合っていた。GPUは、この頃にはNKVD《エヌカーヴェーデー》と名称を変えていたソ連内務人民委員部の古い呼称である。

赤星治は、「この人たちが私たちの生殺与奪の権を握っているのだ」と感じていた。

高祖のぶ子がいたホール収容所にやってくる政治将校は、日本の大学出だった。

「その将校は、ちょっとインテリ風な人で、普段は全然しゃべらないの。ただ何となく歩き回って、日本の捕虜たちのやりとりを見ていたわけ。ところがある日、一言ぽつんと日本語を話したら、ものすごく流暢《りゅうちょう》なの！　ゾッとしましたね。日本の東大を出ているっていうんですよ。要するに、捕虜の日本人たちがどういう思想を持っているかを調べて報告していたのね。変なことを言えば、すぐ引っ張られるんですよ。日本人の中にもスパイみたいな人もいて、共産主義になびかない人間がいると、密告するんです」

チョプロ・オーゼロ収容所病院でも、密告者がいたと、山本スミは言う。

「私たち看護婦にはあまりなかったけれど、男同士だと、けっこうやられているの。お互いに刺し合う、つまり告げ口するんですよ。『あれはまだアカになり切っていない』とか、反発したりすれば、〝反動〟と言われて営倉に入れられることもあったの。一人、日赤看護婦の人がやられたこともありましたね。『お前は生意気だ』とか言われて、吊るし上げられたんです」

この日赤看護婦は、当時、収容所を訪問した「日本新聞」の編集委員、宗像肇と、大勢の面前で口論していた姿が目撃されている。詳細は明らかではないが、共産主義の浸透と日本人抑留者同士の分断に反発していたのだろう。

各地の収容所で、民主運動は次第に激しさを増していった。

チョプロ・オーゼロ収容所病院では、「病気でも何でもない人が入院して来るようになった」と複数の人が証言する。アクチブが密かに送り込まれていたのである。病室の中には「天皇制打倒！」「資本主義者追放！」などと書かれたアジビラが貼り出された。やがてアクチブたちは、「将校は資本主義の尖兵である！」「階級章は権力の象徴である！　外せ！」と軍医たちに詰め寄り、吊るし上げた。それ以降、病院長の指示で、将校全員が階級章を外すことになった。

看護婦たちの多くはやり場のない思いに苛《さいな》まれた。思想的な是非はともかく、それまで患者たちのために尽くしてきた年長の軍医たちを糾弾するなど、考えられないことだった。

その数日後、病院長が、ひそかに看護婦たちを病院の一角に集めて言い聞かせた。

「川の流れには逆らわずにな。大切なのは、体を大切にして日本へ帰ることだよ」

裁判

民主運動が日に日に激しさを増している頃、ソ連のもう一つの動きが水面下で始まっていた。

一九四七年夏、シベリアの各地区の収容所にいた佳木斯第一陸軍病院の元将兵の間で、密かに尋問が始まっていた。

この頃、ソ連は、後にハバロフスク裁判として知られることになる、旧日本軍の戦争犯罪に関する裁きのための情報を集めていたのである。

チョプロ・オーゼロ収容所病院にいた日赤看護婦の友重眞佐子は、後に手記で当時の状況を詳しく書き残している。

ある時、発熱で一週間ほど寝込んだ友重は、ビロビジャン地区の第二九二九特別病院に入院するよう命じられた。すでに治りかけているのに「結核の疑いがあるから」と繰り返し命じられ、不審に思ったという。

入院して数日後の夜、呼び出され、地下の一室に連れて行かれた。二坪ほどの土間に机と椅子が三脚置かれ、久しぶりに見た電球に目を奪われていると、後ろでガチャリと鍵が下ろされた。

やがてソ連人将校と通訳が現れ、将校はテーブルの上に拳銃を置いた。

重い沈黙の後、将校が口を開いた。

「友重看護婦。あなたは佳木斯第一陸軍病院に勤務していましたね」

「はい」

「その時、外科で特別なことが行われたことを覚えていますね」

「特別なこと？　何のことですか。具体的に言ってください」

「人間の生体解剖が行われたのを知っているだろう」

友重は驚き、「全く知りません、嘘でしょう」と言うと、将校は声を荒げた。

「嘘ではない！　それについてあなたはよく知っているはずだ。隠してはいけない」

「そんなことはありませんでした」

「もう既に大勢の日本人が証言した。これを見よ」

将校が机の上に広げた書類を見て、友重は息をのんだ。生体解剖の詳細な経緯や、軍医や衛生兵、看護婦の氏名が正確に書かれているではないか。

友重は大変な事態が起こりつつあると直感した。書かれている内容の真偽はわからない。しかしどんなに恫喝されようとも、絶対に屈してはならない。そうでなければ、名前が挙がっている人たちにどんな災いが降りかかるかわからない。

将校は険しい顔で詰め寄った。

「我々は正確に調べてある。認めなさい」

友重は「知らないことには答えられない」と繰り返した。

取り調べが終わった後、友重は死を覚悟しながら、「ここで殺されても未練はない。しかし生きて悔いを残すわけにはいかない」と自分に言い聞かせた。

その後、尋問は連日続いた。四日目の夜、将校は友重に詰め寄った。

「今日サインをしなかったら、お前はもう日本へ帰れない」

友重は「拒否します」と告げた。

拳銃の銃口が、友重の胸に押しつけられた。

友重は将校の目を見返した。

「これで終わりだ。連れて行け！」

将校は通訳に言い捨てると、部屋を出て行った。

翌日、友重はチョプロ・オーゼロ収容所病院に帰された。

この頃チョプロ・オーゼロ収容所病院では、病理検査室にいた西俊英中佐の姿が見えなくなった。西は、関東軍防疫給水部、いわゆる七三一部隊の教育部長兼孫呉支部長だった。

ソ連は、一九四九年一二月、いわゆる「ハバロフスク裁判」を開き、関東軍防疫給水部、いわゆる七三一部隊が行った戦争犯罪について裁判を行った。東京裁判やニュルンベルク裁判は勝者による一方的な裁きだという批判もあるが、連合軍による国際裁判として行われた。一方、ハバロフスク裁判はソ連が独自に行ったものであり、様々な疑義が呈されている。だが、日本の軍医部が各地で人体実験を行ったことも事実である。佳木斯第一陸軍病院に関しても、昭和一五年頃に何らかの「実験」が行われていたという証言もある。終戦時の部隊長だった長谷川重一中佐や看護婦たちが赴任する以前のことであり、詳細は不明だ。

西を知る看護婦たちは、取材に対し一様に「優しい方でした。召集で軍医になったために、しょうがなかったのでしょう」と顔を曇らせた。

西俊英は、ハバロフスク裁判で有罪判決を受け、強制労働一八年の刑を言い渡された。一九五六（昭和三一）年、西の帰国に際し、山本スミたち看護婦数人が出迎えに行ったが、西は数年後に亡くなった。

第六章　〝女囚〟

私達に何の罪があるというのだ
帰して下さい、帰して下さい、帰せ

元兵士が抑留中に出会ったある女性受刑者の言葉
（毎日新聞（新潟版）一九五〇年三月一六日付より）

ロシア国立軍事公文書館の書庫。
日本人抑留者70万人の資料が残されている（© NHK ／テムジン）

受刑者の記録

モスクワのロシア国立軍事公文書館で見つかった、八人の日本人女性の個人登録簿。そのうち三人は、佳木斯《ジャムス》の看護婦たちのような普通の抑留者ではなく、裁判にかけられて刑を受け、監獄に送られた長期抑留者のものだった。

これらの人々は、以前は「戦犯」と呼ばれることもあった。しかし、いわゆるＢＣ級戦犯など、他の地域の国際軍事法廷で裁かれたケースとは異なり、ソ連が独自に国内法を適用したのが特徴である。

三人の女性について、軍事公文書館の副館長コラターエフは「地下活動に加わっていたケースです」と説明した。しかし、あくまでも、ソ連当局がそう見なしたということである。

一人目の女性は、一九〇五年から終戦までの四〇年間、日本の領土だった樺太（サハリン島の北緯五〇度以南）で捕えられていた。一九四五年八月九日、ソ連軍が満州と同時に樺太にも侵攻し、戦闘は一二日間におよんだ。それから二年以上にわたり、三二万人の日本人がソ連の軍政下に置き去りにされたのである。その間、多くの人々がいわれのない罪で逮捕され、裁判を受け、サハリン島内やソ連本土の収容所に送られた。

「この女性は、ユジノサハリンスク（樺太時代の豊原）で、反ソ的な組織に入っていたという理由で裁判にかけられました。書類には、組織の詳細や地下活動の内容、テロ活動計画、スパイによる情報収集などが記されています。彼女には一五年の刑が言い渡されましたが、実際には一五年間服役することはなく、一九四七年に釈放されています。幸運なことに二年間の服役で済んだわけです」

しかし、この女性が日本に帰国できたのは、終戦から一一年後の一九五六年だった。

「もっと深刻なケースもあります」

そう言って、コラターエフは二人目のファイルを手に取った。

「この女性は、満州の奉天（現在の瀋陽）で日本人が組織した『決死隊』という地下組織に関わったのです。書類によれば、この組織は数回にわたってソ連軍司令部や地元警察署を襲撃したと記されています。最初の襲撃で三人の将校と一人の兵士が殺され、四人の将校が負傷し、武器や書類が奪われました。二回目の襲撃では、兵士一人の他、五人の中国人警察官も殺されています。彼らは武器や書類を奪ったので、判決もより厳しいものになりました。この事件に関わったのは全部で一六人。何人かには最高刑、つまり銃殺が言い渡されています。この女性には、強制労働一〇年の刑が科されました」

書類の一番上に、古ぼけた写真がクリップで留められていた。よく映画などで目にする、正面と真横から撮影された二枚組の写真である。その下には、女性の名前がロシア語で記されていた。資料によれば、判決を受けた時、女性は一七歳。頰がふっくらし赤みを帯びている。髪は乱れ、ほつれ毛が痛々しい。目には恐怖と不安が浮かんでいるように見える。釈放されたのは一一年後の一九五六年とファイルに記されていた。

この女性は、二〇一四年の取材当時、健在だった。後に私は彼女の声を聴くことになる。

三人目の女性は、北朝鮮で捕えられ、ソ連の収容所の中でも最も恐れられたマガダンに送られていた。彼女については第八章で詳述する。

ソ連の〝女囚〟となった日本人

ソ連で裁判にかけられた女性は、果たして何人いたのだろうか。

日本人抑留問題研究の第一人者、アレクセイ・キリチェンコは言う。

「何人の女性が刑を受けたのか、はっきりした数字はわかりません。日本軍の特務機関などに勤めていた女性もいたでしょうし、またサハリン（樺太）では多くの日本人が残っていたため、女性が逮捕され、裁判が行われたという記録もあります。いずれにしても、その判決は全て不正だったと思います。ご存知のように裁判はソ連の国内法で裁かれました。主に第五八条（反革命罪）が適用されています。しかしソ連人でもないのにソ連の刑法でスパイに問われるということがあり得るでしょうか？　仮に裁判が行われるならば、国際裁判であるべきでした。例えばニュルンベルク裁判や東京裁判のように」

ソ連で刑を受けた日本人は、長期抑留者たちが帰国後に作った団体「ソ連長期抑留者同盟」（のちの朔北会）によれば、男女合わせて二六八九名。その他、一部重複している可能性もあるが、樺太で刑を受けシベリアに送られた者は二九七二名に上る（北海道庁、一九五五年）。

この中に、女性は何人いたのか。前述（第四章）の通り、私が調査した範囲では一一四名の氏名が明らかになったが、この数字が全体の何パーセントに当たるのかは見当もつかない。

元兵士による目撃報告

シベリアの監獄に送られた女性たちの存在は、当時、日本社会にどのように伝えられたのだろうか。

一枚の古い新聞記事のコピーがある。満蒙開拓団について詳細な調査を続けている新潟県在住の郷土史家、高橋健男氏から提供されたものだ。

記事の見出しは「あゝ日本へはもう帰れない」「郷愁に心も狂う　重労働に泣く五女囚」。少し長くなるが、当時の状況をよく伝えているため全文を引用したい。

シベリヤの奥地、バイカル湖の西方タイシエトからさらにその西方の彼方にあるソ連の〝女子戦犯収容所〟に密行し、ここに収容されている五人の日本人女性に会ってきたという一引揚者がある。この引揚者は、去る一月廿日入港の高砂丸で帰国した南蒲原郡大面村西大湊、野村勝次氏（三三）で、同氏はタイシエト地区収容所一七八分所の抑留者世話係を務めていたが昨年八月初め、同じ分所でソ連大尉の当番をしていた山形県出身の今光雄という抑留者とともに、同分所から最も離れた地点にあるソ連、朝鮮、その他各国の戦犯婦人ばかり約一千二百名を収容している通称〝一九五収容所〟でソ連の看守兵のすきをうかがい辛じて作業中の日本婦人五名と決死の会見をしたというのである、しかも野村氏は既に昨年九月か十月頃引揚げているはずの今光雄氏を探し出し、相談の上なんとか出来るものならあの女捕虜の帰国促進の陳情をしたいと今氏を探している、以下は野村氏の語る鉄のカーテンに秘められた〝シベリヤ女捕虜幽へい物語〟である。

私達のその〝女戦犯収容所〟への密行は昨年の八月初旬から九月にかけ、厳重な監視の眼を避けながら汽車で行ったり、馬に乗って出かけたり三回にわたって試みられた。そして三回目にようやく目的を達し千二百名の各国女子収容者に混っていた五人の日本婦人に会うことができた。

はじめて会った時、彼女たちは『三年ぶりで見た日本の男』と泣いて喜んだ。丁度作業中で支給されたズボン一つでそのズボンもボロボロでシャツはぬぎ半裸の姿で女とは名ばかり、髪は無造作に束ねて油気もなくモッコ担ぎや石運びの重労働作業をしていた。

一人は元憲兵の妻だったという某女（二八）、他の四人はいずれも二三歳から二五歳までの若い娘で、元関東軍司令部の電話交換手をしていたという。出身地は山形、青森、秋田、北海道などで残念ながら名前は忘れてしまった。彼女たちの話では昭和二一年春満州から三八度線を目指して南下した列車に乗ったが途中で下車させられ身元調査によって元軍人や官吏の家族、軍部の従業員だったことが知れ、各国戦犯婦人一千余名が収容されているシベリヤの奥地タイシエトに送られたものである。憲兵の妻だった某女は単に憲兵の妻だったという理由からタイシエトの戦争裁判にかけられ労役一六年、他の四名は同じように軍部の従業員であったという理由で八年から一〇年の労役を科せられたという。

同収容所には独ソ戦当時独軍の占領地で敵国の糧秣を運搬したというソ連婦人たちや朝鮮の婦人たちが大多数をしめ日本人は彼女ら五名だけであった。

『私達に何の罪があるというのだ　帰して下さい、帰して下さい、帰せ』彼女らは来る日も来る日もはるかに日本とおぼしき空の果をながめ悲嘆の涙に明け暮れたという。何という残酷、何という非人道であろうか。罪のないものを捕虜とするソ連の冷血さはまだまだ続いている。食糧もごくわずか、薬も医者も与えず次第に衰弱してゆくという状態、自然、収容所内の生活は連日食にうえた女同士のけんか怒号、リンチが繰り返され身を切られるような望郷の念に駆られ一人はほとんど半狂乱の状態であった。

絶望感に死を決意したことも幾度かあるという。

ノルマはひどく全く男そのままの生活で、時にはソ連の看守兵や収容所を訪ねるソ連将校などが理不尽にも貞操を迫り生きた心地がないといっていた。『私たちと同じような日本婦人が他の収容所にもいるかしら』と同胞を気づかう彼女達はひしひしと迫る望郷の念に『ああ私達はもう日本へ帰れないのかしら、一目でいい、お母さんに会って死にたい、一度だけでいい日本の土を踏んでみたい』とほほを涙でぬらし『どうかして帰る術はないか』と私をかき口説いた。だが私にしたところでこの厳重な監視の網の目をかすめてどうして彼女達を逃亡させてやれるだろう。ああそれは余りにも無謀である。何故かといえばこの奥地からはこれまで一度も逃亡して成功したためしはなく発見されれば当然銃殺である。それよりは時機を待つことだ。私は必ず彼女達が救われる日を確信し祈念して秘かにそこを抜け出したが絶望にゆがんだ彼女達のあの顔は今なおまざまざと目に焼きついている。

（毎日新聞〈新潟版〉一九五〇年三月一六日付）

こうした女性たちの存在は、シベリアに抑留された兵士たちの間でごく一部の者には知られていたものの、社会の大きな関心を呼び起こすことはなかった。戦後、人々は何より生活を再建することに必死だった。元兵士たちについては、一家の稼ぎ手として早期帰国を求める様々な運動が起こったものの、女性たちについてそうした声が上がったという例はほとんどない。ソ連に捕われた女性たちを救おうという機運が高まることはなく、事実上、彼女たちの存在は見棄てられた。

その理由は、どこにあるのだろうか。日本政府の無作為という問題だけではない。当時の日本社会における女性の位置づけと深く関わっている。なぜ人々は沈黙したのか。その理由は、受刑者の女性たちの断片的な記録からもおのずと浮かび上がってきた。

女性受刑者たちの肖像

ソ連で刑を受けた女性たちとは、どのような人々であったのか。彼女たちのうち何人かは、帰国後に回想録を刊行している。

赤羽（のちの坂間）文子は、大連のソ連領事館で日本語教師をしていた経歴がスパイ罪に問われ、五年間の強制労働を科せられ、その後さらに五年間カザフスタンに流刑され一九五五年四月、帰国した。彼女の回想録『雪原にひとり囚われて』は、淡々とした筆致で抑留生活が描かれており、随所に手書きのカットが挿入され、紀行文のような味わいがある。

益田泉は同じく大連でロシア人学校の日本語教師を務めていた。終戦後の一九四九年、ソ連軍工業局の傘下にある工場で通訳として働いていた時にスパイとして捕えられ、一九五三年一二月に帰国した。親族に特務機関員がいたことも災いしたらしい。旅順監獄を経てウラジオストク、ハバロフスク、イルクーツク、タイシェットの女子戦犯収容所に送られた。

中村百合子は結婚のわずか一週間後に夫が戦死し、関東軍情報部で勤務した。終戦後、ロシア語が堪能な経歴をかわれ北朝鮮工業技術連盟で通訳を務めた時、三八度線を越えて引き返したところを一九四七年九月ソ連軍第二五軍の諜報機関によって捕えられた。

彼女たちは、いずれも語学に関わる仕事に携わっていたためスパイと見なされたことが共通している。

その他、今回の取材で明らかになった一一〇名の女性受刑者の中で多かったのが、特務機関に所属する女子軍属や電話交換手だった（以下、一部伏字）。

塩田美津子　牡丹江特務機関。刑期一一年。帰国年月日不明。
西田〇〇　樺太の電話交換手。刑期一五年。帰国年月日不明。
長崎美津枝　札幌月寒の憲兵隊事務所勤務。サハリン残留。一九九〇年一時帰国。
〇〇子　樺太特務機関勤務。一九五六年六月帰国。
森本清子　東寧特務機関の電話交換手。帰国年月日不明。

いずれもソ連側が諜報活動に従事したと見なし、刑を受けている。

忘れられた樺太の日本人

今回明らかになった一一四名の女性受刑者のうち四五人は、樺太の住民だった。樺太で刑を受けたのは、一九五五年の北海道庁の調べによれば男女合わせて二九七二人だが、この数字も暫定値だろう。樺太で刑を受け、ウラジオストク、その後カザフスタンに送られた阿彦哲郎の談によれば、樺太からウラジオストクへ向かう船の中に、三〇人ほどの女性受刑者がおり、ロシア人に混じって日本人女性も多くいたという。

樺太は戦後まもなくソ連の軍政下に置かれ、一九四六年一月、ハバロフスク州に編入された（サンフランシスコ平和条約をソ連が批准していないため、国際法上は帰属未定地）。そのため戦争とは全く無関係に、一般住民が理不尽な理由で罪に問われるケースが多かった。いわばスターリン時代のソ連人と同様に「収容所群島」の生活を強いられたのである。北海道との往来が禁じられたため、密出入国が頻発し、国境侵犯に問われた例も多かった。

柴野敏江　終戦後、電話交換手として働いている時、些細なことからロシア人女性と喧嘩になり、怪我を負わせた罪で三年の刑を受けた。半年後に釈放されたが、一九五八年一月に帰国。

福島セツ子　昭和二二年五月頃、内地に密航する船に樺太の状況を書いた手紙を託したが船が拿捕され、スパイ容疑で一〇年の刑。帰国年月日不明。

村上一子《かずこ》　昭和一九年、政府の方針で樺太の炭鉱関係者が内地に移動させられたのと同時に、夫とともに茨城県に移ったが、終戦後、樺太に残してきた両親に会おうと逆密航の船を雇って宗谷海峡を渡り、ソ連の沿岸警備隊に捕えられた。一九四七年五月、マリンスク、マルガロード収容所で死亡。

奈良かし　夫が北緯五〇度線に近い鵜城村で、大規模な牧場や商店などを営んでいたが、終戦後、ソ連の国営農場《ソフホーズ》として強制的に接収。毛皮をとるためにキツネを養殖していたが、餌が十分配給されず大量に餓死したため「国営財産を失った」かどで逮捕された。半年後、釈放されたが、裁判を受けたため内地への引揚を許されず、一家でサハリンに残留した。かしは樺太で逝去し、娘のせつ子と孫の幾子（イリーナ）が二〇一二年に日本に永住帰国。

戦後、サハリンから日本に帰ることができなかった日本人は、最大で一四〇〇人に上ると見られている。現在もおよそ五〇人が現地で暮らしている。

極北撫子

その女性は、西日本の小さな町で、夫と死別し一人で暮らしていた。

ソ連国立軍事公文書館でファイルが見つかった女性受刑者三人のうちの一人、中田絹子（仮名）である。

探し当てた住所に手紙を送り、数日後に電話すると、

「まあ……あの、お手紙を下さった方ですか？　わざわざ探し当ててくださってありがとうございます」

と思いがけない言葉が返ってきた。少女のような可憐な声の女性だった。

絹子は、終戦の時一六歳。満州の奉天（現・瀋陽）で電話交換手をしていた。

終戦後、奉天は混乱を極めた。各地から避難民が流入し、日本人の人口は膨れ上がる。そこに進駐してきたソ連軍は略奪暴行の限りを尽くした。強姦され、あるいは強姦から逃れようと集団自決する女性たちも続出した。

こうした動きに対し、日本人たちの不満は高まった。関東軍や満州国軍の元将校らが反撃の機会をひそかに窺い、兵を募っているという噂が頻々と流れ、小規模の集団でソ連兵や軍需物資を狙った強盗事件が多発する。

そうした中、一九四五年一一月二四日、後に「奉天事件」と呼ばれる大規模なテロ事件が起こった。奉天第一中学校の学生らのグループが、ソ連軍司令部および内務人民委員部本部に手榴弾を投爆するなどの襲撃を実行したのである。この時ソ連側も応戦し、複数の死者が出た。

ソ連側はこの事件を重く見て、一一月二六日、関係者一六名が逮捕された。この時、絹子も捕えられたのである。ソ連側の記録には、絹子は事件には加わっていなかったものの「名簿に名前があった」のが逮捕の理由だとされている。

しかし絹子は、自分の意思でこの運動に参加したのだと語った。

「あれだけ日本人の女性がソ連兵に痛めつけられていましたからね。もうどうにでもなれという気持ちで参加したんですよ」

逮捕された一六人の中には、もう一人女性がいた。小学校の教師だった当時一九歳のI子である。I子と絹子はともに奉天の監獄に送られた。I子は体中に青アザができるほど拷問を受けていた。後に、一六歳の女学生深水ウタ子も加わった。

ソ連最高軍事検察庁の記録によれば、襲撃の翌朝に発見されたメンバーの遺体の頭部には「決死隊」と書いた鉢巻が巻かれ、腕には「中央軍第十五師」と書かれた腕章が巻かれていた。ソ連当局は、決死隊を背後から動かしていたのは中央軍、すなわち中国国民党であると見て、さらに二〇名を逮捕した。首謀者とされたのは、中央軍第四軍第一五師司令官ゴ・フア・フィン中将である。日本側では満州国軍の少佐、呉座勝彦が首謀者として裁かれ、中川成作や美崎丈平も逮捕されてソ連のチタで取り調べを受けているが、詳細は明らかではない。

終戦後、満州国が消滅するとともに中国東北部を支配する権力の空白が生じ、中国国民党と共産党との攻防が始まっていた。ソ連は、蔣介石直属の情報機関、藍衣社が潜入し、在満の日本人を再組織して地下工作が活発化するのを警戒していた。反共を目的としたこれらの工作に、ソ連軍の占領下で旧制中学の学生たちが巻き込まれたという見方もできる。

一二月、チタで行われた軍事法廷で、絹子はロシア共和国刑法第五八条により一〇年の矯正労働を言い渡された。奉天事件の首謀者らには翌四六年一月二八日までに極刑（銃殺刑）が言い渡されたが、後に矯正労働一〇年に減刑された。

絹子とI子は、その後、ずっと抑留生活を共にした。登録簿の記録によれば、判決の後ブラーツク、タイシェットを経て、北極圏にあるノリリスク第二特別収容所に送られている。深水ウタ子はチタから中央アジアのアクモリンスク（現カザフスタン共和国ヌルスルタン）へ送られ、一九四八年に亡くなった。前述した赤羽文子の回想録に、深水との出会いが記されている。

ノリリスクは、一九三五年に囚人によって開かれた町で、現在シベリア第三の都市である。クラスノヤルスクから、エニセイ川を北に一六〇〇キロ下り、中継収容所があったドゥジンカ港から東へ一〇〇キロほどの地点にある。北緯六九度に位置する、ソ連で最も過酷な収容所の一つである。

ノリリスクに抑留された元兵士の手記に、「極北撫子」と呼ばれていた三人の日本人女性が出てくる。記録によれば、絹子、I子の他、恐らくロシア人との混血と思われる女性がノリリスクにいた。収容所では男性と女性とは厳格に分けられていたため、日本人抑留者たちが彼女たちの姿を見ることができたのは数か月に一回程度、作業場へ向かう隊列がすれ違う時に、手を振り合うぐらいしかできなかったという。しかし男性の受刑者たちにとって、三人の存在は大きかったようだ。

当人たちには申訳ないが、三人とも決して美人とか撫子とか云う言葉にはふさわしくはなかったが、この辺境の地に日本の女性が居ると云うことだけで、男だけの集団の中に、或る種の心の支えがあったのではなかろうか。悪い言いかたではあるが、女でさえ頑張っているのに、男が頑張れないことがないと云う、心の張り合いとも、又、近くに同胞の女性が居ると云うことから、母性を身近に感じての心の支えとも今にして考えればそうしたものが確かにあったように思われてならない。

（斉藤操「ラーゲリのこぼれ話　その五　極北撫子」朔北会『朔北の道草』）

消息の途絶えた親友

中田絹子は現在、視力をほぼ失い、世話をしてくれる知人の力を借りて生活していた。私が送った手紙を、絹子は知人に読んでもらったと語った。

手紙を送る際、私は、彼女が家族や周囲の人にシベリアの体験を語っていない可能性もあると考え、「満州時代のことを聞きたい」とだけ書いた。しかし絹子にとって、満州とシベリアは繋がった一本の線だった。「その手紙を読んでくれたお友達に、初めてシベリアのことを話したんです。シベリアのことは誰にも言っていません。あまり思い出したくありませんもの。友達は、『そうだったの……』と言ってました」

絹子は淡々と口にした。

「Mも、○○（ある地方都市の名）で元気に暮らしております」

いきなり「M」という女性の名前が出て、私は驚いた。その名前は、収容所で生まれた彼女の娘の名前だったからである。絹子が帰国した際の新聞で母子のことが報じられていたが、娘の父親が誰なのか記載はなかった。そのことについて、彼女に尋ねることはできなかった。

絹子が子どもを身ごもったのは、抑留から四年が過ぎた頃のことだ。やがて女の子が生まれ、Mと名付けられた。ラーゲリでは、女囚が出産すると、短期間の授乳期間の後、子どもは母親の手から引き離され、「子ども収容所」と呼ばれる施設に移される。母親は労働力として再び労働にかりだされ、子どもは「スターリンの子ども」として、施設で育てられるのである。当時のソ連では、囚人は「人民の敵」であり、その子どもは、国家が管理する施設で養育すべきだと考えられていた。

絹子は、収容所を転々としながらも、娘のことを忘れることはなかった。

一九五六（昭和三一）年三月、絹子に帰国命令が出た。絹子は必死に娘を探し歩き、ついに帰国船が出る前日、奇跡的に娘を探し当てた。娘は五歳になっていた。

帰国の翌年、絹子は同じ奉天事件で刑を受けた男性と結婚し、郷里を出て、ある地方都市に居を構えた。生活は大変だった。家族旅行をするような余裕もなく、夫婦で必死に働いた。ロシア語しか話せなかった娘が、日本人として普通に暮らしていけるようになることが最大の望みだった。

六〇代になった頃、絹子はシベリアで一一年間をともに生きてきたI子と連絡を取りたいと思い始めた。舞鶴からそれぞれの故郷に帰って以来、I子との音信は途絶えたままだった。

関係者の力を借りてようやくI子の居場所がわかり、絹子は手紙を出した。しかし、その結果は非情なものだった。I子の家族からの返信には「二度と連絡しないでほしい」とだけ書かれていたのである。I子本人の言葉はなかった。

「いろいろな事情があるんでしょう」

絹子は、I子と家族の心境を慮った。

一七歳から二八歳までの一一年間、極北のラーゲリで、苦楽を共に生き抜いた親友とのつながりは、絶たれてしまった。

「I子さんは、Mの名付け親なんです」

絹子は言った。

I子が今も健在かどうか、消息はわからない。しかし二〇代のまま止まっているI子の面影が、今も絹子の心の支えになっていることが感じられた。

第七章　帰国

のがれ来し人の便りにきく父母の
いたましき最後いかに綴らん
石川（旧姓竹折）由美子
（元陸軍看護婦。抑留当時を詠んだ歌）

1946年12月、最初の引揚船に乗る前にナホトカで撮影された佳木斯の看護婦たち（写真提供・著者）

引揚第一便

一九四六（昭和二一）年一一月初め、ハバロフスク地区第一〇分所〝石切山収容所〟にいた佳木斯《ジャムス》第一陸軍病院の看護婦、望月幸恵たち二〇人と、石切山収容所からハバロフスク市内の被服工場に転出させられていた二〇人に、突如帰国（ダモイ）命令が出された。

「またダモイ？」

看護婦たちはそれまで何度もダモイの言葉に騙されては、がっかりさせられてきただけに、半信半疑ではあったが、大急ぎで荷づくりをすると営庭に整列した。

すっかり仲良くなった収容所の管理者たちや近隣のソ連人たちが目に涙を浮かべて女性たちに別れの言葉をかけた。

「今度は本当のダモイかもしれない」

収容所に残される日本人兵士たちに後ろ髪をひかれながら、女性たちはシベリア鉄道の駅へと向かった。

終点のナホトカ駅は、駅とは名ばかりで、ホームも駅舎も何もない殺風景な丘の上だった。看護婦たちはそれぞれ荷物を担いで車両からバラスの上に飛び降りると、そこからしばらく歩いた場所にある大きな収容所に入れられた。鉄格子の衛門の向こうに赤レンガ造りの建物があり、周囲にバラックが立ち並んでいる。看護婦たちは、衛門に一番近い建物の一室を割り当てられた。ここで日本から来る引揚船を待つのだという。

実はこれが、ソ連からの最初の引き揚げだった。

当時ソ連は、国際社会から、軍事捕虜を帰還させずに抑留し、強制労働に従事させていることについてポツダム宣言違反だと強く非難されていた。これを受け、人道的な姿勢をアピールするために、女性たちを最初の帰還者リストに加えたのである。

看護婦たちがナホトカで船の到着を待ちながら数日を過ごしたある日、部屋のドアが開いた。振り返ると、一人の日本人の女性が四人の子どもを連れて入ってきた。

「まあ、子どもだわ」

「可愛いね」

女性たちは一斉に声を上げ、子ども連れの女性も、その声につられて表情を緩ませた。看護婦の中で最年長の婦長が女性に声をかけ、壁の三面に取り付けられている二段ベッドの一角を空けて親子に勧めた。

この女性の名は、戸泉米子という。ロシア語が話せるため、通訳として満州の延吉収容所で一年あまり勤務し、この時、帰国を許されたのだった。第四章で述べた、ソ連海軍大佐で軍事史家のウラジーミル・ガリツキーの論文に登場する、二人の女性のうちの一人である。

この時戸泉は、「四〇人の女性がいる部屋だ」と聞かされてきたのだが、ドアが開いた瞬間、部屋を間違えたかと思った。看護婦たちのいで立ちが、軍服に身を包んだ初年兵そっくりだったからである。

戸泉の首からは、抑留中に亡くなった二人の子どもの遺骨が入った木箱が下げられていた。看護婦たちもクリドール収容所で荼毘《だび》に付された仲間の遺骨が入った箱を、部屋の片隅に安置していた。看護婦たちと戸泉は、多くの言葉を交わさずとも、互いの苦労が痛いほどわかった。

一二月七日、日本から二艘の船舶が引揚船としてナホトカに到着した。

船首にはそれぞれ筆文字で「大久丸」「恵山丸」と書かれている。船尾に掲揚された日の丸を見て、集まった五〇〇〇人の日本人抑留者は喜びに沸き立った。

やがて汽笛とともに、船はナホトカ港を出港した。

翌一二月八日、船は京都の舞鶴港へと入港しようとしていた。日本の景色をこの目で確かめようと甲板から身を乗り出した人々の目に、木々の濃い緑が染み入った。茫漠とした、色彩のないシベリアの大地とは全く異なる、箱庭のように美しい日本の景色である。感極まって号泣する兵士も、そこここにいた。

船が停泊すると、看護婦たちの目に、アメリカ兵の姿が飛び込んできた。進駐軍が引揚業務を取り仕切っていたのである。彼らの指示で、引揚者たちは船を降り、舞鶴の港に上陸した。

初めて見る黒人兵士の姿に、身をすくませる女性もいる一方、望月幸恵は、妙なところに感心した。

「舞鶴に着いたらアメリカ兵なんかいて、あんまり綺麗なんでびっくりした。これは日本が負けるわけだ、と思った。日本人はそれこそ着るものもないようなボロボロな姿でしょう。アメリカ人はズボンなんかにもちゃんとアイロンかけていたものね。これじゃあ日本は負けるわけよね」

翌日の新聞（一九四六年一二月九日付朝日新聞）に、一〇人の看護婦たちの写真が掲載されている。

「まア、内地の新聞よ　大久丸甲板上で元気な看護婦たち」

冬用の軍服の上に綿入れを着込み、防寒靴を履いた看護婦たちが新聞を取り囲んでいる。その表情は若々しく明るい。満州で消息不明となったままの人々が数十万人もいた頃である。彼女たちは、当時の日本社会を明るくする、格好の被写体と思われたのだろう。

記事には、看護婦たちの証言から、ソ連に抑留中と推測されていた関東軍兵士たちの全体像を摑もうとする様子がうかがわれる。

「大久丸で引揚げた元チャムス《ママ》病院看護婦平山綾子さんの語るところによると、元満州国総務長官武部六蔵、同次長稲垣征夫氏ら満州国高官はハバロフスク第十六本部第二十収容所に収容され石切りなどの使役に服している、また山田乙三元大将や樺太軍司令官はモスクワに連行されたという」

引揚港の一つだった舞鶴には、厚生省の外局である引揚援護院が置かれていた。引揚者には、下船と同時にＤＤＴ消毒が行われ、その後も、入浴、脱衣の消毒、種痘接種などの検疫が入念に行われた。

その中で、女性たちだけが行われた検査があった。医務室に通されると、係員が言った。

「妊娠している人は申し出てください。ここで処置します」

看護婦たちは屈辱を感じ、傷つき、憤《いきどお》った。

当時、満州などから引き揚げてきた女性の中には、望まない妊娠をしている人も少なくなかった。各地の引揚港では「水際作戦」と称し、強姦された女性たちの堕胎が非合法で行われていた。その総数は今も不明である。

舞鶴港は、多くの人でごった返していた。慰問に来ていた歌手の並木路子が「リンゴの唄」を歌い、引揚者たちを魅了した。宿舎にはひっきりなしに訪問客が訪れ、婦人活動家の市川房枝も看護婦たちの部屋を訪問し、「戦後の社会をより良いものにしましょう」と激励した。

引揚港では同時に、陸海軍軍人の軍籍を解く復員業務も執り行われた。佳木斯第一陸軍病院の看護婦たちは陸軍軍属である。陸軍を管轄する第一復員局で、一人一人、部隊の留守名簿と照合し、復員の手続きを行った。終戦の一か月半前に召集された菊水隊の女性たちも、ここで復員手続きをした。

また、消息不明者に関する情報収集も行われた。当時、日本では、関東軍将兵がどのようにしてソ連に連行されたのか、ソ連の収容所網とはいかなるものなのか、ほとんど情報がなかった。帰国した抑留者たちから丹念に聞き取りをし、情報収集するしかなかったのである。各地の収容所で多くの傷病者と接してきた看護婦たちは、抑留の実態を把握する上で貴重な情報源となった。看護婦たちは聞き取り調査に際し、各収容所の死者数や傷病者の状況、個人の情報や所属部隊名など、知る限りの情報を詳しく報告した。

また、患者たちから直接、家族への伝言を預かっている看護婦もいた。その場合は、調査課の係員に報告すると同時に、女性たち自身が留守家族に手紙を出した。当時はこのようなやり方で、家族が夫や息子の抑留を初めて知ることも、少なくなかった。

この他、進駐軍からの尋問調査もあった。陸軍看護婦の藤原冨美江は、「ソ連であれだけ苦労させられて、なんで今度はアメリカの命令に答えなあかんねん」と強い反発を覚えた。

当時、米ソ冷戦がすでに始まっていた。米軍は対敵防諜部隊ＣＩＣ（Counter Intelligence Corps）を全国の引揚港に置き、ソ連の情報を収集していたのである。

引き揚げ後の手続きは七日間に及んだが、その間にある新聞社が、座談会の記事を企画し、女性たちにも参加を促した。どのように答えるべきか、女性たちは事前に打ち合わせをした。望月幸恵ら若い看護婦は、言いたいことはたくさんあるという気持ちもあったが、戦前からウラジオストクに住み、ソ連の実情をよく知る戸泉が、諭すように説いた。

残留者は全員、想像もつかないような苦境の中で、酷寒と病魔と飢えと戦いながら働き続け、「ダモイ」の日を一日千秋の思いで待ちわびていること。「ダモイ！」と叫びながら、次々に逝っていること――。唇の先まで出かかっているこのような真実を抑えて、私たちは残留者の家族が少しでも安心するよう、そしてそれよりもっと恐ろしいこと。――つまり真実が先方へ伝わると、残留者への苛酷な報復が待ち受けていることを想像し、そして必ずなんらかの方法で先方に伝わることはスターリン時代であったからには確実であると思い、残留者を守る方法は真実を語らぬという一言であると思ったことだった。　（戸泉米子『リラの花と戦争』福井新聞社）

女性たちは舞鶴にいる間に、シベリアの真実を伝えるのは容易ではないこと、語らない方がいいこともあることを、心に刻んだ。

帰郷

一九四七年四月二三日、佳木斯の看護婦たちの第二陣が舞鶴港に到着する。明優丸で帰国した、およそ三〇名である。このうち、佳木斯第一陸軍病院の看護婦たちは十数名で、あとは他の地域からバラバラに抑留されていた女性たちだった。

ブラゴヴェシチェンスクの病院にいた阪東秀子も、この時、五人の仲間とともに帰国した。終戦の時一五歳だった阪東は、一七歳になっていた。

舞鶴での手続きを終え、阪東は故郷へと向かった。そこには母が待っているはずだった。ソ連に連行された最初の夜、河原で野営しながら夜空に北斗七星を見て「絶対に生きて日本に帰るんや」と誓った時、秀子の心に浮かんだのは母の姿だった。

しかし、期待は打ち砕かれた。偶然出会った知り合いから、思いがけない事実を知らされたのである。

「『あんた、お母さん死んだの知ってる?』って言われてね。辛かったですよ……。せっかく帰って来たのにと思ってね」

母が亡くなったのは、秀子が帰国する半年前、昭和二一年一二月二一日のことだった。後に聞いたところによれば、軍医として出征した従兄弟が先に引き揚げて来て、ずっと付き添い、看病してくれたという。「それだけでも良かったと思って」と阪東は語った。

「母は息を引き取る直前に、『秀子が来た!』と手をバッと出したらしいんです。その時、母の妹が隣におってね『(死者に)引っ張られたらあかん!』と言って母の手をつかんだそうです。母は、私が迎えに来たと思ったらしいんです。『秀子が来てるわ。秀子、ここ、ここ……』って」

しかし現実には、母との再会はかなわなかった。

再会できなかった父

帰国後、肉親と再会することができなかったのは、阪東秀子一人ではない。特に、家族が満州にいた女性たちの多くは、厳しい現実を突きつけられることになった。

佐藤一子は、ホール収容所第二分所から四月二二日に帰国した。

一子が、抑留中最も気がかりだったのは、ソ連が満州に侵攻した直後、佳木斯第一陸軍病院を撤退するその日、訪ねてきた父親と行き違いになったことだった。

「父が衛門に預けていった紙を、シベリアに行ってからもずっと後生大事に持っていたの。だけど日本に帰る時にナホトカの港で、文字の書いてあるものは絶対に持ち帰ってはならないと厳重に注意されて、泣く泣く砂の中に埋めて来たの」

ナホトカでは、文字の書かれたものを持って帰国することはスパイ行為だとして厳しい検査が行われていた。抑留中の死亡者名簿を持ち帰ろうとしてナホトカで見つかり、懲役一〇年の刑を受けた軍医もいる。

復員手続きを終えた一子は、仲間に別れを告げ、列車で郷里の気仙沼に向かった。東北地方へ帰る女性は一子一人だった。

気仙沼の駅で降りて辺りを見回していると、中年の女性の声がした。

「いっちゃんじゃないの？　お母さん、帰って来てるよ！」

一子が帰って来たことを聞きつけて、母が駆けつけて来た。二人は手を取り合って涙ながらに再会を喜んだ。

一年八か月ぶりに会った母は、見たこともない古ぼけた紺絣の羽織を着て、食糧事情のせいか歯が悪いらしく、顔が腫れ上がり痛々しかった。

母は、満州に渡る前に他人に貸した実家で間借りして暮らしていた。その部屋に入ると、小さな白木の箱が置かれていた。四歳だった末の妹が満州で、さらに新京の避難所で生まれた弟が、引揚港の博多で命を落としていたのだった。

父、信兵衛も、帰っていなかった。

数日が経ってから、ようやく母はポツリポツリと語り出した。

「佳木斯の駅に避難して、『最後の避難列車が来るから、皆ここで待機しているように』と言われて、皆ホームのところにいたのに、父は私のところに来たでしょう。でも、『面会はできません』と兵隊さんに言われて、会うこともできなくて、駅に戻った時にはもう汽車が発ってしまった後だった。それで、結局は亡くなったんだね……。他の家族の中には、新京の収容所にいる時に後から追いついた人もいたそうなんだけど、父はとうとう現われなかった。どういうふうに亡くなったのかはわからない。けれども、まあ結局、反日感情っていうか……中国人も日本人に酷いことをされたから、反感を持っていたわけだよね。だから日本が負けたとなったら、そういうものが表に出て、憎しみをぶつけられた場合もあったでしょう。

私に会いに来たせいで亡くなったんじゃないかって。それがね、いつまでも心に残るのよ。私、長女のせいか、特別に父に可愛がられていたと思うの。一回も呼び捨てにされたことがなくて、『いっちゃん』と呼ばれていたの。だから、私に会いに来たせいで命を落としてしまったと思って。これだけは本当に辛いね……」

母が妹たちを連れてようやく日本に帰国した時、八〇を過ぎていた父の母親は「信兵衛を置いてきたのか」と言ったという。

「そう言われた時は、とっても辛かった」

母の言葉に、一子は胸が引き裂かれる思いだった。

「どうして満州へなんか行こうと思ったのか。日本にいた時も、ちゃんとした役場関係の職場にいたのに。父の友達が、その何年か前に満州に行って一時帰国し、いいところだと宣伝してね、行かないかと誘われたらしいの。あんなところに行かなければ、父は無事でいたんだろうけども。

日本人は気軽に行ったのかもしれないけど、中国の人たちはどう思っていたんだか。『人の国に土足で踏み込んできて』と思っていたんじゃないかと、後になってから思いました」

私たちのいた意味

一九四七年春、ペレヤスラフカ第一九四二特別病院で看護婦として勤務していた林正カツエは、シベリアで二度目の雪解けを待ちながら、「今年は去年よりも早く釣りに行って、患者さんたちに魚を食べさせよう」と考えていた。仲間の久米川キヨ子とそんな話をしていた矢先、ある日突然、ソ連兵に「スコーラダモイ（すぐ帰国だ）！」と急き立てられ、一時間後にはトラックに乗せられていた。一年半の間一緒に働いたウクライナ人のマリア婦長が、黙ったまま目に涙を浮かべて、林正の手を大きな両手で握り締めた。

林正と同じ病院で勤務していた赤星治は、ソ連に残らないかと勧められた。

「ソ連の女性のお医者さんが、私に『ソ連に残りなさい』と勧めるんです。でも『みんなと一緒に帰ります』と言って断りました。ソ連人たちは、『日本がどうなっているかわからないから、こっちに残った方がいい』って言うんですよ。そういう言葉を聞いて不安になったけど、ナホトカに着いて日の丸を見て、『本当に帰国できるんだ、帰れるんだ』と実感しました。あの時の涙、忘れない……」

一二人の日本人軍医とともに、二七人の看護婦が勤務していたチョプロ・オーゼロ収容所病院でも、六月一六日、看護婦たち全員の帰国が決まった。

軍医たちは、収容所で亡くなった兵士の氏名と住所を、帰国する看護婦たちそれぞれの都道府県別に振り分けて暗記させた。

山本スミは当時を振り返って感嘆する。

「若いってすごいのね、記憶力があるのね。私も新潟県庁に行って、何人かの亡くなった人の名前と住所を伝えて『実家に届けを出してください』と言った覚えがありますよ」

山本と同じ収容所にいた丸尾吉郎は、女性たちが帰国する前、日赤看護婦の友重眞佐子から言われた言葉が強く印象に残っている。

「『私たちはこれで帰りますが、帰った後に、私たちのいた意味がわかるでしょう』と、こう言うわけです。その時は、ずいぶん強気だなあと思ったんですが、よくわかっていなかった。とにかく帰国できるようになって良かったなということだけでね」

さらに丸尾を驚かせたことがある。

「ダモイの日に看護婦たちが化粧をしていたんですよ。あれだけ何度も所持品検査で全部取り上げられて何も持っていないはずなのにね、口紅もつけ、白粉も顔にはたいてるんです。『化粧品持ってるの？』と聞いたんです。そしたら友重がね、『ええ、持ってますよ』と小さい袋からクリームとか口紅とか、そういうものを出して見せてくれましたよ。捕虜になって抑留中でありながら、女というのはこういう逞《たくま》しさというか、プライドを持っているのかと感心しました。男には考えられんことですよ」

丸尾が友重看護婦の言葉の意味を理解したのは、女性たちが帰国して数日が経った後のことだった。

「実際に男だけになったら、何か、ぽっかりと穴が空いた感じ。女性がいなくなるということは、この世から色が無くなるというような、そんな感じがしましたね」

ナホトカの共産主義者たち

林正カツエや赤星治、友重眞佐子らが、それぞれ命じられた集結地に到着すると、各地から総勢七〇人近い看護婦たちが集まっていた。お互い、石切山収容所で何の説明もなくそれぞれ別の収容所に送られた時は、もう二度と会えないかもしれないと思った仲間たちである。思いがけない再会に、看護婦たちは手を取り合い、涙を流して喜んだ。

林正カツエは、チョプロ・オーゼロから来た一団の中に一人の菊水隊員を見つけた。それ仲間の看護婦の説明によれば、心理的な要因で精神に異常をきたしているという。それを聞き、不憫でならなかった。

やがて女性たちを詰め込んだシベリア鉄道の貨物列車は、東の方角へと走り出した。

途中、シベリアの原野で時々列車は停まった。見渡す限りに花々が咲きこぼれているのを見て、女性たちは、まるで自分たちの帰国を見送っているようだと感じた。辛かった日々を忘れ、シベリアへの郷愁が湧いてくるのを不思議に感じずにはいられなかった。

六月二三日、女性たちはナホトカ港に到着した。この時集結した日本人抑留者の中には、佳木斯第一陸軍病院の看護婦たちだけでなく、民間人の女性たちも混じっていた。収容所の営庭には赤旗が林立し、怒号のようなインターナショナルの歌声があたりに響いていた。

林正カツエは、回想録に記している。

此処で私達は、初めて耳にする民主々義とか、自己批判、洗脳とか言う言葉に驚きました。毎日強制的に集会に出なければなりませんでした。こゝではソ連兵はあまり姿を見せませんが同じように捕虜である筈の日本人の中に、何かの力を借りて同胞を支配すると言うことに酔うているような感じの人達を見ました。インターナショナルの歌を歌い旧体制だと叩き、民主々義と喚き、こゝで洗脳されなければ日本へ帰るどころか、奥地の収容所へ逆戻りだと叫んでいる不思議な日本人を見たのです。こゝに何日かいる間に元日本陸軍高官数名の方々にお目にかゝりました。「女性の身で大変御苦労でしたね」と声をかけて下さいました。旧体制を裁くとうわずる声を穏やかに受け止めている、そんな表情が印象に残っています。

（「第四六七救護班の記録」日本赤十字社看護婦同方会広島県支部編『鎮魂の譜　日本赤十字社広島県支部戦時救護班史』所収）

こうした民主運動の波は、収容所によって程度の差があった。初めて目にした女性たちには驚きだったが、すでにこうした状況を体験してきた看護婦たちは、他の収容所から来た仲間に「黙って従うように」と目くばせした。

赤星治も、やりきれない気持ちで目の前のやり取りを見つめていた。

「ナホトカまで来て、不届きがあるからとまた収容所に戻されるなんて、本当にかわいそうでしたよ。ここまで来て、また奥地に連れて行かれ、仕事をさせられるなんて。兵隊さんたちが『戻れ、戻れ』と言われながらぞろぞろ連れて行かれ、本当に気の毒だった。洗脳が足りないから、連れて行かれたのかもわからない。だから私たち、必死になって『スターリン万歳！　スターリン万歳！』と叫びました。そんなの本当は言いたくないですよ、みんな。だから船に乗った途端に『スターリンのバカー！』と言ったものです。船に乗ったらもう降ろされないもの、日本の船だから。私だけでなくみんな言っていましたよ、あの時は。誰だって洗脳なんかされたくないよね、あれだけ酷い目に遭って」

ようやく引揚船がナホトカを出航した後、事件が発生する。それは赤星の目の前で起こった。

「私たち、船底の方で書類を書く手伝いをしていたんです。そうしたら、甲板の一番上から人がドターンって落ちてきて、亡くなったんです。『あっ』と声を上げました。すぐに兵隊さんたちが来て、死体を運んで行きましたよ。私たちに書類の使役をさせていた兵隊さんが『あれはロシアのスパイで、あの人のために何人死んだか、何人泣いたかわからない。死んで当然だ』と言っていました。密告者だったんです。生きて帰りたい一心だったのかもしれないけれども、自分だけ助かろうとして人を踏みつけにしてはいけないよね」

軍服と黒パンの帰郷

七十数名の女性抑留者たちを乗せた栄豊丸はナホトカを出港し、一九四七年六月二八日、舞鶴港に到着した。

埠頭では、佳木斯で建設業を営んでいた赤星治の父親が大量のおにぎりを持って、娘たちの到着を待っていた。抑留者たちがナホトカから出した、赤十字のマーク入りのハガキが日本に届いていたのだ。菊水隊の中には佳木斯高女の同窓生たちが大勢いたが、「治さんのお父さんだ！」といっせいに駆け寄って、我先にとおにぎりを食べてしまい、娘の治は食べそこなった。

七月四日、手続きを終えた女性たちは故郷に帰った。山本スミは故郷の新潟に向かった。

「舞鶴でワンピースが支給されたんだけど、『いえ軍服でいいです』と言ってそのまま軍服姿で帰ってきたの。道ですれ違う人たちが、みんな本当に不思議そうに私を見ていましたね。女性は皆パーマをかけているし、もう戦時中とは全然違いましたよ。すごいのね、二年であんなに復興が進むなんて」

赤星治は、故郷の山形行きの復員列車に乗った。途中の上野駅や列車内では、学生のボランティアがお茶を配り、引揚者たちを案内するなど駆け回っていた。

「上野から山形まで寿司詰めで、八時間くらいかかったんでない？　学生さんが故郷に帰る人を案内してくれました。私たちを座らせて、学生さんたちは皆立っていました。暑い時期でしょう？　パッと目を覚ますと団扇で顔をあおいでくれていました」

赤星も、まるで自分が浦島太郎になったかのように感じた。

「駅に着いて道を歩くと、皆びっくりして振り返って見るんですよ。私、病気したから髪の毛が無くて、ポヨポヨした赤ちゃんみたいな毛だけだったの。だから、皆見るんですよね。ちょっとこう、白い目っていうか。本当は『ご苦労様』って言って欲しいのに」

実家に到着すると、かかとを合わせ、「ただいま帰りました」と挙手の礼をした。軍隊式の癖が抜けていなかったのだ。

祖父が出て来て「よく帰ってきた」と涙を拭いながら言った。孫のために風呂を沸かしてくれていた。

「ナホトカで最後に配給された黒パンをね、お腹が空いて食べたいのを我慢して持って帰ったの。日本の皆に見せたいと思って。近所の人が来た時に、『シベリアではこういうもの食べてたんだよ』と言って見せたら、皆ワーッて声上げて、『こんなもの食べてたの？』『まるで豚のエサじゃないの』とびっくりしていました」

近隣の人たちの言葉を聞きながら、赤星はやっと祖国に帰ったことを実感した。しかし、その後何年間も、抑留中の夢を見てうなされた。

赤十字の旗のもとに

帰国した女性たちの中でも、日赤看護婦たちには、特に気がかりなことがあった。自分たちを送り出した日本赤十字社の対応である。

戦時中、日赤は軍の要請に応じ、満州だけでも数十人に及ぶ看護婦を、軍の病院に派遣していた。終戦後、シベリアに抑留された班員たちのことを、日赤はどう思っているのか。

林正カツエの手記の中に、当時の複雑な心境が見え隠れする。

（舞鶴の引揚援護院に張り出された張り紙の中に）日赤岡山支部と言う文字を見付けて喜ぶ岡山班。広島班の私達は何度も何度も一枚宛《ずつ》張り紙を見て歩きました。手で押えて見て廻りました。私達の広島支部は焼けてなくなったのかも知れない。それにしても日赤本社から何の指示もないのはなぜだろう。私達は既にシベリアの土と化したものと思われているのだろうか。これを忘れられた者の悲哀と言うのだろうか。

（「第四六七救護班の記録」『鎮魂の譜　日本赤十字社広島県支部戦時救護班史』所収）

林正は、広島方面へ向かう看護婦たちとともに列車に乗った。しかし、広島駅で下車し日赤広島支部を目指したのは、林正と、市内に実家のある仲間の二人だけだった。他の広島班の班員たちは途中下車して自宅に帰った。

広島駅に降り立つと、原爆で街並みはすっかり姿を消し、二人は途方にくれた。目を凝らすと広島支部の建物が見え、二人はそこに向かって歩き始めた。途中、仲間の看護婦の実家のあたりに寄ると、そこには何もなく、ただ夏草だけが茂っていた。仲間の看護婦はしゃがみ込み、ひとしきり泣いた後、別の親戚を訪ねると言って、林正と別れた。

広島日赤病院に到着すると、若い看護婦たちが忙しそうに行き交っていた。その様子をしばらく眺めていた林正は、ふと我に返り、婦長と院長に挨拶したいと言付けた。

やがて出て来て下さいました竹内院長閣下に軍靴をカチッと合せて挙手の礼をし、「閣下只今帰りました」と帰国の申告をいたしました。(中略)私は肩の荷を下したことを感じながら、その儘病院を背にして駅に向いました。「只今帰りました」この言葉が言いたくて生きて来たのだと思いながら。芸備線のゴットンゴットンと鳴る汽車の一隅でぼんやりと、赤十字の従軍看護婦だからと言う思いが、いかなる時も絶えず意識の底に沈んでいて、しかもキラキラしていた赤十字の赤さを思うていました。一人相撲だったような……そんな思いでひどく力が抜けて、なんだか蒸し暑いなとあたりを見廻しますと、多くの人達は半袖シャツやブラウスの夏姿なのに気がつきました。私はシベリアに暮らしていたのと同じ冬の軍装だから、暑いのだなとぼんやり思いながら……。
（「第四六七救護班の記録」『鎮魂の譜　日本赤十字社広島県支部戦時救護班史』所収）

他の看護婦の同行もないのに、林正の足を日赤病院まで向かわせたのは、婦長としての責任感だったのだろうか。

シベリアから帰国した看護婦たちへの日赤の対応がどのようなものだったのか、当事者の声からは浮かび上がってこない。

今回の取材を進めていた時、佳木斯第一陸軍病院にいた元日赤看護婦のうち八名が健在だったが、みな固く口を閉ざした。唯一、取材に応じてくれたのが林正カツエだった。

取材の過程で、岡山支部出身の日赤看護婦を母に持つ、ある男性とやり取りする機会があった。その男性は、母親に取材に応じるよう、さまざまに働きかけてくれたが、結局、希望は叶わなかった。その時、男性は母親から初めて「帰国した日、誰も日赤の支部に立ち寄らなかった」と聞き、大変驚いたと語ってくれた。

彼女たちの真意を、本人たちの口から聞くことはできなかった。

私はシベリアに抑留された看護婦たちを取材した翌年（二〇一五年）、同じ日本赤十字社からビルマ戦線とフィリピン戦線に派遣された元看護婦たちの取材をした。救護班六〇個班以上、のべ一〇〇〇人以上に及ぶ元看護婦のうち、五〇人以上に取材することができたのだが、帰国後、自分たちを派遣した日赤支部に対する率直な思いを聞くことも多くあった。本社の男性幹部に、「敗けて帰って来て」と冷淡な言葉を投げつけられたり、死と紙一重の撤退から帰還し、疲弊し切った姿に、外地に行ったことのない看護婦から、まるで汚い物を見るようにあしらわれることもあったという。時期や程度は違っても、シベリアから戻った看護婦たちも似たような思いをしたのではないかと感じさせられた。

ここで、日赤看護婦に対する戦後補償についてもふれておきたい。終戦後、旧陸海軍軍人には恩給が支給されたが、軍属はその対象外とされた。陸軍病院でいえば、同じように軍務に従事した衛生兵と看護婦との間で、歴然とした差別が存在していたことになる。戦後二〇年以上経った頃、元看護婦たちの中から、高齢になり、生活に困窮する事例が報告されるようになった。元従軍看護婦の有志が立ち上がり、恩給の支給を求めて運動を始めた。一九七八（昭和五三）年、ようやく恩給法が改正され、一定の条件を満たせば日本赤十字社を通じて慰労給付金が支給されるようになったが、対象者は派遣された全看護婦の五パーセントにも満たなかった（陸軍看護婦の場合は、派遣された総数の記録が残っていないため、支給率は不明）。

シベリアに抑留された第四六七班の看護婦たちは、派遣期間が規定の一二年に達していないという理由で、補償の対象外となっている。そのせいもあるのか、元日赤看護婦の会の幹部たちの多くも、シベリアに送られた救護班があったことを知らなかった。

林正カツエの手記はこう結ばれている。

「死なないで帰って来たのだから、生きて還して頂いたのだから、生かされただけのことはしなければ、この思いがその後の生活の信条になりました」

ナホトカのジャンヌ・ダルク

女性たちの中には、社会主義のイデオロギーに強く共鳴した者も、少数だが存在した。シベリア抑留者の間で、「ナホトカのジャンヌ・ダルク」と呼ばれた女性がいたことは第一章でふれた。一九四七（昭和二二）年頃、ナホトカの収容所で、帰国を前に集まった抑留者を前にアジ演説をぶっていたという。

その女性、S子は、佳木斯第一陸軍病院の元陸軍看護婦だった。

佳木斯第一陸軍病院の菊水隊員だった福本恵美子が、帰国後に結婚した夫は、元抑留者だった。結婚後、シベリアのことに話が及んだ時のことだ。

「『日本新聞に女の人が載っているのを見たことがある』と、うちの主人が言ったの。話を聞いてみたらS子さんのことでね、『いや、その人、私と一緒にいたんだよ』と言ったら、そうだったのかと」

「日本新聞」とは、ソ連当局が日本人の思想工作のために発行した収容所の新聞である。日本の軍国主義を批判し、社会主義の理想を共有することを説く、日本新聞を中心に広がったシベリアの民主運動は日本人抑留者の間に深い亀裂をもたらした。そこに仲間の女性が載っていたという事実に、福本は複雑な心境だった。

S子は、一九四六年三月、ハバロフスク第一〇分所から、福本らとともにホール収容所に送られた六人の女性のうちの一人だった。ホール収容所で一年余りを過ごした後、一九四七年四月、ダモイのためナホトカに到着した。

その時、S子がソ連に残って共産主義の勉強をしたいと申し出たのを、他の収容所から合流した仲間の看護婦が覚えている。

S子がいつから共産主義に惹かれていったのか。かつて、ともにホール収容所にいた仲間たちは誰も知らない。

「同じ収容所にいても、あの人はあんまりみんなと話さなかったものね。いつも一人で別行動してね」

福本は振り返る。

S子の記事は、福本らが日本に帰国してから二か月後の六月二一日の日本新聞に、似顔絵とともに掲載されていた。

集結地民主グループ　S子

在ソ中の皆様に

敗戦以来一年有余、共産主義社会建設のために邁進するソ同盟に生活する私達は、自国の勤労者とアジア諸民族を圧迫し搾取した日本帝国主義者こそが私達日本人の敵であり、世界人類の敵であつたことをハッキリと知ることが出来たのでした。人民大衆の尊い血を流して長期に亙つて行われた侵略戦争の結果は、遂に祖国を惨憺たる廃墟と化してしまつたのです。

だが天皇を始めとする戦争犯罪人は、国民の悲惨な現在の実情を見て居り乍らも、未だに過去の甘い夢を追い、自分達の特権的地位を護持し、人民の搾取を続け反動陣営を固めているのです。私達の祖国をこのような売国奴的な政府に任せて置くということは私達の愛する祖国を米国の植民地となす事は火を見るより明らかな事です。皆様、いまこの祖国の危機を救い得るのは私達働く者のみです。今内地では全勤労者が廃墟の中に雄々しく起つて人民の権利を得るために闘つています。ソ同盟よりの復員兵士は皆、ソ同盟の生活中に得た知識と尊い肉体的労働に依り得た体験を生かし人民戦線の先頭に立つて勇敢に奮闘しているのです。

皆様、皆様の収容所に未だ反民主的な言語を吐いている者がいないでしょうか。もしそのような反動的分子が居りましたら大衆の討議にかけ、徹底的に追求追放せねばなりません。そして一日も早く収容所一丸となつて祖国の民主運動に参加出来るような体制を作らねばならないのです。私達がこのように比処において闘争することは、祖国にもり上る同胞の闘争に直結しているのです。

私達は日本を現在の運命より救い得るのは、我々働く者のみであるという階級的誇りをもつて、民主運動を拡大し強化して反動分子の徹底的追放を行わなければならないのです。

在ソ中に確乎たる信念を把握して、祖国の同胞の血の雄たけびに呼応しようではありませんか。

この新聞のコピーを福本に見せると、顔をこわばらせ首を左右に振りながら「こんな顔の人じゃなかった、S子さんはこんな人では……」と言いながら、檄文には目を通さず、そのコピーをテーブルの上に置いた。

S子はなぜ、共産主義に惹かれたのだろうか。前述の日本新聞の記事からは、戦争を憎み、侵略された国々の人々に共感する繊細な感性がうかがえる一方で、「反民主的な言語を吐いている」つまり自分たちと思想を異にする者は排除されるべきだと、強い言葉が連ねられていた。

S子は、帰国後に二編の手記を残している。そこに描かれた客観的な状況は、佳木斯の看護婦たちの語ったことと一致する。しかし、S子の受け止め方は少し違っていた。

捕虜……どんなあつかいをされるのか？　もうふたたび生きて帰れないのではないか？　と誰もが思っていたその不安は、船に乗ると同時に、きれいに取り去ることができました。りっぱな船室に捕虜とも思われない上等な食事、……しかもソ軍の将校は、おおぜいの兵隊中にわずかばかりの女性が立ちまじって送られてゆくことだから万一のことがあってはと、ソ軍の兵隊を入り口に立たせて、私たちの身を守ってくれたのです。

（「女性の目にうつったソ連」ソ連帰還者生活擁護同盟文化部編『われらソ連に生きて』所収）

このソ連帰還者生活擁護同盟は、「反ソ反共デマと徹底的に闘う」ことをテーゼとして掲げ、民主運動の活動家たちが結成した団体である。S子はナホトカで、帰国後にこの会の幹部となるアクチブの男性と知り合い、内縁関係となり、帰国後一子をもうけたとも伝えられている。その男性の思想にも影響されたのだろうか。

S子のその後の消息はよくわかっていない。ソ連帰還者生活擁護同盟に連なる運動の歴史には、その後、S子の名は登場しない。

ホール収容所にいた女性たちは、戦後、孫が生まれる齢《とし》になった頃、お互いに連絡を取り合い、一緒に旅行するなどして、再び旧交を温めるようになった。その頃、誰かがS子にも連絡を試みたらしい。しかしS子は女性たちの集まりに一度も顔を出すことはなかった。そのかたくなな態度は他の女性たちの気持ちを少し傷つけた。「私たち、何もS子さんに意地悪していないよね？」と、佐藤一子は仲間に尋ねたことがある。

S子が民主グループの一員となっていたことを、女性たちは知らなかった。たとえ知ったとしても、そのことにこだわるつもりもなかっただろう。しかしS子自身は、他の女性たちと打ち解けて交際することはついになかった。

S子の最後の消息として伝えられているのは、一九九一（平成三）年、福本恵美子の手記が掲載された文集が発刊された時のことだ。その時、福本のもとに、S子から電話がかかってきたという。「本、読んだよ。泣いたよ……」と、S子は福本に感慨深げに語り掛けたという。

S子が住んでいるという町の名を聞き、私が話を聞くことはできないだろうかと福本に相談すると、福本は「そっとしておいてあげて」というように、黙ったまま微笑んだ。

ナホトカでの残留

S子と一緒に、ナホトカの収容所にいた元看護婦の話を聞くことができた。佳木斯第一陸軍病院の陸軍看護婦だった、平田ともゑである。

ロシア国立軍事公文書館に所蔵されている平田の登録簿によれば、平田は一九四七年七月、一年二か月あまり抑留されたザヴィターヤ（現・ザヴィチンスク）の第二〇一七特別病院から、ナホトカ港に到着した。その時、平田は二〇人の仲間を率いて看護婦長をしていた。ナホトカに到着すると、日本人幹部から、「看護婦が必要だから、誰か一人残ってもらえないか」と相談を受け、承諾したのである。

ナホトカには、他に三人の女性がいた。いずれも共産主義を信奉し、自ら、民主グループの一員として活動することを申し出た女性たちだった。その一人がS子だった。しかし平田自身は、ソ連に思想的な思い入れがあったわけではない。

「まあ、しゃあないなと思って。他の誰かに『残れ』とも言えませんものね。実は好きな人もおったから、もしかしたら会えるかも、と思ったりして。相手？　佳木斯の病院で一緒に勤務していた衛生兵さんですけどね。私のことを『ともよ、ともよ』言うて、良くしてくれたんですよ。その人が日本に帰る時に会えるかなと思ってたけど、私より先に帰っていたみたいで、会えなかったんですけどね」

関西人らしい早口で言いながら、平田は肩をすくめてはにかんだ。

「今思えば、そういう恋心もあったんやね。私らの青春は戦争、戦争ばっかりやったけど……。その頃は、二〇歳か二一歳くらいやったんやものね」

民主同盟に属していたS子たちとは異なり、平田は看護婦としての役割に徹し、ソ連での生活を楽しんでいたようだ。

「彼女たちは自分たちの仕事で忙しいし、私は医務室の方に行っていましたからね。ソ連のドクターがおって、看護婦は血圧測ったり注射したりだけやから、そんなにしんどくはなかったですけれどもね。

ソ連人たちは『カマンジール（指揮官の意）、カマンジール』と言って何でも聞いてきてね、良くしてくれましたよ。ソ連の人は性格があっさりしててね、日本人みたいにクヨクヨしないんですよ。日本人はすぐクヨクヨして、いらんこと言って悩んだり怒ったりするけど、向こうは本当にあっさりしてますからね、付き合いやすいんですよ。

よく映画を観に連れて行ってくれましたよ。『今日は釣りに行って、刺身を食べさせてあげようか』と誘ってくれたり。河で魚を釣って、その場でさばいて食べさせてくれるの。ナホトカの辺りは水がきれいですからね、赤痢なんてかからないんです。ダンスもそこで覚えたんです、タップダンスみたいなのをね。一昼夜勤務であと三日は休みやから、部屋におってもしゃあないし、他の三人は仕事で忙しいし、『出かけようか』って誘われたら『行くわぁ』言うてね。

帰国してから、ソ連でダンスや映画に行ったり、釣りに行って刺身食べたなんて言っても、誰もほんとにしませんわね。そんなんしてんの私だけちゃうか、と思っていましたけどね」

一九四八（昭和二三）年六月、ナホトカの四人の女性は帰国した。

その頃日本では、シベリアから帰国した抑留者たちの、硬直した変貌ぶりが注目を集めていた。多くの者が、帰国を「天皇島への敵前上陸」と呼び、出迎える家族の手を振り切るようにして東京代々木の共産党本部に向かい、入党を申請した。その行動ぶりは、シベリアでの思想工作の苛烈さを物語っていた。一方、「反動分子」とされた人々や、民主運動に否応なく巻き込まれた人々は、民主運動を牽引したアクチブへの批判を強めていた。

そうした中、ナホトカから帰国した四人の女性たちには、民主グループの一員として、好奇心と憎悪が混じったまなざしが向けられた。

平田は言う。

「初めは『アカ、アカ』ってよう言われましたね。ナホトカで一、二回、『しゃべってくれ』と言われて壇上でしゃべったことがあるんですよ。その時は、ソ連のことを悪くは言えませんよね。だからまあ、お世話になったというような話をせなあかんでしょう? だから帰国してから、その場に居合わせた人から『平田さん、ナホトカで皆の前で何か話してたん違う?』と言われたことがあって。『一、二回あります』って言ったら、『やっぱりそうか』という顔をする人もいましたからね。

引き揚げた時に、新聞に書かれたんですよ。『黙ったままだった』とか、アカに染まって帰ってきたようにね。その時はやっぱり腹が立ちましたよ。『こんなこと書いて』と思って。

あの頃は、シベリアからの引揚者っていうと、みんな嫌がるものね。看護婦の資格があっても就職するのに苦労しましたよ。『アカは雇わない』ということでね」

この時、平田とともに帰国した三人の中に、佳木斯高等女学校出身の菊水隊員だった

Y子がいた。

その一年前に帰国していた山本スミは、同じ新潟出身のY子が帰国したと聞き、訪ねていった。自分と同じように、抑留者の看護をしながら一年も長く苦労したのだろうと労《ねぎら》うつもりだったのだが、Y子と会って驚いた。

「もう、目の色が変わっていましたものね。もう会いには来られないな、と思いました」

Y子はその後東京に居を移し、ソ連大使館に勤務していたという。

今回、Y子にも取材の申し込みをした。電話をかけると、体調が優れないから、という理由で断られた。突然に連絡した非礼を詫びると、少しだけ声をやわらげ、「実はね」と打ち明けるように切り出した。「シベリアのことはあんまり思い出したくないんだ」

S子、そしてY子の沈黙は、他の女性たちの沈黙とはまた異質なものである。なぜ彼女たちは共産主義に惹かれ、そして今、そのことをどう振り返っているのだろうか。

占領軍による調査

様々な複雑な思いを抱えて帰国した女性たちに対し、祖国の置かれた状況は厳しいものだった。

連合軍による占領の下、全国の各都道府県に置かれたＣＩＣ（対敵防諜部隊）および日本の公安の監視の目が、ソ連抑留者に絶えず注がれていた。

一九四六（昭和二一）年一二月の引揚船第一便で帰国した小橋経子は言う。

「最初帰ってきた頃はね、アカにかぶれとりゃせんかとか、共産党のあれじゃねえかいうて、公安か何かが、よう家の周りをうろうろしていたんですよ。自分では知らんのじゃけど、近所の人がよう言いよりましたわ。危ないから夜は外を歩いたらいけん、日が暮れたらもう家の中におらんといけんいうてね」

埼玉県秩父に帰った原島スエは、望月幸恵と二人で呼び出しを受けた。

「秩父のシュクリュウカンとかいう旅館の一室だったと思うんですよね、呼び出されて。あれは二世かな、日本語の通訳がちゃんとついてね。アメリカの兵隊がいろいろ質問してくるの。どんな暮らしをしていたかとか、暴行を受けたか、受けなかったか、とかね。いろいろ情報が欲しかったんだと思うけどね。でも私は大して喋りませんでした。あまり差しさわりのないことだけ答えて」

福本恵美子は、呼び出しを受けて北海道から上京した。

「四月に帰って来て、六月に葉書が来たので市ヶ谷に一人で行ったの。当時は着る物も履く物も何もなく、靴はおじさんから男物の靴を借りて、ズボンもなくて何か毛布みたいのをはいてね、もう哀れな格好で行ったわけ。上野に行っても泊まるところがないでしょ。上野駅の人に『今晩、駅に泊めてほしい』と頼んだら、いいですよ、と言われて。駅にはいっぱい浮浪者がいるんですよ。その間にちょっと座らせてくださいと言って、泊まりました。

翌朝、市ヶ谷に行って調べられたんだけど、大きな机に地図を広げて、この辺りにどういう建物があったのか、とか聞かれるんです。でも私、収容所の外へ行ってないから、何もわからないんですよ。そうしたら次は、『ソ連の軍服の襟章はどんな色か』と。赤は何、青は何とかね。でも私、ソ連の兵隊にもあんまり出会ってないし、そんな襟章なんてよく見てないからわかりませんと言って、すぐに帰ってきました」

こうした占領軍の動きは、ソ連から帰国した人々に心理的な圧迫を与え、周囲からの偏見も助長することになった。ただでさえ、満州から帰国した女性は〝特殊な〟経験をしているだろうと、誰もが疑いの目で見る時代だった。

山本スミは、帰国の翌年、同じ収容所から復員した男性と結婚し、故郷の新潟から東京へ移ることになった。

「うちの母がね、シベリアに行って来たと言ったら何か〝悪いこと〟されたと思われるから、必ず村の人の口に上る、だから遠くへ行った方がいいと言うの。でも、遠くへ行くったってね。

悪いことというのはつまり、女の人はみんな犯されたんじゃないかとかね。でも、そういうことは一度も無かったのよ。本当に、私たちは助かったのね。敗戦で引き揚げて来る時には、ソ連人に悪いことをされた人もいっぱいいたと思うんだけど」

満州に散った家族

口を閉ざす女性たちが多くいる一方、中には、「シベリア抑留は、大した苦労ではなかった」と語る人も多くいた。

自分たちは帰国できたものの、満州にいたはずの家族が帰って来なかった女性たちである。

小橋経子は、一九三九年、一〇歳の時に家族で渡満した。当時父は倉敷で菓子屋を経営していたが、岡山・兵庫・鳥取県出身者で構成された開拓団に加わることを決めたからだ。入植先は佳木斯に近い七虎力の開拓村だった。小橋の父は開拓団本部で戸籍係の仕事をし、姉は新京に出て病院の事務の仕事をした。やがて開拓団に佳木斯陸軍病院から見習い看護婦の募集があり、父が本部に勤めている関係もあり、小学校を出たばかりの経子は応募したのである。

シベリアから帰国すると、先に引き揚げた姉だけが、父の実家にいた。両親と三人の弟妹は消息不明のまま、帰っていなかった。

渡満する前に住んでいた家は既に他人の手に渡っており、住むところがない。小橋も初めは親戚の家に身を寄せたが、いつまでもいるわけにはいかず、住み込みの仕事を見つけた。

「それから何年してからだったか、ちょっと世間が落ち着いた頃に、開拓団から帰った人たちが集まったんですよ。駅前の旅館の二階でしたね。その時にいろいろと話が出てね。ソ連が入ってきて避難ということになった時に、みんな大八車を引いてバラバラに村から出たらしいんですよ。上からはソ連の爆弾が落ちてくる、下では満人が暴動するで、もう無茶苦茶だったらしいですよ。それを聞いた時、うちの家族はもうダメじゃなと思いました」

七虎力開拓団にいた六二〇名あまりの団員のうち、四〇〇名以上が避難の途上で命を落としたと言われている。

「『集団自決』という言葉だけは聞いたんです。だけど、それを見届けた人はいないんですわ。日本人は、鉄砲やら猟銃やらみんな持っていましたからね。うちの父親もそうだけど、武装移民ですから。それに日本人でも、中国人を大事にしていた人ばっかしじゃないでしょう？　向こうも虐《いじ》められたら、当然仕返しに来るでしょう。私も現場を見てないから正確にはわかりませんけども。

そういう話を聞きよったら、私たちよりも満州から引き揚げた人たちの方がよほど大変な目に遭ってますわ。私ら、シベリアに抑留されたなんて言うても、軍隊と一緒だったからね。苦労のうちに入らんですわ」

小橋は戦後、心の中で常に、終戦後に家族に起こった出来事をどう受けとめればいいのか、葛藤する思いがあった。

「私らが満州に行くちょっと前までは、匪賊《ひぞく》いうのが出おったんですわ。夜中に出たり襲撃に来たりしよったらしいですよ。私らはそういう目に遭うたことないけどね。結局、国とか軍が、中国人の土地を取り上げたのか安く買ったのか、それを皆に分けているのが開拓団じゃからね。だからああいう反乱になってしまったら、もうだめですわ」

七虎力開拓団があった場所は、満州国建国当初から、現地住民による「反満抗日」の動きが盛んなところとして知られていた。一九三九年三月、七虎力をたびたび襲撃していた謝文東が関東軍に帰順し、匪賊の出没は減った。しかし中国の側から見れば、豊かな土地に恵まれたこの一帯に、突如現れた関東軍が強制的に土地を買い取り、地元農民が自衛のために持っていた武器を没収した事実は厳然として残った。

「帰ってきた時分は、ずいぶん悩みましたけどね。今はもう齢をとって、半分忘れかけとるからいいようなものですよ。帰国したばかりの頃は『昔のことはなるべく忘れた方がいい』と思っていました」

取材中にお茶とケーキを運んできてくれた娘さんが、隣に正座して言った。

「母がこんなふうに、満州とかシベリアの話をしてくれるようになったのは、ほんのこの一〇年ぐらいなんです。その前は『満州』という言葉も言ってはいけないような感じがありました」

なぜ父は満州に渡ろうと思ったのか、その理由は今もわからない。

「うちの母親の里に、昔、単身でアメリカへ移民に行って、成功して大学教授か何かになられた人もおるんですけどね。そういうこともあって、うちの父親も影響を受けたのかわかりませんが、アメリカと満州では全然違いますでしょう。何で満州に行く気になったのか。父は次男だったし、砂糖の統制で菓子屋の商売ができんと思って行ったのか。うちら子どもだったから、全然そういう話はわからんでしょう。親が行くから一緒について行っただけで。子ども心にはそれほど貧乏じゃとも思ってなかったし。日本へ帰ってきたのは私と姉の二人だけです。その姉ももう死にました。家族の五〇回忌の時はまだ姉も生きとったからね、一応お墓も作って法事をしました。遺骨も何も無いから、それこそ本当に紙切れみたいな、満州にいた時からの知り合いが帰国する時に何か持ち帰ったものをお墓に入れとるだけです。……でも、まあね、お墓を作ってあげただけでも、ええと思わないけませんわ。本当に。それすらも、ようできん人もおるんですから」

戦友会

シベリアの体験を今も語ることができない女性たちは、何を思っているのだろうか。私はこの疑問を、話を聞くことができた女性たちに尋ねてみた。誰もはっきりと言葉にして説明することはできなかったが、元陸軍看護婦の原島スエは、じっと考えた末、逆説的に、戦友会の存在について語り始めた。

「しばらく経ってから、本山さん（本山新一、佳木斯第一陸軍病院の元下士官）たちが戦友会を作ってくれたでしょう。この会がなかったら全然違うでしょうね。あれがあったから、辛い思い出が楽しい思い出に変わったんだよね。こういう会をやってくれた人たちは、みんなのために、ものすごくいいことをしてくれた。だから、戦友会に一度も来られなかった人は可哀想だと思ってね。辛い思い出が、辛い思い出のままだものね」

確かに、取材に応じてくれた女性たちは、この戦友会に積極的に参加していた人たちが多かった。

原島スエは続けた。

「私なんかも、毎年戦友会に参加するのが何よりも楽しみだったもの。戦友は全国いろんなところにいるからね。七九一部隊は岡山編成だから、軍医さんは岡山とか姫路の人が多くて、衛生兵さんは召集で新潟とか秋田とかね。だから毎年一回、全国のいろんなところを順番に回って戦友会を開いてくれた。いろんなところに旅行にも行ったし、この会に入ったおかげで、みんなと話し合えて、楽しい思い出がいっぱいできました。

前に本山さんの奥さんが『この会って、夕食後も、二時まででも三時まででも話し込んじゃって、毎年毎年、同じことをよく続けてるわね』と言っていましたね。皆にとって、どんなにこの戦友会が楽しみで、生活の力になることか」

平田ともゑも同意する。

「戦友会へ行き出してからが楽しかったんですよね。本当に、毎年楽しみでしたから。兵隊さんの奥さん方が、『もう嬉しそうな顔をして帰ってくんねん、私には喋ってくれへんのに』って言うてましたから。戦友会に出るとお互いに『主人よりええわ』『奥さんよりええわ』と言うて笑ってましたからね。もう本当に、一つの釜の飯食べたというかね、皆同じ苦労している仲間だから、何も言わなくても通じますからね」

ソ連兵にさらわれた妹

佳木斯第一陸軍病院の戦友会、通称「佳院会《かいんかい》」に参加する、一人の親族がいた。妹が菊水隊員の一員だった、上田淑江である。妹は、方正で一人だけソ連兵にさらわれたまま消息がわからなくなった、あの上田房江だった。

淑江が佳院会に参加するようになったきっかけは、戦後三四年目の年、「佳木斯を語る」と題したある会合で、佳木斯第一陸軍病院の元衛生兵、川上恵右が、戦後長く中共軍に留用されていた医師に出会ったことだった。その話によれば、終戦後、方正で出会ったある女性が「自分が着ている上着に『上田』と書かれているので、私はかつて『上田』という名前だったのだろうか。しかし私は記憶を喪失していて、昔のことが何もわからない」と語ったという。

川上からその情報を伝えられた元兵士たちは色めき立った。看護婦たちの中で、ただ一人ソ連兵にさらわれたまま行方不明となっていた上田房江のことは、衛生兵たちにとっても忘れることのできない記憶だったのである。

元菊水隊の教育隊長だった澤井季男が、房江の家族に連絡を取った。終戦前から上田家と親しく交際していた澤井にとって、戦後、家族を訪問しなければと思いながら余りにも気が重く、戦後三四年が経ってようやく、意を決しての訪問だったという。澤井と姉の淑江、さらに佳木斯高女で房江の同級生だった山本スミと川上の四人が、長野在住の元医師を訪ねた。そして中国吉林省、延辺朝鮮族自治州の延吉に住むその女性に連絡を取ることが決まった。

一連の経緯が会報で報じられると、会員たちから励ましの声が寄せられた。

私は上田房江さんを存じませんが、きれいな目をしっかりと見開いた御写真の表情は、必ず生存しておられることのあかしのように思われてなりません。とてもとても御家族にお手紙は書けませんが、御家族の皆様、お骨折りの沢井さんのご健康を心よりお祈り申し上げております。

（久米川キヨ子の手紙『佳院会会報第三号』一九八〇年七月）

戦後、妹の消息を必死に探してきた上田淑江にとっても、厚生省からはすでに死亡とされた妹が残留婦人となって生きているかもしれないという知らせに、半信半疑の思いだった。

「連れて行かれたと言っても、本当に殺されたのか。連れて行かれても、まだ生きておられる方もいらっしゃるし、はっきりしたことはわかりませんものね。この時はまだ母が健在でしたから、『どんなに変わり果てても、房江を日本に連れて帰らなきゃいけない。延辺に行って来なさい』と私に言いましてね。私も怖かったですよ、まだ中国の世の中が安定してない頃でしたから」

延吉を訪ねることになった上田淑江に、元陸軍看護婦の三橋千代子が同行を申し出た。

「旅行の費用は援助できないけどと言ったら、『大丈夫、私にも責任があるから連れて行って』って。一緒にいたというだけで『私にも責任があるから』とおっしゃってくださったのは、本当にありがたいですよね」

一九八二年七月、二人は延吉を訪ねた。しかし、やっと出会えた女性は、妹ではなかった。この訪問に大きな期待を寄せていた姉妹の母は、めっきりと老け込み、半年後に亡くなった。

その一三年後、妹の消息は意外な形で淑江のもとに届けられた。戦後五〇年目の年だった。

淑江ともう一人の姉は、終戦前、佳木斯警察庁分室に勤務していた。房江も女学校卒業後、試験を受けて姉たちと同じ職場に合格し、陸軍病院から召集が来るまでの短期間、佳木斯警察庁分室で働いていた。

ここに勤務していた警察官は、身分を隠した特務機関の軍人だった。そのうちの一人、宮田という人物と、淑江は帰国後も交際を続けていた。淑江は、宮田が妹の最期について何か知っているのではと、問い続けてきた。

「『今さらもう、何があっても驚かないから、どんな状態で亡くなったのか、ぜひ教えてほしい』と、年賀状を出すたびに書いていたんですけど、なかなか教えてくれなくて。最後に、宮田さんからお正月に電話がかかってきたんですよ。ビックリしましてね。『具合が悪かったんでね、一応話しておこうと思って』ということでした。

宮田さんは見ていないのですが、東さんという方が、房江の殺された遺体を見たらしいんですね。東さんが日本に帰って宮田さんに話したようです。もう、その姿が、とても親兄弟には話せないということで、『今まで黙っていて申し訳なかった』と言ってね。それから間もなく、宮田さんは亡くなりました」

二人の特務機関員は、終戦前、上田の家にも遊びに来るほど親しい間柄だった。房江のことも、「フーちゃん」と呼んで可愛がっていた。だから、遺体を見間違えることはない。

こんな身近な人から聞くことになるなんて。もっと早く教えてくれたら良かったのに、と淑江の中に宮田を責めたくなる気持ちが湧いた。しかし親しかった娘の変わり果てた姿を、家族にはとうてい伝えられないと思う気持ちも理解できる。長く秘めてきた思いに、宮田自身もずいぶん苦しんだことだろう。

今も、淑江の中で葛藤は続いている。

「妹から、電話がかかってきたんです。ソ連が満州に来た時に、『部隊と一緒に行動するべきか、家に帰った方がいいか』って。あの時に、私が引き止めてね、軍隊の方にやらなければ良かったと思ってね。母たちが留守だったものですから、私が房江と弟たちを連れて逃げるより、軍隊に預けた方が無難だと思って、『みなさんと一緒に行った方がいい』と言ったんですよね。でも、家に帰ってきて私たちと一緒に行動した方がよかったんですよね……」

妹の死にこだわり続ける淑江に、佳院会で交流する元看護婦から、「お姉さん、何年経ったと思っているの。前を向かないと」「死んだ子の齢を数えちゃいけない」などと言われたこともある。

しかし淑江にとっては、自分が妹の最期を訴え続けなければ、妹への慰霊をなおざりにしているような気がしてならない。

「ですから、どうしても房江のことだけはね、声を大にしてみなさんに知って頂きたいと思っているんです」

お遍路さん

菊水隊の班長だった林正カツエにとっても、さらわれた上田房江のことはずっと心残りだった。

客観的に見れば、終戦直後、方正で部隊長から、看護婦だけの現地解散を命じられた時、林正が「部隊と一緒に行動させてほしい」と意見具申しなければ、ほぼ全員が生きて帰国することは不可能だっただろう。たとえシベリアに抑留されたとしても。

「自分でもそう思うんです。みんな青酸カリを持って、死ぬ覚悟をしていたのですから。

あれだけの人数がいて、自分の班の中でたった一人の犠牲者だ、とも言えるんでしょうけれども、一人だけ亡くなった……それが情けなくて」

佳院会の会報に、妹の最期を確認できたという上田淑江の文章が載った頃、林正は知人から四国遍路に誘われた。

もう八〇歳を過ぎていたが、二つ返事で同行を決めた。

林正の娘の紀代は言う。

「私たちの小さい頃から、母は上田さんのことを祈りたいとずっと思っていたようです。一人でお遍路さんに行きたいと、ずっと言っていました」

林正が四国を訪れた時、桜が満開だった。林正は、この時の情景を詠んだ。

散る花を豊かに浴びて遍路道

「自分のために行ったようなものですね。あのさらわれた女性のことや、いろいろ拝むことがいっぱいあったんです。ほんとにね、たくさん……。お遍路さんに行ったら気分が収まるような、何か答えてもらいたいことに答えてもらえるような、そんな気がして行ったんですよ」

何も語らなかった姉

女性たちの抑留は、当の本人だけでなく、家族の心にも影を落とし続けてきた。姉がシベリアに抑留されたという男性に話を聞いた。

一四歳の時、満州佳木斯で終戦を迎えた、酒井旭。姉のミネは、シベリアに抑留された。しかし、姉は六年前に亡くなるまで、シベリアの話をしたことは一度もなかった。

酒井は、両親と姉の四人で佳木斯に住んでいた。終戦後、佳木斯第一陸軍病院の菊水隊員だった姉は、部隊と行動をともにするため家族と別れた。父は新京の難民収容所で亡くなり、酒井は母と二人で帰国した。日本で家族を待ってくれているはずだった兄はいなかった。兄は京都大学工学部を卒業後、陸軍技術将校として福岡県大刀洗の特別攻撃隊基地に勤務していたが、八月二〇日頃、十数人の仲間とともに自決していたのである。

親子は郷里の山形に戻り、爪に火をともすような生活が始まった。

一九四七年春、消息不明の姉から葉書が届いた。ナホトカから「これから帰国する」と知らせる便りだった。

「シベリアに抑留されていたんだ!」

酒井は、兵士とともに看護婦もシベリアに抑留されていたという事実に驚いた。同時に、何のために女性が抑留されたのだろうという疑念が、深い不安とともに湧き上がった。

「ハルビンの町に移動した後、毎日のようにソ連軍の兵隊が民家に押し入ってきて略奪暴行していました。二か月間ほどでしょうか、本当に生きた心地がしないほど、ソ連軍のひどい略奪、女性に対する暴行を目の当たりにしていたものですから、姉がシベリアの収容所で、同じような目に遭っていたとしたら、家族として許せないという……。しかも、それを姉の口から確かめるわけにはいかないわけですから」

帰国船が到着する日、酒井は姉を迎えに舞鶴に行った。

「舞鶴で会った時には、体も弱ってなくて、比較的しっかりした状態だったと思います。姉の方から私に『お母さんはどうした？』とか『お父さんは？』というような質問を矢継ぎ早にしてきましてね。それで説明をしました。姉は黙ってうなずいていました。姉なりに、二年間の空白を埋めようとしていたんだと思います」

ミネはその後、地元の銀行に就職し、一家の大黒柱として一生懸命に働いた。姉の収入を得て、酒井は東京の大学に進学した。

姉は四〇を過ぎてから結婚し、嫁ぎ先で、ようやく穏やかな笑顔が見られるようになった。しかし、シベリアで何があったのか。自ら語ることは一度もなかった。

「今回もし、まだ存命でいたとしても、私がこういう取材を受けて、姉のことを紹介したかというと、おそらくできなかったんじゃないかと思います。姉の気持ちを分かっていますから……。

シベリア抑留というようなことは、何もソビエトだけではない。戦争をした国すべて、人道に恥じないことをやってきたと胸を張って言える国など一つもないと思うのですね。ソ連の責任を問うというよりは、戦争そのものがあらゆる罪を犯す、悲劇を巻き起こすものだ、ということですよね。今も懲りずに、また同じような道をこれから歩もうとしているような人たちに対して、本当にあった事実を伝えるのは非常に大切なことだと思います。しかし、こういう大きな苦しみを経験した人ほど、黙ったまま消え去っていくのではないでしょうか」

酒井は姉の死後、知人に紹介されてシベリアに抑留された日赤看護婦について書かれた本を読んだ。そこには、看護婦たちはシベリアで抑留者の看護にあたっていたと書かれており、安堵した。しかし、終戦後の満州で女性たちに降りかかったような悲劇が、本当にシベリアではなかったのだろうか。今もその疑念は消えない。

「私の方からも質問していいですか？」酒井は思いつめたような口調で私に質問した。

「実際にシベリアに行ってこられた看護婦さんたちからもお話が聞けたのですよね？　その人たちは、本当に、それほど〝酷い目〟には遭ってなかったんでしょうか……」

残留婦人との交流

女性の身でソ連に抑留され随分と苦難の道であったと思っていた私の脳天を一撃したのは、いまなお望郷の思いを胸に年老いた日本婦人たちが、松花江のほとりにたくさん残留している事実を知ったからでした。

（新庄光子「ソ連・中共での抑留生活を経て〝終わらない戦後〟昭和を生きて」

『佳木斯高等女学校開校五十周年記念号』所収）

この文章を書いたのは、赤星治の親友だった、「みっちゃん」こと山本光子。佳木斯第一陸軍病院の看護婦たちが、満州の方正でソ連兵の乗るジープから逃げまどう中、赤星と二人で最後尾にいて歩けなくなり、護身薬を摑んで「これを飲もう」と赤星に訴えた、あのみっちゃんである（結婚後、新庄という姓になったが、ここでは山本とする）。

その約一年半後、山本はシベリアからの第一便で故郷の山口県に帰郷し、婦人警察官となった。

山本が、戦後四〇年以上も日本に帰国できず、中国で暮らしている「中国残留婦人」と呼ばれる女性たちの存在を初めて知ったのは、一九八七年に放送されたテレビドキュメンタリー「いま松花江に生きる～中国残留婦人～」を見たことがきっかけだった。

「国策で開拓団へ花嫁として満洲に渡り、敗戦と共に見棄てられてしまった人々…、こんなことが許されてよいものだろうかと腹わたが煮えたぎる思いでした」

同窓会誌に寄せた手紙で、山本は訴えている。

その後、番組を制作した山口放送の磯野恭子ディレクターと出会い、磯野の誘いを受け、翌年八月二〇日から一二日間、山口県在住の女性八人とともに山口放送の取材旅行に同行した。

一行が出会った残留婦人は、チチハルで一九人、ハルビンで四人、方正で五一人、中和鎮で五人、延寿県で二人、一面坡で一人、佳木斯で三人、計八五人。女性たちは、山本がかつて菊水隊員として通った北満の各地域に住んでいた。

それぞれが語る物語は、山本にとって、どれが自分がそうなったとしてもおかしくない、紙一重の運命とでもいうべき体験ばかりだった。息が詰まるような思いで、山本はそれぞれの女性たちの体験談に耳を傾けた。

私が死んだら骨灰はこの地に埋めないで松花江に流してほしい、黒龍江に流れ、やがて日本海に注がれる、そうしたら私はやっと日本に帰れるでしょう

（「中国残留婦人交流の会十年のあゆみ」より）

山本たち一行は、北京のホテルの一室で話し合った。ただ、可哀そうだという思いだけ抱いて帰国するのではいけない。彼女たちの悲鳴の代弁者になろう、そして多くの仲間を作り、国を動かそう。

帰国後の一九八八年一二月、「中国残留婦人交流の会」が山口で設立された。

その頃、中国で改革開放政策が始まり、残留孤児の肉親捜しや一時帰国が脚光を浴び始めていた。しかし、日本政府は終戦当時一三歳以上になっていた女性たちを「自らの

意思で残留した」とみなし、残留孤児と異なり、国からの支援を行わなかった。

さらに悲しいことに、多くの女性たちが、一時帰国に際して必要となる、家族からの受け入れの同意を得られなかった。残留婦人の女性たちは、祖国から二重、三重に捨てられたのである。

山本たちは少しでも故郷の温かさを感じさせたいと思い、「お帰りなさい」と歓迎の幕を掲げ、一時帰国した女性たちを明るくもてなした。一方で、仲間たちと定期的に現代史を学び、中国を訪れる度に、平頂山事件の記念施設や七三一部隊の罪証陳列館などを見学した。

会の活動は山口から全国に広がり、国の責任において残留婦人の一時帰国を進めてほしいという署名活動には一五万人が賛同した。

戦後五〇年を迎えた一九九五年、山本は、来日した六名の残留婦人とともに厚生大臣に陳情を行った。佳木斯高女の同窓会誌に「八月二九日、来年度予算として二一〇〇万円を計上するに至りました。まだ終わっていない戦後処理を、一日も早く解決してもらえるよう、只今、総理大臣、衆参両院議長に請願のため署名活動の展開中です」と報告している。

山本光子は、その陳情の後、間もなく亡くなった。中国残留婦人交流の会は、今も山口で活動を続けている。

懐かしいロシア

三好幸秀は、妻の母がシベリアに抑留された経験を持つ。二〇〇九年に逝去した義母・上妻アキ子は、間島特務機関の軍属（タイピスト）だったが、終戦後、約三〇人の仲間とともにシベリアに送られ、各地の収容所を転々とした後、中央アジアのカラガンダを経て一九五〇年一月に帰国した。クリドール収容所では、佳木斯の看護婦六人とともに看護の仕事にも従事している。復員後間もなく、アキ子の話を聞いた従弟によれば、アキ子と仲間たちは三度にわたって自殺を試みたが死ねなかったという。

三好の印象に強く残っているのは、晩年、テレビでシベリア鉄道の映像を見て、「ああ、ここも行った、ここにも行った」と懐かしそうにしていた義母の姿だ。さらに、娘を亡くし気落ちしている義母を何とか元気づけたいと、ロシアから来日した楽団のコンサートに連れて行ったところ、アキ子は楽団員に近寄り、ロシア語で「良かったよ、ありがとう」と嬉しそうに挨拶していたという。

自殺未遂するほどの絶望を味わったシベリアは、五〇年以上の歳月を経て、どのような景色に変わったのだろう。

私たちで最後に…

一九四七年六月、一年八か月の抑留生活を終えて帰国した齊藤（旧姓赤星）治は、帰国後、結婚し、四人の子どもに恵まれた。二〇一四年のインタビュー取材の際、長女の横田明子と末っ子の五十嵐愛子が立ち会ってくれた。

「シベリアから帰って来てから、私、四、五年うなされた」

治が言うと、「四、五年どころじゃないよ」と間髪入れず愛子が遮った。

「一〇年ぐらいうなされてたよ。私、いちばん小さかったからずっと母と一緒に寝てたんですけど……。聞いちゃいけないんだな、と思って。絶対聞かなかったものね、シベリアのこと。だけど、たまにポロッという話が怖くて」

娘の言葉に、治が応じた。

「ソ連兵が機関銃《マンドリン》持って追いかけてきて。最近はぜんぜん夢も見なくなったけど、あの時は、本当、恐ろしかった……」

治は、一日目のインタビューを終えると、私たちに「明日、何食べたい？」と聞き、翌日、山形名物の冷やしラーメンを作ってくれた。「孫たちが『たーちゃん（おばあちゃん）のラーメン食べたい』って言ってときどき帰ってくるから」と笑いながら台所に立つ治の姿は、平和そのものだった。

「今でも、ニュースなんかで戦争や難民の映像が流れると、本当にかわいそうで、苦しくてね。中立条約、なんていうけど、攻めて来たらあっという間だよ。だから最近ちょっとキナ臭いから怖いなと思って。いろんな議論はあるけれども、ある程度、武装も必要だと思うし……。みなさんはどう思いますか？」

治は微笑みながら質問した。私は答えることができなかった。

「でもね、この頃思うんだけど。シベリアで、普通の人ができなかった経験をして。帰って来てからは幸せに暮らして、幸せと、どん底と、両方味わうことができて、人間としては幸せだったなあ、と思ってます、今は。なんにも知らないお嬢様のまま死ぬよりも、いろいろな経験をして、人生体験が豊富でしょ？　幸せだなと思っています。私たちがいい経験をさせてもらったから、もうたくさんじゃないですか？　戦争は」

第八章　帰らざるアーニャ

「私は日本にかへることができません
おねがいですから（略）ロシヤの（せき）を
もらうようにして下さい」
（村上秋子が収容所長に宛てた手紙より）

ロシア国立軍事公文書館
に保管された村上秋子の
ファイルより
(© NHK ／テムジン)

最後の引揚船

一九五六（昭和三一）年一二月一二日、日ソ共同宣言が発効し、日本とソ連の国交が回復した。

同じ年の一二月二六日、シベリアに抑留されていた人々を乗せた最後の引揚船興安丸がナホトカ港を出航した。乗船者は一〇二五人。その多くがソ連で裁判を受けた元関東軍の軍人など、長期抑留者だった。

舞鶴港に入港した興安丸の姿をとらえた当時のニュース映像が残っている。雪の舞う埠頭には、一〇年以上、夫や父、息子の帰りを待ち続けた家族が喜びを隠せない様子でひしめき合い、帰国者の名前が墨で大きく書かれたのぼりが風を受けてはためいている。甲板からタラップに男たちが姿を現す。綿入れに身を包み、耳当てのついた帽子を被った抑留者たちの顔には深いしわが刻まれ、歯の欠けている人も少なくない。誰もが笑顔と涙で顔をくしゃくしゃにさせ、再会を喜び合っている。

この時、ソ連側が発表した乗船予定者は一〇二六人。新聞各紙は、紙面を大きく割いて全員の氏名を掲載した。

その中に、一人だけ女性の名前があった。しかし、舞鶴港に到着した船にその女性は乗っていなかった。

彼女は、日本に帰国することを拒んだのである。

囚人の墓場、マガダン

女性の名前は、村上秋子。出身は京都府。抑留されていたのはソ連極東のマガダン州だった。

最後の引揚船の出港から三〇年以上が経ち、ゴルバチョフ政権の改革政策《ペレストロイカ》、情報公開《グラスノスチ》が進んでいた一九九〇年、マガダンの地元紙の報道によって村上秋子の存在が明らかになり、その情報は日本にも伝えられる。しかし、それからわずか一年九か月後に、秋子は帰国することなく現地で亡くなった。

当時、朝日新聞で彼女について報じた坂本龍彦記者（故人）の著作を読み、村上秋子の存在を知った私は、強く惹かれるものを感じた。なぜ、彼女は日本に帰国することを拒んだのか。どんな経緯で捕えられ、なぜ刑を受けてシベリアに送られたのだろうか。

村上が抑留されたマガダン州、あるいはマガダン市を中心とするコリマ地方（北極圏に注ぐコリマ川の流域一帯。現在のマガダン州からサハ共和国、チュクチ自治管区にまたがる）は、旧ソ連の〝収容所群島〟を象徴する地名である。

アウシュヴィッツが、ナチスのホロコースト（ユダヤ人大虐殺）の舞台となった全収容所のシンボルであるように、広大なロシアの中でも最果ての流刑地であるマガダン、コリマの名は、一度送られたら生きて帰ることはできない〝陸の孤島〟〝囚人の墓場〟として恐れられていた。

マガダンに抑留された日本人は、およそ六〇万人の全抑留者のうち一パーセントにも満たない。村上秋子のような受刑者約一〇〇名のほか、千島列島の最北端にある占守島《しゅむしゅ》でソ連軍と戦った陸海軍将兵、約四〇〇〇名である。一九四五年八月一一日、ソ連軍は樺太（現・サハリン島南部）の北緯五〇度線を越えて侵攻し、八月一八日には占守島に上陸した。樺太での戦闘が終わったのは終戦後の八月二五日だった。

占守島の独立歩兵第二八四大隊の下士官として終戦を迎え、マガダンに送られて四年間の抑留を経験した丹羽《たんば》伝吉《でんきち》を訪ねた。

「『東京に帰す《ダモイ・トーキョー》』と言われて船に乗せられたのが一〇月一六日。翌朝甲板に出てみたら、左舷から上がってくるはずの太陽が右舷のほうにあるんですよ。そのうち陸が見えてきたけれど、山頂でもないのに真っ白に雪が積もっている。みんな驚いて、『樺太か？』『いや、樺太だって一〇月にこんなに雪が積もるか』と言い合ったのを覚えています。だってあんな三日ぐらいしか戦争していないのに、シベリアに連れて行かれるなんて思ってもいないもんだから」

ソ連兵の命じるままに下船し、一時間ほど行軍して到着したところが収容所だった。

「そこで初めて『ここは北緯六〇度のマガダンというところで、囚人ばっかりの人口四万人の街だ』と聞かされた時には、えらいところへ連れて来られたと、みんな青ざめましたよ。

マガダンというのはね、ソ連の収容所でも一番条件の悪い、厳しい場所らしいんですよ。収容所で囚人が暴れて収まりがつかないときに、『マガダンへ送るぞ！』と言えば大人しくなるというぐらいのね。マガダンの奥地には金山があるんですが、そこで長く働いていたというロシア人の囚人たちと一緒に仕事をしたことがあります。足の指を見せてもらったらね、ないんですよ、凍傷で落ちてしまって。手の指がない人もいるし」

この地域の本格的な開発が始まったのは、一九二九年、第一次五カ年計画でスターリンが極東地方の国防力を高めることを命じ、一九三一年に国営トラスト「極東建設総局《ダリストロイ》」が設置されてからだ。それまで長い間、この地域はツングース系の少数民族のみが往来する、ロシア帝国の版図の果てにある人跡未踏の原野だった。二〇世紀初頭、北極海にそそぐコリマ川の流域で金鉱脈が発見され、にわかにその重要性が高まる。その開発のために極東建設総局が送り込んだのは、囚人たちだった。もっとも、その〝囚人〟の多くは、ある日突然「人民の敵」「スパイ」の烙印を押され、逮捕された政治犯だった。ソ連全土から集められた囚人たちはシベリア鉄道でウラジオストクまで運ばれ、そこから船でサハリンの対岸にあるヴァニノ港を経てマガダンへ、さらにコリマ全域に散在する三〇〇を超える収容所に振り分けられた。

マガダン港も、そこから北に延びるコリマ街道も、囚人たちによって作られたものである。道路建設は過酷を極め、街道周辺には囚人たちの遺体が放置されたため、〝白骨街道〟と呼ばれた。一九三二年から一九五三年までにここに送られた囚人の数は少なくとも三五〇万人、そのうち四分の一が亡くなったと見られている。今もその詳細は明らかになっていない。

マガダン市内に住むウクライナ人、ヴァシーリー・コバリョフは、コリマの収容所を生き延びた元囚人である。父はウクライナの集団農場化に反対し蜂起した農民のリーダーで、二度目の逮捕の後、銃殺された。母は身ごもったままオデッサの収容所に送られ、コバリョフは収容所で生まれた。この地域にはウクライナから送られた人が多い。

コバリョフは行く先々の収容所で抵抗し、脱走を試みた。北極圏のノリリスク収容所で一九五三年に蜂起した際には、戦車部隊の出動によって鎮圧されたという。

「大勢の人が殺されました。少女たちですら戦車で圧し潰されました。彼らは囚人を人間とは思っていないのです。マガダンに来た時に驚いたのは、三〇メートルほどにわたり、人間の死体が壁のように並べられていたことです。銃殺されたのか？　と訊ねたら、そうではない、飢餓で亡くなったのだと聞きました」

収容所で女性はどんな扱いを受けていたのかと質問したところ、コバリョフは、女性を目にしたことはほとんどなかったと答えた。

「男性の囚人と女性の囚人は収容所も別々で、労働現場に向かう途中、隊列がすれ違う時に目を合わせることすら禁じられていました。ちょっと会話を交わしただけで銃殺されることもあったのです。一度だけ、女性が近くに収監されていたことがあります。裁判のため監獄にいた時です。夜中にすごい悲鳴をあげているのが聞こえてきました。下着一枚だけで、ほとんど裸でした。あのような恐ろしい境遇は……想像すらできないでしょう。収容所において、女性に対する扱いはとても残酷だったんです」

受刑者ムラカミ・アキコ

モスクワの国立軍事公文書館から、日本人女性抑留者八人分のファイルが見つかったことは第四章で述べた。

副館長のコラターエフが携えてきた八冊の中に、ひときわ分厚いファイルがあった。佳木斯《ジャムス》の看護婦たちの書類がごくわずかであるのに比べ、そのファイルには複数のスタンプが押された書類や、手書きのメモなど、雑多な紙が分厚く綴じられている。コラターエフは黙ったままページを繰りながら書類を読み、付箋にメモを書いて張り付けた。

「この若い女性は朝鮮半島に住んでいた日本人です。彼女は、朝鮮国家社会主義労働者党のメンバーでした……名前はムラカミ・アキコ、一九二三年生まれ。逮捕された時は二三歳でした」

村上秋子の登録簿だった。

コラターエフは、上段に「判決文《スプラーフカ》」とタイプされたページを見ながら説明を続けた。

「この裁判では、九名が判決を受けています。活動が行われたのは北朝鮮、ムラカミ・アキコ以外の被告はすべて朝鮮人です。

『朝鮮国家社会主義労働者党』とは興味深い名前ですね。ナチスの正式名称『国家社会主義ドイツ労働者党』と対になっています。ナチスを真似た活動をしていたというわけですね。

テロ行為が実行されたという報告はありませんが、非合法の集会が一六回行われたこと、ムラカミ被告は党の集会に参加し、武器の入手や収奪、宣伝ビラの配布、ソ連当局の支援で組織された地元組織を対象とした活動に加わったことが記述されています」

「実際にテロ活動をしたわけではないのですね？」

取材コーディネーターのナターシャが鋭く問いを投げかけた。

「ええ……実際に行動を起こしたわけではありません。そのためか、この案件は軍事法廷で審議されたにもかかわらず、判決文も比較的短くなっています」

「朝鮮国家社会主義労働者党とはどんな党ですか？　反ソ的なものなのですか？」

「もちろんです。こうした活動はみな、ソ連当局や、当局の支援を受けた行政組織に抵抗するためのものでしたから」

秋子が捕えられたのは、日本統治時代、北鮮《ほくせん》と呼ばれていた朝鮮半島北部、現在の北朝鮮にある都市、元山《げんざん》だという。

終戦と同時に、朝鮮半島は東西冷戦の最前線となった。終戦前の一九四三年一一月、連合国が戦後の対日方針を話し合ったカイロ会談で、朝鮮半島を日本の植民地支配から解放し、独立と自由を与えるという方針が出される。続くヤルタ協定（一九四五年二月）で、朝鮮はアメリカ・イギリス・中華民国・ソ連の信託統治下に置かれることが、米ソ間で非公式に合意された。

しかし一九四五年八月九日、ソ連軍第二五軍が満州の琿春から一方的に朝鮮半島北部の慶興に侵攻する。この動きを警戒したアメリカは、米ソの軍事境界線を北緯三八度線とすることをソ連に提案し、ソ連もこれに同意した。この時始まった朝鮮半島の分断は今も続いている。

ソ連軍は八月末までに北朝鮮全域を制圧し、平壌に軍司令部を置く。「日本の植民地統治から朝鮮民族を解放する」と宣伝し、旧日本人支配層を一掃して監獄やシベリアに送り、代わりに朝鮮人の自治組織を樹立させた。ソ連軍は表向きその活動を支援したが、現地ではソ連軍兵士による略奪、暴行、婦女子に対する強姦が横行し、さらに「スパイ摘発」と称した密告と監獄送りによって市民の間に恐怖と分断が生まれた。ソ連に対する不満と反発が密かに高まっていたのである。

そうした情勢の中で、抵抗のために朝鮮国家社会主義労働者党が組織され、村上秋子も何らかの動きに関わったと見られる。

「なぜ、彼女は参加したのでしょうか？」

と尋ねると、

「それはわかりません。これは個人ファイルなので、裁判の判決文のコピーが添付されているだけです。裁判の詳細な記録など、事件のくわしい経緯のわかる資料はここにはありません」

とコラターエフは答えた。

傍にいた日本語が堪能な文書係《アルキビスト》のザベーリンが言い添えた。

「ＦＳＢ（ロシア連邦保安庁、旧ＫＧＢ）のアーカイブにも当たってみましたが、見つけられませんでした」

コラターエフは続けた。

「個々の事件の記録は、通常、判決の出された場所に保管されます。事件の重大性によって保管場所が違うのです。国家レベルの犯罪や死刑判決の記録であればＦＳＢにありますが、捕虜に関するものなどは、それぞれの地区の文書庫に保管されているはずです。日本人の裁判記録であれば、軍事裁判の行われた場所、例えばハバロフスクとかウラジオストクなどにあるかもしれません。あるいは内務省が保管している可能性もあります」

説明を受けながら、これ以上の追求は難しいだろうと感じた。第四章で述べた通り、このファイルが開示されるまでには関係者の並々ならぬ尽力があり、やっとのことで開示されたのがこの八人分のファイルなのだ。

資料の接写は禁じられていた。かろうじて許されたのはファイルの表紙と、村上秋子の署名が記された一ページのみだった。

一般的な抑留者のファイルの表紙には「捕虜登録簿」と印字されているが、このファイルには「受刑者登録簿」とある。その下段に手書きの欄があり、ロシア語で、ムラカミ・アキコという名前と、入所していた期間が書き入れられていた。入所は一九四六年六月二二日、出所日は一九五五年八月二六日。九年二か月にわたっている。

「写真もあります」

コラターエフはページを開くと、秋子の写真が見えるように私たちの方に向けた。収容所から釈放された時に撮影された写真らしい。口元は一文字に結ばれ、表情はなく、その心情を窺うことは難しい。印象的なのは、柄物のブラウスを着て、耳にイヤリングをつけている点だ。

三二歳になった村上秋子の姿は、ロシアに長く暮らした女性の雰囲気をまとっていた。

私は日本にかへることができません

「ムラカミが収容所長に宛てて書いた手紙も残っています」

コラターエフはそう言うと、蛇腹に折りたたまれているページを開いた。薄茶色の紙に、ラーゲリ特有の薄紫色のインクで、漢字と片仮名交じりの文字が縦書きに並んでいる。

添付されたロシア語の翻訳を見ながら、コラターエフが説明した。

「どうして日本に帰りたくないのか――その理由についてムラカミは『日本に帰ったら否定的な態度を示されるのではないか』と心配しています。それに『生活が非常に苦しくなるだろう』とも書かれています。『ロシアの方が日本よりも気に入った』『アメリカ軍は日本から撤退せず駐留し続けるだろう』という記述もありますね。そして、彼女はソ連の国籍がほしいと書いています」

思わず、言葉が口をついて出た。

「それは、彼女の本心ではないと思うのですが」

「彼女がどう考えていたのか、私にはわかりません。しかし、彼女は何度かこのような申請を提出しています」

そう言ってコラターエフは手紙をこちらに示した。村上秋子直筆の文字だった。

私わ■〔刑?〕がおわったのわ八月二十九日におわり〔ます〕が　ナチャニック
〔収容所長《ナチャーリニク》のこと〕のいっておりますのでわ　日本におくる〔といってお〕りますが
私は日本にかへることができません　どう〔してかと〕いいますと　私わロシヤが日
本とちがって私の生きて行くみちをひらけていて日本にかへることがいやです
日本にかへりますとアメリカ人がいて　かへるきもちがありません

ですから　私をここに　まがだんにおいていてください　私わロシヤの（こくせき）をもらおうとおもっておりますから　そのようにして下さい

おねがいします　私わどんなことがありましても日本にかえろうとわおもっておりませんから　私わしんでもロシヤのくにからどこにも行きません

おねがいですから　私しのねがいをきいてロシヤの（せき）をもらうようにして下さい

ナチャニック様　村上秋子

〈（　）は原文のまま、■は読み取り不明の文字、〔　〕は筆者の補足〉

これは、手紙の接写が許されなかったため、ページを開いた時に一瞬映った映像をもとに、秋子の書いた手紙を原文のまま書き起こしたものである。

村上秋子の筆跡は、子どものようにたどたどしかった。この年代の女性、例えば佳木斯第一陸軍病院の看護婦たちの筆跡は、登録簿などを見る限り、その多くが達筆である。もっとも看護婦たちの多くは高等女学校を出た、当時としては高学歴の女性たちだったのだが、秋子の書いた字からは、日本で十分な教育を受けられなかった人ではないかと思われた。

収容所に送られた外国人でこのようにソ連国籍を希望したケースはどのくらいあった

のだろうか。コラターエフに訊いてみた。

「非常に稀なケースだと思います。率直に申し上げて、私もこのような例は見たことがありません」

彼女の手紙は、あるものを思い起こさせた。かつて取材した、戦時中に南太平洋戦線で連合軍の捕虜になった日本兵たちの尋問調書である。捕虜となった兵士たちは、「殺してほしい」「日本に送還しないでほしい」と繰り返し懇願していた。しかし、彼らが祖国への帰還を恐れたのは、軍法会議で裁かれることへの恐れと、日本軍兵士の誰もが叩き込まれた「戦陣訓」の教え、「生きて虜囚の辱《はずかしめ》を受けず」による罪と恥の意識ではなかったのか。

村上秋子は兵士ではない。家族がいるはずの日本に、帰りたくないわけがあったのだろうか。

シベリアへの道

一九九〇年、マガダンでその存在が明らかになって以来、村上秋子のことは日本の新聞で六回にわたり報じられている。しかし、そこで伝えられている彼女の経歴には、いくつか嚙み合わない点があった。「一九四二（昭和一七）年に結婚して朝鮮に渡った」と書かれているものもあれば、「満州で従軍看護婦をしていて朝鮮に逃げてきたところをソ連軍に捕まった」という記事もある。秋子があえてたどたどしいロシア語で話したため、正確に伝わらなかったのかもしれないが、どこか奇妙である。亡くなる前、秋子と最後に会った元マガダン抑留兵士は「哈爾浜第一一八部隊に所属していた」と聞いたというが、調べたところ、その名の部隊は存在しなかった。

秋子を取材した記者や元抑留兵士の多くがすでに鬼籍に入っている中、一九九一年一〇月に朝日新聞社のカメラマンとして取材に同行した佐賀文雄に話を聞くことができた。

「確かあの女性は、小さな子犬をとても可愛がっていましたね。古いことで正確には覚えていませんが、彼女が語った抑留の経緯は、私たちが納得できるものではなかったと記憶しています」

かつての取材者たちも、秋子が何かを隠そうとしている気配を感じたようだった。

彼女が決して周囲に語らなかった過去について知るための手がかりは、唯一、あのロシア国立軍事公文書館所蔵の登録簿しかない。

接写を禁じられたため、撮影した映像に映っていた書類の一部を何とか読み取り、彼女の履歴を書き起こしてみた。

それによれば、村上秋子が北朝鮮の元山でソ連軍に捕えられたのは終戦の翌年、一九四六年六月二二日。逮捕後の九月、秋子は「逃亡を防ぐため」平壌の監獄に送られた。朝鮮総督府時代につくられた平壌監獄には、ソ連軍第二五軍や朝鮮当局に捕えられた旧総督府官吏、日本人の憲兵、警察官などが収監されていた。

一九四六年一一月一二日から一三日にかけて、ソ連軍第二五軍の軍事法廷で、秋子の裁判が行われた。被告は朝鮮国家社会主義労働者党のメンバー九人。秋子以外は全員が朝鮮人である。最年少は一八歳、平均年齢二三歳の若者たちだった。

裁判では、秋子を含む全員に、ソ連刑法の第五八条第四項（資本主義幇助）、第八項（テロ）、第一〇項（反ソ宣伝）が適用され、財産没収と五年の自由剥奪刑（収容所への移送）が言い渡された。

一九四七年一月一五日、秋子はシベリアのイズヴェストコーヴァヤ地区へ、さらにその後ウルガル地区に送られた。

この頃、村上秋子と出会ったことを回想録に記述している日本人がいた。シベリア抑留後、ソ連に長く暮らし、一九九七年に帰国を果たした蜂谷彌三郎（故人）だ。朝日新聞記者だった坂本龍彦の書いた蜂谷の評伝によれば、蜂谷は終戦時、北朝鮮の平壌におり、密告による身に覚えのない罪で刑を受け、激しい拷問で左耳の聴覚を失った。その後シベリアに送られ、ハバロフスク地方の各地の収容所を転々としている時に、中継刑務所《ペレスィルカ》と呼ばれる移送中の受刑者が短期間滞在する収容所の病院で、看護婦の手伝いをしている日本人女性の姿を目にした。それが秋子だった。直接、言葉を交わすことはほとんどなかったが、「丸い童顔の奥に暗い影を持った女性という印象を受けた」と蜂谷は語っている。

ファイルに戻る。一九四八年三月、村上秋子はブラゴヴェシチェンスクに送られている。七月三一日、国家保安省第三八四軍事法廷にかけられ、内務省特別収容所に送られることが決定した。内務省特別収容所とは、スパイ、破壊活動、テロなどの罪に問われた、いわゆる政治犯のための収容所である。

このときの判決文は次のようなものだった。

村上秋子は、元山市の売春宿でファシスト党のメンバーと活発に交流し、メンバーの朝鮮人の一人に、ソ連軍人から盗んだ武器を供与することを約束した。武器を奪うという重大な罪によって、村上秋子はソ連国家にとって有害な者と結論づける。一〇年の自由剥奪と財産没収を言い渡されたが、財産は何も無し。

ブラゴヴェシチェンスクの監獄に一年四か月間収監された後、秋子は、第二シベリア鉄道の終着点に近いヴァニノに送られた。サハリンのホルムスク（旧樺太・真岡）の対岸にあるヴァニノ港は、マガダンへと移送される囚人の中継収容所として重要な港だった。ヴァニノで八か月待機した後、秋子を乗せた船は一九四九年にマガダンの第五特別収容所に到着した。

彼女はさらに、マガダンから四〇〇〇キロ以上奥地にある、エリゲン地区に送られる。エリゲンにはコリマ地方最大の女囚収容所があり、二万五〇〇〇人を超える女性の囚人が開拓や農業に従事していた。ここには強姦や収容所内での性的交渉で妊娠した女囚たち専門の収容所もあり、乳幼児を育てる子ども収容所もあった。

エリゲンという地名は、先住民ヤクートの言葉で「死」を意味するという。

綿入れズボンにおんぼろ靴、耳かぶせのついた防寒帽を目深にかぶり、凍傷でどす黒くなった煉瓦のような顔に、目にとどくまでぼろぎれを巻きつけているこの男（筆者注・女性のこと）たちには、性などもうありはしないのだ。

こんな姿にはじめて接したわたしたちはひどいショックを受け、もうとっくに乾きってしまっていたと思われたみんなの目に、ふたたび涙が浮かぶのであった。わたしたちを待ち受けていたものはこれだったのだ。職業も、市民権も、家族も失ってしまったわたしたちは、このエリゲンで性までも奪われてしまうのだ。そして明日からは、石のように堅くなった雪を踏みしめ、わたしたちのトラックのわきを通っている男とも女ともつかぬ存在の幻のような行進の中へ流しこまれていくのだ。

（『明るい夜　暗い昼――続 女性たちのソ連強制収容所』中田甫訳　集英社文庫）

これは、エリゲン収容所から生還したエヴゲーニヤ・ギンズブルグによる、エリゲン到着直後に目にした女囚たちの描写である。一九六〇年代、旧ソ連で地下出版されて世界に衝撃を与え、のちの収容所《ラーゲリ》文学の嚆矢《こうし》となった。

村上秋子は、ここで五年あまりを生き抜き、スターリンが死亡した二年後の一九五五年八月二六日、エリゲン収容所から釈放された。

ファイルが物語る秋子の人生は、ここまでである。

日本政府の記録

日本側にも、村上秋子の存在がまったく残っていなかったわけではない。

引揚者からの聞き取り調査などに基づいて作成された「未帰還者名簿」（一九五〇（昭和二五）年、外務省作成）という資料がある。その「京都府」の項に「村上アキ子」の名があった。年齢は二七歳。「二四年一二月、イズベストコーバヤ地区、三年の刑期満了の予定」と記されている。秋子とどこかで接触した元兵士が、シベリアから復員して報告したものだろう。

また「ソ連本土に一九五〇年以降資料のある未帰還者」という一九八名分の名簿（一九五九年頃、厚生省作成とみられる）の「マガダン」の項にも、「村上アキ子」の名は記載されていた。「生年、大正一二（注・一九二三）年。本籍、京都。判明している消息、五五年二月マガダン市内、夫ソ連人、元朝鮮元山に居住」とある。

一九八四（昭和五九）年七月に更新された未帰還者名簿には、秋子の名は載っていなかった。ソ連国籍を取得したため、日本人のリストから外されたのかもしれない。

その後、秋子の消息は途絶えた。

日本を忘れた日本人

世間から忘れられていた村上秋子の存在が〝発見〟されたのは、シベリアから最後の引揚船が出てから三四年後、一九九〇年秋のことである。

それは偶然から始まった。冷戦時代、閉鎖都市として長い間外国人の訪問が不可能だったマガダン州が開放され、日本から新聞記者が取材に訪れることになった。その受容れに協力したマガダン市の新聞記者、アリム・キリュウシンが日本人抑留者についての情報を集めていた際、バスで乗り合わせた住民の男性の口から思わぬ言葉が飛び出したのだ。

「ところで、私の住んでいるハスィン村には、永年住んでいる日本人がいますよ。地元では〝バブシュカ・アーニャ《アーニャおばあさん》〟と呼ばれていますが」

キリュウシンは驚いた。

「日本のスパイが生きていたなんて！」

旧ソ連の収容所《ラーゲリ》にいた外国人は〝スパイ〟と見なすのが、ロシアの普通の感覚である。

さっそく、キリュウシンは日本からやってきた新聞記者、近郊の町に住む日本語通訳、別の地元紙の記者らと共に、アーニャおばあさんの家を訪ねた。

アーニャおばあさんが住んでいるのは、マガダン市から北へ延びるコリマ街道を約九〇キロ行った先にあるハスィン村。スターリン時代は炭鉱のラーゲリがあった場所として知られていた。一九九〇年当時はおよそ八〇〇人の住民が暮らしていた。

ハスィン村の外れに住んでいたアーニャおばあさんは、雪に覆われた村の広場で、子犬を抱き、青い体操服を着て、記者たちを待っていた。ウクライナ人の夫はすでに亡くなって一人暮らしだという。活発で気の強そうな女性に見えた、と同行したロシア人記者の一人が後に回想している。アーニャおばあさんは突然の来訪客を大いに喜んでいる様子で、笑顔で記者たちを家に招き入れると、いそいそとお茶の用意を始めた。

アーニャの手編みのセーターを着た二匹の小さな犬が、部屋の中を走り回っていた。名前は、チェブラーシカ（ロシアの国民的絵本・テレビアニメの主人公の名）と、パリマ（棕櫚の木の意）。

「ムラカミ　アキコ」。彼女はたどたどしい言い方でそう名乗り、あとは早口のロシア語に変わった。「生まれは京都」とだけ聞きとれた。（略）

「もう私はロシア人。日本になんか帰りたくないよ」。何を聞いても明るく笑い飛ばす。「両親も兄弟も、名前は全部忘れた」と多くを語らない。

テーブルの上に、ノートの切れ端で作ったカレンダーがあった。「月火水…」。曜日は日本語。一枚シャッターを切ると「ニェット！」（だめ）と叫んで、ポケットにしまい込んだ。「日本のことは忘れたんだよ」。悲しそうな表情を見せたのは、この時だけだった。

（北海道新聞朝刊　一九九〇年一二月二六日付）

アーニャおばあさんは忙しそうに「ベロモロカナル（第二次大戦中ロシア将兵に支給されていた煙草）」を吸いながら、「親も兄弟も、みんな忘れたよ」と、笑い飛ばし、怒ったように繰り返した。

会話は通訳を介して行われたが、ロシア人記者たちには、アーニャおばあさんが日本語の問いかけを時々は理解しているようにも見えた。

この時、アーニャおばあさんが語ったところによれば、彼女は終戦の時、北朝鮮にいた。南部に渡ろうとした時、ソ連の軍事当局者に捕えられ、刑法第五八条で五年の刑を宣告された。一九四九年、コリマに着き、マガダン収容所、エリゲン収容所を経て、一九五五年に釈放された。以来、このハスィン村にずっと住んでいる。いい人に出会って結婚した。ラーゲリから解放されたウクライナ人男性で、ボイラーの火夫をしていた。一九七五年に彼が病で亡くなってからは一人で暮らしている。

記者たちは、「日本へ帰らないのですか？」「家族に会いたくないのですか？」と繰り返し訊ねた。

「帰りません」

アーニャは早口のロシア語で続けた。

「行って何をするの？　私はここで十分な年金《ペンシヨン》をもらっています」

日本人記者が、一時帰国は難しくない、手続きを支援すると言葉を重ねると、アーニャは怒り出した。

「私が雪の中で、寒さと飢えで死にそうになった時、何度も日本に助けを求めて手紙を書いた。でも、何も返事がなかった。誰も同情してくれず、皆に見棄てられた。ロシア人は私を助けてくれた。私は長い間、この優しい人々の中で生きてきた！　あんたは資本主義の日本人で、私の知り合いでもない。私が一〇ルーブルの恵みを望んでも断るでしょう？」

「断ります。知らない人には」。（日本人）記者は考えてから、そう答えた。

「この人」、アーニャは私（ロシア人）の方を指さして、「断らないよ。金利も求めない。もし、私がその金を返せなくても構わない」

（「マガダン夕報」一九九五年二月一七日付　抄訳）

翌年（一九九六年）九月、日本から、マガダンに抑留されていた五人の元兵士たちが訪ねてきた。その前月、マガダン市内の建設現場の永久凍土層から、日本人抑留者と見られる六体の遺体が発見され、厚生省の職員とともに調査と慰霊のためにやってきたのである。この時、前述の朝日新聞社の坂本記者と佐賀カメラマンも同行していた。

「生まれたのはどこですか」と顔をみつめた。しばらく沈黙した後、「キョウト」といった。取り囲んだ元抑留兵士たちは、「京都！」と、嘆声を挙げ、ドッとわいた。（略）元抑留兵士たちは懸命に、「どこで働いていましたか」と聞く。しかし、「昔のことはいえない」と唇を閉ざした。カメラを向けると、「だめだ」と手を振った。「京都のほかに日本のどこを知っていますか」と、元抑留兵士がカタコトのロシア語で聞いた時だ。アキコの張りつめていた警戒心がぷっつりと切れたようだった。「キョウト──、ヒロシマ、カゴシマ」と歌うようにいった。マガダンに抑留されていた元海軍下士官の三上一次さん（七五）が、手荷物の中から京葵《あおい》の形をしたブラシを取り出して渡し「これはキョウトです」というと、ポロリと涙がこぼれ落ちた。

（坂本龍彦『シベリアの生と死──歴史の中の抑留者』岩波書店）

元マガダン抑留兵士たちの訪問は、秋子の人生に劇的な影響をもたらすこととなった。兵士たちの訪問から一〇か月後、秋子のもとに一〇人兄弟の一番下の妹から手紙が届いたのである。手紙には、両親と兄弟一〇人全員の名前が書かれていた。

手紙が届いた直後、秋子は病に倒れた。

前の年、秋子の家を訪ねた元マガダン抑留兵士の酒井豊が再び現地に行き、入院中の秋子を見舞った。脳溢血で半身不随になっていた秋子は「早く帰りたかった」と言い、涙をこぼしたという。

その二週間後、一九九二年一〇月六日。アーニャおばあさんこと村上秋子は、六九年の生涯を閉じた。

ハスィン村の人々

私たちが村上秋子の足跡をたどってハスィンを訪ねたのは、彼女が亡くなってから二一年経った、二〇一四年六月のことである。

その日は、鉛色の空から大粒の雨が降っていた。六月の末だというのに、マガダン市内の小さなホテルのロビーを行き来する人々は皆、ダウンジャケットや革のコートを着ており、帽子や手袋で寒さから身を守る人もいる。通りを行き交う人たちは誰も傘をさず、肩をすくめて黙々と歩いていた。

およそ八〇年前、四人たちが作ったコリマ街道を車で北へと向かう。

マガダンからハスィン村へは約九〇キロ。途中のパラトカという町で、地元の新聞記者が同乗することになっていた。取材コーディネーターのナターシャがあらかじめ協力を依頼しておいた、名うてのジャーナリストだという。雨の中、現れた記者パーヴェル（パーシャ）・ザスーヒンは、チェ・ゲバラのTシャツにジーンズ、茶色い革ジャンを身に着けている。彼が助手席に乗り込むと、後ろまで酒の匂いが漂ってきた。

パラトカを過ぎると、やがて人家は見えなくなり、モノクロ写真のような荒涼とした景色がしばらく続いた。

途中、道路の脇にそそり立つ山の斜面に、黒焦げになったタイガ（針葉樹林）が広がっていた。二〇年以上前に山火事があったのだという。この地では二〇年経っても、これほど緑が回復しないものなのだろうか。

やがて、ハスィン村に到着した。緑の中の広場に小さなバスが停まり、仕事場から帰る村人たちが家路へと急いでいる。放し飼いの犬が、飼い主の姿を見つけ、うれしそうに飛び跳ねながら連れ立っていった。

ハスィン村は、一九三八年に炭鉱ラーゲリが置かれてできた集落である。秋子は収容所から解放された後、この村に辿り着き、地質専門家の宿舎の守衛をして生計を立てていた。コリマ地区の開発のために、全国から地質学者やエンジニアが集められたのである。しかしソ連崩壊後、居住地を選ぶ自由が認められると、コリマ地方の人口は激減する。ペレストロイカの頃（一九八〇年代後半）八〇〇〇人ほどだったハスィンの人口も、現在は五〇〇人足らずだという。

私たちが乗った車は、古びた大きなアパートの前に止まった。

車を降りて周囲を見渡すと、二棟あるアパートの一方は巨大な廃墟となっていた。その傍らには小さな畑が広がり、頭にスカーフを巻いた恰幅のいい女性が、小雨の中、鎌やバケツを手に畑仕事をしている。

通りかかった七〇がらみの男性が、ありありと好奇心を浮かべて私たちの様子を眺め、話しかけてきた。地質専門家としてこの地にやって来た人だという。いつの間にか、農作業中の女性も近くに来ていた。

「バブシュカ・アキコ《アキコおばあさん》を知っていますか？」

ナターシャが尋ねると、二人は堰を切ったように一斉にしゃべり出した。

「もちろん！　アーニャおばあさんのことは誰もが知っていますよ」

「とてもすばしっこい女性で、ヘビースモーカーでしたよ。ロシア人からみればかなり変わっていました」

「でも、彼女はいい人だったわ。ときどき日本語が出てしまうときもあったけど」

「そうそう。なかなか公平なものの見方をする人でしたよ」

「誰もが彼女を尊敬していたわ。寮で守衛の仕事をしていたのよね」

「男性の寮でね。いつも小さな犬を連れていた」

「セーターを着た犬を生まれて初めて見たわ！　ちょこちょこ歩き回っていた。冬が寒いから温かい格好をさせていたのね。アーニャおばあさんも小さくて、痩せていて、すばしこい人。すごい毒舌でした。酔っぱらいなんか見ると、よくののしっていたわ」

「とにかく、村中の人が彼女のことを覚えていますよ。『日本人のアーニャおばあさん』と呼ばれていました」

「本当は、アキコ・ムラカミというの。怒っても嫌な印象はなかった。根が善良な人だったのでしょうね。悪態をつくこともあったけど、まったく悪意は感じられなかった」

最後に女性は、私たちの方を見て笑顔で言った。

「皆さんがアーニャおばあさんのことを覚えていて、わざわざここまでいらっしゃったということが嬉しいわ。ありがとう！」

私たちは昼食をとるため小さな食堂に入った。パーシャは私たちの方に申し訳なさそうな薄笑いを向けながら冷蔵庫からビールを取り出すと、店の女性に「アーニャおばあさんのことを知っている？」と尋ねた。

「ええ、よく知っていますよ」

女店主のガリーナ・ストレレッツが、カウンターに肘をついて懐かしそうに話し始めた。

「私が小さい頃、母と彼女は友達だったんです。同じ職場で働いていて、いつも一緒で仲良くしていました。母と一緒に、彼女の家に遊びに行ったこともあります。部屋に何か、日本風のものが飾ってあったと思います。何だったか？　よく覚えてないわ……当時はせいぜい一四、五歳の子どもだったので。とにかく何か、日本風のものでした。アーニャはやさしくて思いやりのある人でしたが、心の内を見せない人でもありました。本当に親しく付き合える相手を選んでいたのでしょう。でも、そういう間柄の人はあまり多くなかったんじゃないかしら」

この村では時が止まっているのだろうか。二一年も前に亡くなっているというのに、アーニャおばあさんの面影は、驚くほど鮮明に人々の中に生き続けていた。

そして、ハスィンの人たちが、アーニャおばあさんの過去に触れまいと気遣っている様子もうかがえた。

　少年時代からアーニャおばあさんを知っているというヴァレリー・グルシャクは、こう語った。

「もちろん『アーニャおばあさんとは何者なのか』と誰もが噂していました。彼女が刑を受けたということは皆知っていましたから。しかしアーニャおばあさん自身から、一体何があったのか、戦争中、何をしていたかなどを話すことはありませんでした。『もしかしたら、彼女はリヒャルト・ゾルゲのような大物スパイなんじゃないか』と噂する人もいました。でも、戦争中だったのですから……。一九四〇年代、彼女はまだ若い女性で、何かの拍子に機密書類を受け取ってしまったのかもしれません。彼女がたとえ関東軍《カントンスカヤ・アールミヤ》の協力者だったとしても、過去は関係ありません。我々にとっては、優しいアーニャおばあさんです」

　ペレストロイカの頃、アーニャおばあさんが日本に帰るかもしれないという噂もあったようだ。

「しかし、彼女はここで私たちと一緒に生活するという選択をしました。彼女がなぜそうしたのかはわかりません。ただ一つ言えることは、アーニャおばあさんは一度もふさぎ込んだりしていなかったということです。日本であろうが、ロシアであろうが、大事なことは、自分が好きな人たちに囲まれて暮らすこと。そんな風に、彼女はここで暮らしていました」

マガダンで生まれ育った新聞記者のパーシャは、ラーゲリに関する著書もあり、コリマの歴史に強い思いを持つジャーナリストだ。その彼にとっても村上秋子の人生は強い印象を与えたようだった。ロシアでの取材中、彼女たち女性抑留者の存在を疑う人がいたことを話すと、パーシャは語気を強めた。

「彼女たちが実在したということは疑いようもありません。いいですか。アキコ・ムラカミは政治的粛清の犠牲者です。アキコが捕えられたのは北朝鮮ですが、当時そこではソ連が特異な政治的活動を行っていました。それもこれも、日本の帝国主義とソ連の膨張主義が衝突した結果です。大国同士が争うと致命的な結果をもたらしますが、常に苦しむのは一般の人々、特に女性です。

しかしアーニャおばあさんは、運の良かったほうかもしれません。彼女は一つのコミュニティに溶け込み、人々から尊敬され、生涯を全うしたのですから。もっと恐ろしい運命をたどった例も、それこそ無数にあったことでしょう」

アキコの死

ハスィンでの滞在時間もあとわずかとなった頃、各所に電話をかけて懸命に関係者を探していたパーシャから「もう一人、アキコと親しかった人が見つかった」と連絡が入った。

伝えられたアパートの一室をノックすると、出てきたのは、秋子の職場の友人だったリディヤ・オコトニコヴァという老女だった。突然の来訪にもかかわらず、リディヤは喜んで私たちを部屋に招き入れてくれた。

部屋の一角にロシア正教のイコンが飾られ、赤い花が咲いた鉢が置かれた窓から、弱い光が差し込んでいた。

「私がハスィンにやってきたのは一九六三年ですが、その時すでに彼女は夫とともに暮らしていました。私は一九七五年から村の管理責任者の職に就いたのですが、彼女は地質学者の男性たちが住む寮の守衛の仕事をしていました。男性たちが酔っ払っている時にも、彼女はとても厳しく寮の秩序を保っており、私はそんな仕事ぶりがとても好きでした。

彼女の旦那さんは背が高く優しい人で、二人はとても仲が良くて、幸せそうでした。子どもはいませんでした……残念ながら、そういう人生だったのですね。

あの日、出勤するはずの彼女が来なかったんです。私たちが迎えに行った時にはもう床に倒れていました。彼女は日本に帰ることを恐れているようでした。ロシアに長く住んでいたから、今、日本に帰っても受け入れてもらえないかもしれない、と。きっとここで亡くなる運命だったのでしょう。

亡くなる前、日本から誰かが会いに来たと言っていました。彼らと話して辛くなり、

心が耐えられなくなったのかもしれません。本当のところはわかりませんが……。ここでの
日本に帰ったら、彼女の家族の皆さんに、どうぞよろしくお伝えください。
アキコは全て順調で、みんなと一緒に働いていた、と」
リディヤは壁のイコンに向かって、秋子への祈りを捧げた。

夕刻をだいぶ過ぎているはずだったが、北極圏に近いせいか、いつまでも日は沈まなかった。

私たちはハスィン村の風景の中に少しでも秋子の気配を感じ取ろうと、撮影機材を担いで村中を歩き回った。

橋のたもとで飛んでいるカモメを撮影していると、警察の車両が猛スピードでやってきた。村の誰かが通報したらしい。助手席の男性が、険しい目つきで何かを話しかけてきた。ナターシャがモスクワで取得した取材許可証を見せて説明している。男性は興味なさそうに書類を一瞥すると「何を取材しているんだ」と尋ねた。

「日本人の村上秋子さんについてです」

と答えると、男性は表情を一変させ、

「アーニャおばあさん《バブシュカ・アーニャ》か！」

と叫んだ。そして別人のような満面の笑顔で、「いい人だったよ！　子どもの頃、可愛がってくれたんだ」と運転席の男性に言い、私たちの方を向くと「向こうに金の採掘

工場があるから、そちらは撮影しないように」と取ってつけたような注意をし、笑顔で手を振りながらクラクションを鳴らして去って行った。

ホテルに帰ってから、その男性たちはFSB（ロシア連邦保安庁、旧KGB）の職員であると聞かされた。

語らなかった過去

アーニャおばあさんには、ハスィンの人々に決して語ることのなかった過去があった。

アーニャこと村上秋子は、「芸者」だったのである。前述の外務省が作成した「未帰還者名簿」の職業欄に、そのことが明記されていた。おそらく朝鮮に渡る前に発行された旅券（現在のパスポート）の記録と照合したものと考えられる。

秋子がいつ朝鮮に渡ったのかは定かではない。日本人記者への取材で答えた昭和一七年が正しいとすれば、芸者として朝鮮の元山に渡った時は満一九歳か二〇歳だっただろう。

今の時代、芸者といえば、京都の祇園などで見かける舞妓や芸妓の艶やかな姿を想像するのではないだろうか。しかし、村上秋子の場合はかなり違っていたはずだ。

当時、外地における芸者とはどんな存在だったのか。

戦前、日本には公娼制度があった。一九〇〇（明治三三）年に制定された「娼妓取締規則」により、警察官署（朝鮮の場合は警察と総督府）に身分登録され、前借金を返済するまで楼主（貸座敷経営者）の管理下に置かれた女性たち（娼妓）である。貧しさなどの理由から、親が前借金と引き換えに売春業者に娘を渡す「身売り」が珍しくなく、親孝行とされた時代だった。取締りや管理の細部は各々の地方自治体に委ねられたため、地域によって条例が異なり、用語や慣例なども地域によって差がある。

「芸者（公式には『芸妓』だがしばしば混同して用いられる）」は三味線などの芸を仕込まれ宴席を彩る「芸を売る者」とされているが、娼妓をかねることも多く、その場合は「二枚鑑札」と称し（どちらか専業だと「一枚鑑札」）、「芸娼妓取締規則」によって取り締まる自治体が多かった。

秋子が登録されていた住所は、朝鮮咸鏡南道元山府緑町。元山府（現在の北朝鮮元山市）は釜山に次いで開港し、日本人居留地が置かれた商港である。緑町は古称を「陽地洞」といい、その一角は料亭や貸座敷、芸者や娼妓の置屋が軒を並べる花街だった。

昭和五年に刊行された『全国遊廓案内』（日本遊覧社）に、「元山陽地洞遊廓」の紹介がある。

妓楼は約八軒、娼妓は約八十人位居り朝鮮人半分内地人半分位となつて居る。「御定り」は一枚鑑札と二枚鑑札になつて居て、一枚鑑札は五円、二枚鑑札の芸娼妓は六円位となつて居る。酒肴附で一泊が出来る。遊興は廻し制度でなく、全部通し花制で、店は陰店を張つて居る。

「廻し制」とは女性一人が一晩に複数の客の相手をすることで、「通し花制」は一晩に一人の客のみ取ることを意味する。「陰店」とは、奥の方に女性が控えている店のこと。これと対になっているのが「張店（張見世）」で、歌舞伎や浮世絵で目にする、通りに面した格子窓から遊客が覗き、居並ぶ女性を品定めするものだ。

ロシア国立軍事公文書館が保管するファイルには、秋子が「元山市の売春宿でファシスト党のメンバーと活発に交流し……」という一文があった。同じファイルに、逮捕の翌月（一九四六年七月）、咸興南道人民委員会（人民委員会とは終戦後、朝鮮各地に置かれた自治組織）で受けた診察記録も綴じられており、そこには、秋子が淋毒性の性病に罹患していることが記されていた。こうした事実を総合してみれば、秋子が二枚鑑札の芸者（芸娼妓）であったことはほぼ間違いない。

秋子が芸者となり朝鮮に渡った裏には、どのような事情があったのか。

亡くなった翌年、秋子の妹の声が匿名で報じられている。

年の離れた姉と触れ合った記憶が、妹のA子さんに残っているわけではない。（略）A子さんは十人姉弟の末っ子。高齢の姉や兄たちは、二番目の姉である秋子さんのことについて、なぜか口を閉ざしている。「戦争中の記憶を思い出すのはつらいのでしょう」とA子さんは気遣う。

消息が途絶えていた秋子さんがシベリアの奥地マガダン州ハッセン地区で暮らしている、と分かったのは、昨年三月。元抑留兵士でつくるマガダン慰霊訪問団（酒井豊会長）が現地で会い、厚生省に伝えたのがきっかけだった。その二カ月後、秋子さん直筆の「文書」が届いた。「一時帰国のぞむ。その後ハッセンに帰る」（略）

母は十八年前に亡くなるまで、秋子さんのことを気にかけていた。娘一人を旧《マ》満《マ》州に送り出したのは、直前に夫が死に、一家の生計を支えるためだったと話し、「あの娘《こ》は家族の犠牲になった」と繰り返した。

（朝日新聞大阪版夕刊　一九九三年六月三日付）

妹のA子さんは、秋子と一五歳違いだという。秋子が朝鮮に渡った時は四歳くらい。記事を読む限り、A子さんは姉が芸者だったことを知らないと思われた。一八年前、つまり一九七五年頃に亡くなった母が「一家の生計を支えるため」に秋子を外地（記事では朝鮮でなく「旧満州」となっている）に送り出したと語っていること、姉や兄が口を閉ざしているという状況から、おそらく秋子は前借金と引き換えに、外地に売られていったのではなかったか。

秋子の遺族に取材するべきか、私は悩んだ。もちろん、聞いてみたいことはたくさんある。

しかし、新聞記事を見る限り、家族には複雑な事情があったように思われる。マガダンで秋子が生きていることが報じられた当時、口を閉ざしていたという兄弟たちは、どんな心境だっただろうか。秋子が日本に帰国することなくロシアで亡くなったことも、遺族にとっては辛い記憶であることだろう。あれから二〇年以上も経った今、静かな生活を送っているはずのその人たちの心を乱してもいいものだろうか。

四年以上悩んだ末に、二〇一八年夏、思い切って、親戚と思われる人物の家を訪ねた。応対してくれたのは六〇代ぐらいの女性だった。秋子の姪の世代だろうか。しかし不審な来訪者と思われてか、秋子の話を切り出す間もなく、「結構です」とドアを閉められてしまった。

それ以降、私は遺族の取材を試みていない。

京都の女

ロシア取材から帰国して数日後、私は編集室で、撮影した映像を見ながら、村上秋子のことを考えていた。

その時、一本の電話がかかってきた。チョープロエ・オーゼロの収容所病院で、佳木斯第一陸軍病院の看護婦たちと抑留生活をともにした丸尾吉郎からだった。

「ロシアから無事にお帰りになりましたか？ それはよかった……いや、あることを思い出しましてね」

丸尾が語り出したのは、思いもよらないエピソードだった。

元学徒兵の丸尾は、チョープロエ・オーゼロ収容所病院で、リハビリを兼ねて入院患者を軽作業に従事させる、「錬成隊」の隊長を務めていた。

三〇人ほどの隊員を連れて、シベリア鉄道のどこかの駅舎（チョープロエ・オーゼロ駅、あるいは近隣の駅）で積み下ろしなどの使役に従事していた時、近くに停車していた貨車から呼びかけられた。

見上げると、貨車の窓から日本人の女性が顔をのぞかせていた。たった一人でシベリアに送られてきた女性に、偶然出会ったのである。

女性は丸尾に「自分は京都の女や」と語ったという。

丸尾は大阪生まれである。戦後、東京に本社を置く総合商社に長く勤めたため、普段はほとんどなまりのない標準語で話すが、この女性とのやり取りを語るときは自然に関西弁になった。

「自分は京都から、芸者として朝鮮に渡ったんやと言うてました。芸者というのはつまり、花柳界の人だったのでしょう。そして、北鮮におったんやけれども、終戦になってソ連が北鮮に入って来たら、ソ連軍の将校の慰安婦みたいなことをやらされて、何やわからんうちに刑を受けて、シベリアまで送られたんや、と。そして、これからまた鉄道に乗せられて、どこかへ送られて行くんやけれども、どこへ連れて行かれるのかわからんと言うてました。

汽車はどっちの方角へ行ったか？　わかりませんね……捕虜の中には、はるか中央アジアまで送られた人もいたし、北極圏の収容所に送られたという人もおりましたからね。その女性の年齢は僕より少し上、三〇歳ぐらいでしたでしょうかな。僕はあの時二一、二歳やったけれども。しかし、ああいう世界の女性というのは、実際の年齢よりも老けて見えますからね、もしかすると僕と変わらんぐらいだったのかもわかりません。

とにかくね、偶然日本人が通りかかったもんやから、必死になって声をかけてきてね。『こういう人間がここにおるんや』ということを必死に訴えておった、そんな感じでしたね。あの悲痛な声は今でも忘れられません」

京都生まれ。

北朝鮮。

芸者。

刑を受けてシベリアに送られた女性。

それは、村上秋子その人だったとしか思えなかった。

思わず、丸尾に訊いた。

「どうして、今までその話をして下さらなかったんですか」

「いや、やっぱりね、控えておったんですよ。今のこのご時世に、慰安婦の問題が大きくなったら、外交問題にまでなりかねませんでしょう。しかしね、満州にいた兵隊であれば、多かれ少なかれそういうことがあったということは知っていますよ。

終戦後の混乱している時に、部隊に慰安婦を同行させて、ソ連軍から女を要求されたら渡すというような場面もあったんです。だから、あなたから最初に『シベリアに抑留された女性』というテーマを調べていると聞いた時に、そういう女性もおったはずやと思っていました」

実際、このように「花柳界」の女性が抑留された例は、秋子だけではない。シベリアに抑留された女性についての記録を渉猟していると、時おり、そうした女性たちの影が立ちあらわれる。

一九四七（昭和二二）年一一月一二日付の朝日新聞は、帰国したばかりの抑留者の談話を掲載している。記事によれば、ブラゴヴェシチェンスクの収容所に、朝鮮半島の羅南から連れて来られた芸者の姉妹がいたという。姉妹の名前（芸者としての名）は君香と菊香といい、終戦後、進駐してきたソ連軍の士官から「女を出せ」と言われたときに『皆さんの為になるのでしたら』と進んで「犠牲」になったのだという。その後、姉妹は囚人としてウラルの方に送られ、そこからの行方はわからないという。

モスクワの北東三〇〇キロのイワノヴォ監獄でも、「赤線の女がいた」という元抑留者（佳木斯の警視総監）の回想が残されている。その女性はイワノヴォ監獄で掃除婦をしており、日本語の歌声が聞こえたり、差し入れがなされるときもあったという。ちなみに「赤線」というのは、戦後、売春が公認された場所のことだが、この回想では戦前の接客婦を指しているのだろう。

実は、佳木斯第一陸軍病院の看護婦たちの一行の中にも、元芸者の女性がいた。

その女性が一行に加わったのは、部隊が病院を撤退し、方正に駐屯していた時、戦火を逃れてきた避難民の女性数人が一行に加わった時のことだ。シベリアに抑留後、半年以上が経ってから、この女性の仲間が佳木斯第一陸軍病院の菊水隊員の一人に打ち明けたところによれば、そのうちの一人は、満州の富錦で芸者をしていた女性だったという。佳木斯第一陸軍病院のある軍医将校が、方正にいた避難民の中にかつて顔見知りだった彼女を見かけ、窮状を見かねて、看護婦の一団に加えることを提案したのだ。

その時、軍規に厳しいことで知られていた陸軍看護婦長は「芸者なんてとんでもない、風紀が乱れる」と難色を示したが、菊水隊班長の林正カツエが、「お気の毒ですから」と自分の班に受け入れたのだという。

その元芸者の女性は、方正のソ連軍司令部から「女を出せ」という要求が何度も日本軍に伝えられていると耳にした時、「いよいよの時は、私が行きます」と林正に伝えていたという。

一九四二年の朝鮮総督府の統計（一九四三年以降の記録は残っていない）では、当時、朝鮮にいた日本人の芸者（芸妓）は一七九六人。娼妓・酌婦も含めれば三八一〇人だった。一方、朝鮮半島出身の芸者・娼妓・酌婦の総数は日本人のほぼ二倍の七九四二人に上る（『朝鮮総督府統計年報』一九四二年版）。

終戦後、こうした女性たちがどのように日本に帰国したのか、あるいはしなかったのか、その行く末を記した記録はほとんど存在しない。しかし、引揚者の回想録や証言の中には、ソ連兵による一般女性の強姦を防ぐためという名目で、あるいは女を差し出せというソ連軍の要求に応じて、こうした女性たちが犠牲を強いられたという場面が無数に登場する。

その中に、シベリアのラーゲリに送られた女性もいたのである。

モデルは秋子なのか

もう一つ、どうしても秋子と無関係とは思えない記述がある。

それは、『シベリアの女囚たち』（島村喬著、宮川書房）という本の「四人のヤポンカ」という章である。「ヤポンカ」とは、ロシア語で「日本女性」のことだ。

シベリアに抑留された女性に関する資料を探すため、国会図書館で抑留関係の書籍を調べている時にこの本に出会い、しばらくは読まずにいた。ラーゲリにいた女性に関する著述は、あまりにも重く、読むのに多大なエネルギーを要するのだ。本書の執筆にとりかかり、秋子の周辺の事情がかなりわかってきてからこの本を読んだ時、あっと息をのんだ。

著者は元満州日日新聞記者で、樺太で刑を受け、一〇年間抑留された島村喬という人物である。「一部創作も混じっている」と断り書きがあるが、一読して、事実をベースにして書かれていることがわかる。私自身がシベリアやサハリンの取材で知った事例や実在の人物・家族についても、正確に描かれていた。

『シベリアの女囚たち』には、二人の日本人の女囚が登場する。

物語は一九四七年四月、島村が第二シベリア鉄道（バム鉄道）中央建設局のあるウルガル地区の第六〇三号ラーゲリにいた時から始まる。

はじめて第六〇三号へいき、その辺を基地にするために建設していた頃、警備隊員のガーニンと所長のキーリンが、近いうちにヤポンカが四人やって来て、洗濯場の仕事を専門にやることになる、といった。男のラーゲリに女囚が、しかも日本人娘《ヤポンカ》が働きに来るなどということは、かって前例がない。規則違反でもあった。三〇〇人もの男囚の中に、たった四人の日本娘がやって来たらどんな結果になるか先が見えていた。

数日後、四人の女性が到着した。

一人は、樺太で盗品を売った罪で五年の刑を受けた中年の婦人だった。

参議院会議録に、この女性と思われる人物が登場する（「在外同胞引揚問題に関する特別委員会」一九四九〈昭和二四〉年一二月二三日）。「日本の婦女子が入っていたか」という質問に対し、ウルガルの第六〇一号ラーゲリにいたある元抑留者が「樺太の女が一人です。三十五、六歳の（樺太の）東海岸敷香《しすか》から行った人です」と述べている。この女性の本名は、島村の著作では一字違いで書かれていた。

他の三人は、〝朝鮮の平壌で二五年の刑を受けた女性たち〟で、日本人《ヤポンカ》と伝えられていたものの、二人は十六、七歳の「朝鮮娘《カリアンカ》」だった。カリアンカの二人が「学校の教室からそのまま連れて来られた女子学生そのもの」であるのと対照的に、残る一人の日本人女性は、「ひどく白粉焼けした三十女」で皆を驚かせた。女性は「平壌で五年ほど商売していたと語ったが、その商売がどんなものだったかは、ひどい白粉焼けですぐわかった」という。

「三十おんなはたしかに浜田さきとかいったように記憶する」と島村は書いている。

文中では、浜田さきと二人のカリアンカが「何と金日成暗殺事件で重要な働きをしていたことを、まもなく知らされた」と続く。三人の女性たちと同志だったという一六、七歳の朝鮮人学生二〇人ほどが収容所に到着して判明したのだ。

学生たちの説明によれば、朝鮮半島に進駐したソ連軍は、「日本からの被圧迫民族を解放するために」とか、「万国のプロレタリアの団結のために」というスローガンを謳《うた》いながら、実際には略奪、強姦、反ソ分子の摘発と称した無差別の逮捕が横行していた。怒りにかられた学生たちは、報復のためにテロ行為を計画したのだという。

一九四五年一〇月、学生たちは革命記念日に金日成を暗殺することを企て、二人の女子学生は武器の運搬や連絡、情報収集などに当たった。「浜田さきは彼女たちとは別に、武器の隠匿や、赤軍が彼女のからだを買いにやって来た際、酔わせて拳銃を盗み取るといった、危険な仕事を引きうけていた」という。

これらの記述は、ロシアの軍事公文書館に残された村上秋子のファイルの記録と驚くほど一致している。「浜田さき」という名前、計画の舞台が「平壌」であり、テロの目的が「金日成暗殺」であることなど、少しずつ異なる点はあるが、秋子に出会うことなくして、すべて創作できるとは思えない。何よりも、「赤軍が彼女のからだを買いにやって来た際、酔わせて拳銃を盗み取るといった、危険な仕事を引きうけていた」という記述が、「元山市の売春宿でファシスト党のメンバーと活発に交流し、メンバーの朝鮮人の一人に、ソ連軍人から盗んだ武器を供与することを約束した」という秋子の起訴内容と符合している。

島村は、この女性のことを「不器量だったが気性のさっぱりしたおんなで、みんなから愛された」と書いている。

なぜこの女性は、学生たちの無謀な計画に協力したのか。島村と彼女とのやり取りがある。

「ロスケの顔を見ると虫ずがはしる」

と、浜田さきはいった。

「虫ずが走るんなら、何もロスケにからだをまかすことはないじゃないか」

すると、彼女はさも私を軽蔑したようににらみつけて、

「虫ずが走るから、ロスケにこの体を売って拳銃を盗んでやったんだよ」
と、いった。

この短いやり取りからだけでは、この女性がどのようないきさつで活動に加わったのか、詳しい経緯はわからない。

しかし、一見投げやりのようでありながらも、不正を憎み、人助けを買って出ようという心意気を感じさせる「浜田さき」の言葉に、ハスィンの村人たちが口々に語ったアーニャおばあさんの面影が重なるように見えるのは、乱暴に過ぎるだろうか。

シャリモフとアーニャ

村上秋子の生前、彼女の胸のうちを最も深く覗いたのは、マガダンの新聞記者ユーリー・シャリモフだろう。シャリモフは秋子の最初の取材に同行し、それ以降たびたび秋子の元を訪ね、その内面に迫ろうとした。二〇一四年に私がマガダンを訪ねた時、すでにシャリモフは鬼籍に入り直接話を聞くことはできなかったが、彼が書いた記事と回想は、日本に帰らなかった秋子の思いの一端を伝えている。

何度繰り返し尋ねても、なぜ朝鮮にいたのかという、私にとって一番重要な質問には答えてくれなかった。しかし諦めきれず、もう一度電話をかけた。

「どうぞ、ユーラ（ユーリーの愛称）、来てください。ですが、私の過去について話すのはやめましょう。話したくない」

再び、職場の彼女の元を訪ねた。

「この間、あなたと話した日の夜、私は一睡もできなかった」

「大丈夫。思い出したくなければ、そのままでいい」

私は同意した。

しかし、昔の思い出――特にラーゲリや異郷で苦労した思い出――から、アーニャはどこに逃げられるというのだろう。ロシア語もわからず、小さな痩せた若い女性が、いきなりコリマのラーゲリに放り込まれた。それは想像を絶することだ。

（「北の夜明け」一九九一年二月九日付　抄訳）

秋子が語った収容所での労働は、農場ラーゲリであるエリゲンで、耕作地を開墾するために、三〇〇〇人の女囚たちとともに、つるはしで粘土層の土を掘ることだった。冬の寒さは零下五〇度を下回る。「コリマ、コリマ、一二か月が冬、あとは夏」と、ロシアの戯れ歌にある。

エリゲンのラーゲリには、北極圏に近い地域で様々な野菜・穀物を栽培する実験のノルマが課されていた。

秋子は一度もノルマをこなしたことがない、とユーリーに語った。だからパンも少ししかもらえない。「働かざる者食うべからず」。それも盗まれる前に食べなきゃいけない。眠るときも仕事をしていた時の服のまま横になる。

「ユーラ、もうラーゲリの話はやめましょう」

秋子は再び頼んだ。「その通りだ。もうこれ以上、この小さな無力な女性を思い出という拷問にかけない方がいい」シャリモフは取材を中断した。

秋子は長い間ロシア人に囲まれて暮らしたため、日本語も、故郷の習慣も忘れてしまっていた。その代わりに、ロシア語のマート言葉（野卑な罵り言葉）がうまくなり、ウォッカを飲み、一生懸命働いた。そうやって秋子は齢を取っていったと、シャリモフは回想している。

「アキコ、自分は日本人なのか、ロシア人なのか、どう感じていますか？」

「それに答えるのは難しいです。ハスィンの人たちはいい人たちです。私は日本を忘れてしまいました。それに、ソ連では、もしここにゴルバチョフが来たら、私は彼と平等に話せますね。日本では、女は人間として扱われません」

「でも、日本に帰りたいとは、まったく考えなかったのですか？」

私はそう尋ねて、アーニャの心をかき乱した。

「帰りたかった。帰りたくないはずがない」

（「北の夜明け」一九九一年二月九日付　抄訳）

秋子の家を去る時、シャリモフは、コリマにたった一人残った最後の日本人女性の部屋を忘れないようにと、部屋の中を見渡した。

部屋の壁には、小さな額に入れられた絵があった。そこには、着物を着て笑顔をふりまく二人の芸者が描かれていた。

名前のない墓

二〇一四年六月。車は、ハスィン村の郊外へと雨の中を進んでいた。

村上秋子と生前最も親しかったという、アンナ・オフシャニコフが車に同乗している。頭に虹色のスカーフを被り、灰色のステンカラーコートに身を包んだ絵に描いたようなロシアのおばあさんだ。

アーニャおばあさんこと秋子が眠っているのは、村の外れにある共同墓地だという。

共同墓地は山の麓にあった。墓に供えられた造花のけばけばしい色彩が、車窓から目に飛び込んでくる。故人の生前の写真を焼き付けた陶板が嵌め込まれていたり、御影石に肖像を彫刻した、ロシア風の大きな墓石が山の斜面に並んでいる。その墓石の間を縫うように、登って行った。

地元の記者パーシャが、事前に役所の記録を調べて探し当ててくれたというアーニャおばあさんのお墓が、なかなか見つからない。ちょうどこの時期は、シベリアの短い夏に当たり、木々の枝葉や草が生い茂って見通しが悪く、斜面の上の方にあるはずの墓がまったく見えないのだ。草木を払いながら一緒に斜面を登っていたアンナのコートが雨でびしょ濡れになってきた。雨の中、お年寄りをこんなところまで連れ出したことに気持ちが沈みかけていたその時、姿が見えなくなるほど先のほうに進んでいたパーシャが「あったよ！」と叫び声を上げた。

秋子の墓は、質素なものだった。

鉄柵をめぐらした区画の内側に小さな木のベンチが置かれている。正面には、鉄パイプで作られたロシア正教の六端十字（十字架の下に斜めの棒が入っている）の小さな墓標があった。白く塗った塗料はところどころ剝げ落ちており、名前を示すものは何もない。アンナは鉄柵の入り口を開けて内側に入ると、墓標に折れかかっている木の枝を払い、墓に語りかけるように言った。

「とてもきれいな場所でしょう？　緑が多くて、白樺の木に囲まれていて。彼女に悪意を持っている人は誰もいなかった。彼女は言っていました。『自分は悪いことをしたわけではない、日本には親戚がたくさんいる』と。そりゃあ祖国は見たかったでしょう。でも、『私には何だか怖くて』とも言っていました。本当のところは、心の中で帰郷を望んでいたのかもしれないけれど」

雨が上がり、白樺の樹々の合間から光が射し始めた。

ふと目を下にやると、雨のしずくに濡れた小さな紫色の花が咲いていた。

あとがきにかえて

この本は、二〇一四年八月一二日にNHKで放送された「BS1スペシャル　女たちのシベリア抑留」の取材をもとに書き下ろしたものである。当初、終戦七〇年目の二〇一五年の刊行を予定していたが、テーマの大きさに対し、理解する力も書く力も足りないことを痛感し、五年を要してしまった。取材させていただいた女性たちの多くが幽明境を異にしている。

元KGB大佐のキリチェンコ氏は、インタビュー後「あなたが作った女性抑留者のリストを私に送ってください。名誉回復の手続きをしますから。なるべく早く」と繰り返した。しかし私は、彼にリストを送ることができなかった。キリチェンコ氏も今年九月に逝去した。

ここに取材でお世話になった方々のお名前を挙げ、謝意を表したい。（五十音順、敬称略）

青木康嘉、赤羽房子、味方俊介、有賀千代見、有光健、生田美智子、伊藤實、小川峡一、川口啓子、川原由佳里、高亀紀代、高亀史代、齊木崇人、斎藤美代子、酒井郁子、阪口繁昭、佐久間シャルゲイ、佐治暁人、佐藤清、佐藤達弥、四國光、十川八重子、高橋健男、高橋八代江、田口寧、津村ナミエ、戸倉富美、富田武、長勢了治、長谷川麻子、林郁、肥後喜久恵、日向一宇、広田和子、吹浦忠正、三浦正雄、水野直樹、宮家典子、本山新一、山内隆治、横山睦子、吉川龍子、吉田裕、蕨昭子

最後に、ともに取材・番組制作に当たった、伊藤純氏、太田宏一氏、矢島良彰氏、後藤一平氏、ナタリア・ガリャーチェワ氏、貴重な機会を与えてくださった文藝春秋の藤田淑子氏に心より感謝申し上げる。

二〇一九年一一月

小柳ちひろ

文庫版によせて

「女たちのシベリア抑留」を上梓してから二年、まさか七四年前の満州と同じ状況が起こるとは思ってもいなかった。二〇二二年二月のロシアによるウクライナへの軍事侵攻以来、ウクライナ国営通信によると、四か月間で一二〇万人のウクライナ住民がロシアに送られたという。極東のシベリアやサハリンへの移送が多いとのことだ。ソ連のスターリン時代の強制移住・ラーゲリ体制の残滓に、改めてロシアという広大な国を成り立たせているものの重さを考えさせられる。この本に登場した従軍看護婦や受刑者やアーニャのような女性たちが、現在も生まれ続けているということだ。

大事なことは戦争を起こさないことだという、当たり前過ぎる事実を実現することがどれほど難しいかを目の当たりにして、この記録を残すことに取り組んで何を教訓として引き出すことができたのか、考えさせられている。取材した元抑留者の一人、太田（阪東）秀子さんは、「（国際法や軍事協定を整備しても）そんなのはもどかしい。もっと根本的なところを考えなくちゃいけない」と語っていた。戦争を起こすのは人間だ。戦争がない世界を実現させるために何が必要なのか、一人一人が真剣に模索することが求められているのだと思う。

単行本の刊行後、亡くなった義母がシベリアに抑留されていたという三好幸秀さんからご連絡をいただいた。今回、三好さんの義母・上妻アキ子さんについても加筆させていただいた。厚く御礼を申し上げたい。

二〇二二年六月

小柳ちひろ

主要参考文献

朝日新聞社編『復刻　日本新聞』（全三巻）朝日新聞社、一九九一
内海愛子『日本軍の捕虜政策』青木書店、二〇〇五
岡山赤十字病院看護部『紫苑の詩　日本赤十字社岡山県支部救護班史』一九八三
岡山県教職員組合教育運動推進センター『岡山の平和教育』第十一号、一九九三
小川三雄『天皇の踏絵』サンケイ新聞社、一九六九
御田重宝『シベリア抑留』講談社文庫、一九九一
佳院友の会『佳院会会報』私家版、一九七九〜二〇〇四
佳院友の会『行雲流水』私家版、一九七七
門脇朝秀編『祖国はるか③』あけぼの会、一九八六
香取ふみ子『シベリア抑留記』私家版、一九九六
公文俊編著『宝清難民脱出記　名も無き民の心　第一集』私家版、一九八〇
倉橋正直『従軍慰安婦と公娼制度　従軍慰安婦問題再論』共栄書房、二〇一〇
斎藤六郎『続　回想のシベリア』全国抑留者補償協議会、一九九〇
坂本龍彦『シベリアの生と死　歴史の中の抑留者』岩波書店、一九九三
坂本龍彦編著『シベリア虜囚半世紀』恒文社、一九九八
佐藤一子『流浪の子羊たち』新風舎、二〇〇六
佐藤清『画文集　シベリア虜囚記』未来社、一九七九
早蕨庸夫『延吉捕虜収容所』大門出版、一九八八

『いわれなき虜囚』シベリアを語る会（全二七巻）一九八一～二〇〇八
島村喬『シベリアの女囚たち』宮川書房、一九六七
佳木斯会『43年めの佳木斯』佳木斯を語る会、一九八八
佳木斯高等女学校同窓会『佳木斯高等女学校開校五十周年記念号』一九九一
戦後強制抑留史編纂委員会編『戦後強制抑留史』（全八巻）平和祈念事業特別基金、二〇〇五
創価学会婦人平和委員会編『平和への願いをこめて』（全二〇巻）第三文明社、一九八一～九一
宋連玉『日本の植民地支配と国家的管理売春』『朝鮮史研究会論文集』三二号　朝鮮史研究会、一九九四
ソ連における日本人捕虜の生活体験を記録する会編『捕虜体験記』（全八巻）一九八四～九八
第一〇分所友の会『闘岩』私家版
渡辺尚、平山美喜栄編『遥かなる東安・敗走三千里』第四五三救護班有志、一九七八
高尾白浦『大陸発展策より見たる元山港』東書店、一九二二
高橋健男『幻の松花部隊　若き義勇隊員たちの満州』文芸社、二〇一一
中国残留婦人交流の会『十年のあゆみ』中国残留婦人交流の会、一九九九
チョプロ会編著『シベリア　チョプロ・オーゼロ収容所　日本陸軍病院の記』私家版
戸泉米子『リラの花と戦争　改訂版』福井新聞社、二〇〇二
富田武『シベリア抑留者たちの戦後　冷戦下の世論と運動　一九四五―五六』人文書院、二〇一三
長勢了治『シベリア抑留　日本人はどんな目に遭ったのか』新潮選書、二〇一五
中村百合子『赤い壁の穴』武蔵書房、一九五六
日ソ親善協会・ソ連帰還者生活擁護同盟共編『生きたソ連を見る』潮流社、一九四九
日本赤十字社看護婦同方会広島県支部編『鎮魂の譜』一九八一
秦郁彦『慰安婦と戦場の性』新潮選書、一九九九

秦郁彦『日本人捕虜』（上・下）原書房、一九九八
林郁『大河流れゆく　アムール史想行』朝日新聞社、一九八八
福田實『満洲奉天日本人史』謙光社、一九七六
防衛庁防衛研修所戦史室編『関東軍〈二〉関特演・終戦時の対ソ戦』朝雲新聞社、一九七四
北海道新聞社編『はるかなシベリア』北海道新聞社、一九九五
満蒙同胞援護会編『満蒙終戦史』河出書房新社、一九六二
元山府編『日本海の商港元山』元山府、一九二六
森田芳夫『朝鮮終戦の記録』巌南堂書店、一九六四
矢野牧夫『昭和十九年夏、樺太の炭鉱閉山』樺太の歴史を学ぶ会、二〇〇六
矢野牧夫『謀略の海　冷戦のはざまに生きた日本人』道新選書、一九九八
山本眞佐子『私の道』私家版、一九八六
満洲国軍刊行委員会編『満洲国軍』蘭星会、一九七〇
陸上自衛隊衛生学校修親会編『陸軍衛生制度史　昭和篇』原書房、一九九〇
若槻泰雄『シベリア捕虜収容所』（上・下）サイマル出版会、一九七九
日本遊覧社編『全国遊廓案内』日本遊覧社、一九三〇
アプルボーム、アン『グラーグ　ソ連集中収容所の歴史』白水社、二〇〇六
カルポフ、ヴィクトル『シベリア抑留　スターリンの捕虜たち　ソ連機密資料が語る全容』北海道新聞社、二〇〇一
カレル、パウル　ベデカー、ギュンター『捕虜　誰も書かなかった第二次大戦ドイツ人虜囚の末路』学研プラス、二〇〇一
ギンズブルグ、エヴゲーニヤ『明るい夜　暗い昼』全三巻、集英社文庫、一九九〇

ボブレニョフ、ウラジーミル・アレクサンドロビチ『シベリア抑留秘史　KGBの魔手に捕われて』終戦史料館出版部、一九九二
ロッシ、ジャック『ラーゲリ（強制収容所）註解事典』恵雅堂出版、一九九六
Conquest, Robert "Kolyma: The Arctic Death Camps" Oxford University Press, 1979
生田美智子「終わらない戦争・シベリア抑留」（一）～（四）「セーヴェル」二〇一六～二〇一九
ガリツキー、ウラジーミル「ソ連における日本の軍事捕虜と抑留者たち」一九九一（ロシア語）
ハランスキー、セルゲイ「ラーゲリの地獄を見た人々」二〇〇九（ロシア語　長勢了治抄訳）

その他、ロシア国立軍事公文書館、外務省外交史料館、厚生労働省、防衛省防衛研究所戦史研究センター、日本赤十字社、日本サハリン協会、アメリカ国立公文書館などの資料に当たった。

「女たちのシベリア抑留」放送記録

ＢＳ１スペシャル
女たちのシベリア抑留

初回放送　2014年8月12日

語り	伊東 敏恵
撮影	後藤 一平
音声	西野 正義　富永 憲一
映像技術	西村 康弘
コーディネーター	ナタリア・ガリャーチェワ　ヴィクトル・フィラトフ
リサーチャー	サブリナ・エレオノーラ
ＣＧ制作	宮崎 竜太
編集	松田 美子
音響効果	海老原 正倫
取材	劉 珊珊　金田 千里
ディレクター	小柳 ちひろ
制作統括	太田 宏一　伊藤 純　矢島 良彰
制作	ＮＨＫエンタープライズ
制作・著作	ＮＨＫ　テムジン

第69回文化庁芸術祭賞　テレビ・ドキュメンタリー部門　優秀賞
第52回ギャラクシー賞　テレビ部門　奨励賞
第41回放送文化基金賞　番組部門・テレビドキュメンタリー番組　奨励賞
第31回ＡＴＰ賞テレビグランプリ　ドキュメンタリー部門　優秀賞
第14回放送人グランプリ2015　準グランプリ

本書は、上記のテレビ・ドキュメンタリー番組の取材をもとに書き下したノンフィクションです

解説　戦争の「正史」に背を向けた女たちの語り

加藤聖文

戦争には強者と弱者しか存在しない。それを分けるのは「力」だけであって、力の無い人びと――女性と子供と老人はいつも弱者である。そして、強者に比して弱者が圧倒的に多い。ウクライナでも戦争に翻弄されるおびただしい弱者の悲しみが、戦争を鼓舞する強者の声に抗うように日々積み重なっている。

戦争の残酷さは、勝利を摑んだ強者は勇ましい英雄の物語として語り継がれ、「歴史」のなかに堂々と鎮座する一方、翻弄される弱者は記録も残らず、また語られることもなく、歴史の漆黒の闇に消えていくことにある。戦争の歴史は常に強者のものである。

しかし、二〇世紀になって戦場と銃後の境界が消え、戦争の規模がこれまでと比較にならないほど肥大化し、それとともに兵士にとどまらず市民も巻き込まれて犠牲者が数百万数千万と人間の想像を超えるようになると、勝っても負けても英雄物語のように勇ましく語られる強者の戦争に誰もが違和感を抱くようになってきた。そして、人びとはこれまで顧みられることのなかった弱者の存在に気づき始め、彼らの声に耳を傾けるようになった。まさに、人びとは、強者の男たちが語り国家が称揚する戦争の「正史」に背を向けはじめたのである。

弱者にとって唯一の武器は語ることである。語らなければその悲しみも苦しみも顧みられることなく歴史の闇に消えていくだけであった。しかし、現在の世界では、これまで歴史からこぼれ落ちてきた弱者の生の声をすくい取ることによって、戦争の「正史」を見直そうという潮流が広がってきた。スヴェトラーナ・アレクシエーヴィチの『戦争は女の顔をしていない』に代表されるように、見直しの主役となっているのが女性である。

戦争は、それを行い、語り、記録する者は男性であった。しかし、物事というものは男性目線と女性目線では捉える対象も見える景色も随分異なる。戦争に関しては男性も女性も同じく巻き込まれるようになったにもかかわらず、私たちは相変わらず男性目線でしか戦争を理解してこなかった。確かに、男性目線によって複雑極まる戦争が俯瞰的かつ時系列的に整然と明らかになることもあるが、教科書のような味気なさが漂っていたり、誇張や正当化が見え隠れすることも多々ある。

これに対して、女性目線は時間軸があちらこちらに行き来したり、ごく身近な話に終始して全体像がわからないこともあるが、一コマ一コマの細部が詳細でその時々の情景や感情が実にリアルに浮かび上がってくることがある。私も多くの戦争体験者の聞き取りを行っているが、女性の観察力や表現力の豊かさにはいつも感心させられている。男性の語りは知識を与える一方、女性の語りは想像力を豊かにする。そして、戦争の生々しさは男性よりも女性の語りから伝わってくることが多いものだ。ある意味において私たちは女性の視点を交えることで戦争の本当の姿を知ることができる時代にいるのである。

本書もこのような現代の潮流のなかで世に現れたものである。その対象とするところはまさに男だけの世界と思われてきたシベリア抑留であった。

実は、女性がソ連軍に囚われて抑留された事実は体験者を通じて古くから語られてきた。坂間文子の『雪原にひとり囚われて』に見られるように、兵士でないにもかかわらず理不尽にも抑留された女性たちの事情や置かれた環境は、男性よりも多様で複雑である。しかし、絶対数が少ないため圧倒的多数の男性兵士の抑留体験に埋没してしまい、社会的な注目も集まりにくかった。それでも幾人かの女性は細々と自身の体験を語ろうとした。人間にとって一番辛いことは、自己の存在していた事実が忘れ去られてしまうことである。とりわけ過酷な体験をした人は多かれ少なかれ、生きてきた証をどこかに刻み込んで後世へ伝えたいという思いを抱いている。ただ、このような思いを表出させ記録に留める術を持たない人は多い。また、時代が経つほど体験を感覚的に共有できる人も少なくなる。

そうしたなか、戦後七〇年の長い歳月を経て、戦争を知らない世代の著者が彼女たちの媒介者となり、記録者となった。本書は不思議な縁で結ばれた話し手と聞き手の共振によって生まれたものであり、語り伝えたいという人間の思いは世代を超えて伝わるのだということを私たちに教えてくれる。

もともとこの作品は、テレビのドキュメンタリーとして作られた。ドキュメンタリーは、映像によって見る人びとに歴史のリアリズムを伝える圧倒的迫力を持っている。文字だけで伝えるノンフィクションとはアプローチも表現方法もまったく異なる。そして、両者はそれぞれ利点がある一方、両者が融合することは稀である。ドキュメンタリーとして優れた映像作品でも書籍になった途端に迫力を失い、「軽い」読みものになってしまうものが多い。言葉による表現を必要としない映像は、言語化することが極めて難しいからだ。

そのようななかで、本書はドキュメンタリーをノンフィクション化した作品、そして両者の優れた点を相互に補うものとして希有な成功例といえる。読者は是非、本書と同時に映像も見て欲しい。シベリアに抑留された女性たちの語りが映像と文字の両方で記録されたことの意義の大きさがわかるだろう。

シベリア抑留は、独ソ戦によって荒廃したソ連の復興を意図して計画されたものである。それは最高指導者であったスターリンが公文書にサインした時点で決まった。彼が執務室で事務的に処理した行為が、巨大な国家組織を作動させ、何十万何百万の人びとの生死を決定づけ、人生を変えてしまうことになる。しかし、二〇〇〇万人以上の人的犠牲を払ってドイツとの戦争に勝利したソ連という国家の存続のみ考えるこの為政者、そして彼の指示を忠実に実行する組織の構成員が、一人一人の運命を想像することはなかった。また、想像する必要性すら感じなかっただろう。シベリア抑留をはじめ戦争に関わる為政者と組織の行為とそれが人びとにもたらす影響のギャップはあまりにも深く、私たちはこの深淵になすすべも無く立ちすくむだけ。翻弄された弱者の怒りの矛先はどこに向ければ良いのだろうか？　これは人間の行為でありながら、人間の想像を超えてあまりにも多くの犠牲者を生み出すにいたった二〇世紀の戦争に対する根源的な問いである。

しかし、一人の為政者によって人生が狂わされた弱者にとって、語らなければ強者に屈して彼らの悲しみや苦しみ、そして存在すら歴史の彼方に消え去ってしまう。それは、永遠の敗者を意味する。本書によって拾い上げられた女性たちの声は、強者による「正史」に抗って、シベリア抑留の真の姿を伝えるものである。私たちは、この声に耳を傾けることによってのみ戦争の本質を考え、その根源的な問いに答えることができよう。

（歴史学者）

単行本　二〇一九年十二月　文藝春秋刊

文春文庫

女《おんな》たちのシベリア抑留《よくりゅう》

定価はカバーに
表示してあります

2022年9月10日　第1刷
2023年3月30日　第2刷

著　者　小柳《こやなぎ》ちひろ
発行者　大沼貴之
発行所　株式会社 文藝春秋

東京都千代田区紀尾井町 3-23　〒102-8008
TEL 03・3265・1211(代)
文藝春秋ホームページ　http://www.bunshun.co.jp

落丁、乱丁本は、お手数ですが小社製作部宛お送り下さい。送料小社負担でお取替致します。

印刷製本・凸版印刷
Printed in Japan
ISBN978-4-16-791937-5